Ulrike Luise Keller
Jona und Jaro
Band 1, Die Rettung der Tiere

Ulrike Luise Keller

Jona und Jaro

Band 1
Die Rettung der Tiere

Ein Phantasieroman

via interna

Bibliografische Information der Deutschen Nationalbibliothek
Die Deutsche Nationalbibliothek verzeichnet diese Publikation in der Deutschen Nationalbibliografie; detaillierte bibliografische Daten sind im Internet über http://dnb.d-nb.de abrufbar.

© 2019 Via Interna Verlag, Bretten
Alle Rechte vorbehalten

Umschlaggestaltung: Andrea Kuhnert-Stübe
Illustrationen: Julia Diedrich
Druck und Bindung: HP Media GmbH, München

ISBN 978-3-9342-7809-7

www.viainterna.de

1

Ich bin Jona, der größere Bruder. Mein kleiner Bruder heißt Jaro. Wir halten zusammen wie Pech und Schwefel. Ja, wir halten immer zusammen! Wenn es darauf ankommt. Und es ist schon oft darauf angekommen. Ich weiß nicht, warum, aber wenn mein Bruder dabei ist, habe ich keine Angst. Zusammen sind wir stark, stärker als je jemand vermuten würde. Und jetzt ist es wieder soweit. Wir müssen stark sein, wir wollen stark sein.

Vor ein paar Tagen kam ein Landstreicher des Weges. Er kam an unser Haus. Meine Mutter öffnete die Tür und gab ihm die Hand.

„Ich heiße Tom", sagte der Landstreicher. Meine Mutter gab Tom etwas zu essen und bat ihn hereinzukommen.

„Wie kann ich euch danken?", fragt Tom, der Landstreicher, meine Mutter.

„Kannst du uns eine Geschichte erzählen?", rufen mein kleiner Bruder und ich wie aus einem Munde. Wir lieben Geschichten, lustige und frohe und besonders die spannenden.

„Ich kann euch eine Geschichte erzählen. Soll sie lustig sein oder traurig?" Mein Bruder und ich schauen uns an. Da ist etwas, was wir beide spüren. Wir wollen die traurige hören.

Der Landstreicher beginnt zu erzählen: „Weit, weit weg von hier gibt es ein Reich. Ich war selbst dort und habe es selbst gesehen. Es ist das Reich der unglücklichen Tiere. Kein Tier darf dort im Grase springen. Kein Tier hat je die Sonne gesehen. Kein Tier darf je sein Kind behalten. Die Menschen dort wissen nicht, was sie tun. Sie denken, so ist das Leben der Tiere. Das gehört sich so. Die Tiere leben, damit die Menschen sie nutzen können."

Ich bin verwundert und sage: „Das habe ich nicht verstanden, Tom, sage mir, was das bedeutet."

Doch Tom antwortet nicht auf meine Frage. Er spricht weiter: „Die Menschen sind verwünscht. Sie kennen die Tiere nicht. Sie wissen nicht, dass sie traurig sind. – Mehr darf ich euch nicht erzählen. Es ist nun an euch. Rettet die Tiere! Das ist eure Aufgabe."

„Kannst du uns sagen, wo dieses Reich zu finden ist?"

Doch der Landstreicher war schon zur Tür hinaus. Er war nicht mehr zu sehen. Mein kleiner Bruder springt ihm hinterher. Er ist der Schnellere von uns beiden. Doch Tom ist verschwunden. Traurig kehrt er zurück.

Wir nehmen uns in den Arm, drücken uns fest. Unsere Mutter streicht über unsere Köpfe. Auch sie schaut traurig. „Jona und Jaro, ich weiß, ihr schafft auch dies. Ich wünsche euch alles Gute!"

„Wann sollen wir aufbrechen?", fragt Jaro.

„In drei Tagen", antwortet unsere Mutter. „Macht

euch einen Plan. Ich richte euch Kleider und Proviant. Ihr müsst gut gerüstet sein. Nehmt eure Siegelringe mit. Die werden euch in der Not helfen."

„Komm, lass uns einen Plan machen", sage ich zu Jaro.

„Ja, Jona", antwortet er und schaut mich mit seinen dunklen braunen Augen liebevoll an. Ich streiche ihm sanft über die Wange.

Jaro und ich setzen uns an unseren hölzernen Küchentisch. Ich schiebe die Teller, die noch vom Essen dastehen, zur Seite. Jaro steht noch einmal auf und holt Papier. Das ist dieses Papier, dieses kraftvolle, das uns unsere Großmutter gab. Es ist, als ob dem Papier eine Zauberkraft innewohne. Ich liebe dieses Papier und streiche mit meiner rechten Hand behutsam und doch fest darüber. Jaro tut es mir gleich. Auch er liebt dieses kraftvolle Papier.

Er schaut mich wieder an, eindringlich und fragend. Ich weiß, dass er leidet. Er leidet mit den Tieren mit. Ich kann es ihm nicht abnehmen. Auch ich leide.

„Kinder, vergesst nicht, ihr braucht eure Kraft. Vergeudet sie nicht in euerm Leid. Denkt kraftvoll und mit Freude an das, was ihr tun wollt. Für die Tiere!"

„Jaro, wir wollen beginnen. Gibt es etwas, was dir bei der Erzählung des Landstreichers aufgefallen ist?"

„Ja! Warum durfte Tom uns nicht *mehr* erzählen?"

„Wir wollen uns alles notieren, was uns dazu einfällt." Ich schreibe sorgfältig Jaros Frage auf. „Warum durfte er uns also nicht *mehr* erzählen?", wiederhole ich die Frage. „Welche Möglichkeiten gäbe es da?"

„Er wird verfolgt und musste schnell weiter", bemerkt Jaro. „Oder wenn er bestimmte Worte ausspricht, wird man ihn finden und töten."

„Ja, das kann sein", antworte ich und notiere Jaros Einfälle.

„Mir fällt dazu ein, dass Tom nicht alles erzählen durfte, weil es *unsere* Aufgabe ist, herauszufinden, was dort geschieht. Wir müssen uns unser eigenes Bild machen."

„Ja, Jona, aber ich verstehe nicht ganz, was du damit meinst."

„Jaro, ich glaube, dass es wichtig ist, dass wir mit eigenen Augen sehen, was in dem Reich der unglücklichen Tiere geschieht. Hätte uns Tom schon alles erzählt, würde die Phantasiekraft in uns Bilder in unserem Kopf entstehen lassen, die vielleicht gar nicht mehr der Wirklichkeit entsprechen. Dann würden wir vielleicht falsche Wege wählen, um die Tiere zu retten. Weil wir falsche Bilder in unseren Köpfen hätten."

„Ja, Jona, schreib das auf! Das leuchtet mir ein!"

„Hast du noch weitere Gedanken dazu, Jaro?"

„Vielleicht ist Tom auch nur ein Schwindler und er wusste die Geschichte nicht zu Ende zu erzählen, weil sie gar nicht wahr ist", bemerkt Jaro nun ganz aufgeregt.

„Ja, ich schreib es auf. Wer weiß, vielleicht ist er nur ein Schwindler!"

„So, Jaro, jetzt wollen wir erst mal schauen, was wir da schon alles aufgeschrieben haben. Was kann davon wahr sein und was ist eher unwahrscheinlich? Was meinst du, Jaro?"

„Dass wir alles selbst herausfinden sollen, das glaube ich sicher, Jona. Das war ein guter Gedanke!"

„Ja, das nehme ich auch an, dass das so ist. Ich mache also hinter diesen Satz ein großes grünes Pluszeichen."

„Und trotzdem glaube ich auch, dass Tom in Gefahr ist. Er durfte nicht zu viel erzählen. Wenn er bestimmte Worte ausspricht, wird man ihn finden und töten wollen. Das spüre ich. Das ist so. Auch wir müssen sehr vorsichtig sein. Wenn das so ist, wie du vermutest, Jaro, dann dürfen auch wir diese Wörter nicht laut aussprechen. Das wird nicht einfach werden."

„Jona, ich habe Angst!" Ich lege meinen Arm um meinen Bruder.

„Jaro, es ist noch nicht so weit. Wir wissen noch zu wenig, um gefährliche Worte laut zu sagen. Komm, wir führen das nun zu Ende. Jetzt wollen wir uns noch über das Wichtigste klar werden. Ist dies nun wirklich unsere Aufgabe oder ist Tom ein Schwindler?"

„Jona, was wäre, wenn Tom ein Schwindler wäre?"

Warum durfte Tom uns nicht mehr erzählen?

Wir sollen selbst herausfinden, was in dem Reich der unglücklichen Tiere geschieht.

Vielleicht ist Tom nur ein Schwindler.

Ich lache laut auf und antworte: „Ha, Jaro, dann können wir uns gemütlich ins Bett legen und Purzelbäume schlagen."

„Oh, ja, komm, Jona, lass uns das tun!"

„Ich glaube nicht, dass er ein Schwindler ist, Jaro. Überleg mal! Was sollte er davon haben, uns solch einen Bären aufzubinden?"

„Er wollte uns Angst machen, Jona!"

„Was hätte er davon? Zwei kleinen Jungen Angst zu machen!"

„Er wollte vielleicht … Nein, eigentlich fällt mir dazu nichts ein. Jedenfalls nichts Vernünftiges. Ja, eigentlich ist das sehr unwahrscheinlich, dass Tom ein Schwindler ist. Und eigentlich spüre ich auch ganz genau, dass eine große Aufgabe vor uns steht. Jona, ich habe Angst!"

„Ja, Jaro, ich weiß." Dass auch ich Angst habe, sage ich Jaro nicht. Ich stehe auf, bücke mich ein wenig und lege meine Arme um Jaro und drücke ihn ganz fest an mich – meinen Bruder!

„Oh, Jaro, mein lieber Bruder! Wie froh bin ich, dass es dich gibt!" Jaro legt seinen Kopf auf meine Schulter und ich höre, wie er ganz leise zu schluchzen beginnt.

„Jaro, mein Bruder, ich liebe dich!"

„Ich liebe dich auch, Jona!"

„Komm, lass uns ein wenig weiterarbeiten, Jaro."

Wir setzen uns zurück an den Tisch. Unsere Mutter kommt heran und stellt uns jedem ein Glas frisch gepressten Orangensaft hin. In einem Zug trinke ich das Glas aus. Jaro nippt ein wenig an seinem.

„Jaro, ist dir Weiteres bei der Erzählung des Landstreichers aufgefallen?"

Jaro wischt sich die letzten Tränen ab und antwortet: „Ja, hast du auch gehört, dass Tom gesagt hat, dass die Menschen verwünscht seien?"

„Ja, das habe ich auch gehört!"

„Wer steckt da wohl dahinter? Wer hat sie verwünscht und warum? Und wo finden wir diese Gestalt?", sprudelt es aus Jaro heraus.

„Ach, Jaro, und mir fällt ein, warum hat Tom mir nicht gesagt, was es bedeutet, dass die Tiere dazu da seien, dass die Menschen sie nutzen können?"

„Oh, Jona, jetzt wird es mir wirklich zu viel.

Komm, bitte, wir wollen schlafen gehen."

„Ja, Jaro, ich bin einverstanden. Wir haben ja noch zwei Tage Zeit."

Ich nehme Jaro bei der Hand und wir gehen zusammen in unser Zimmer.

„Darf ich heute bei dir schlafen, Jona? Ganz eng zusammen mit dir in einem Bett. Das wünsche ich mir."

„Das wünsche ich mir heute auch, Jaro. Wir beide ganz eng zusammen! – Komm, wir machen uns bereit fürs Bett. Und dann schlüpfst du zu mir."

Wir gehen ins Bad, waschen uns und putzen unsere Zähne.

„Hey, Jaro, nicht spritzen!"

Jaro hört nicht auf. Ich lasse das Wasser in meine Hände laufen, die ich wie ein Schälchen zusammenhalte. Und zack, das hat gesessen! Das Wasser tröpfelt über Jaros Kopf. Und ich kriege mich nicht mehr vor Lachen.

Jaro schaut mich an, grinst und hält seinen Mund unter den Wasserhahn. Schnell hebt er seinen Kopf, grinst noch einmal über das ganze Gesicht und – bevor ich mich noch ducken kann – prustet er mit ganzer Kraft das Wasser in mein Gesicht.

Ich wische das Wasser aus Augen und Gesicht. Und denke: Das gibt Rache! Ich nehme meinen Zahnputzbecher, fülle ihn und nehme einen Schluck. Ich spüle meinen Mund aus, indem ich das Wasser darin hin und her bewege. Jaro schielt mich von der

Seite an. Ich spucke das Wasser ganz unschuldig wieder ins Waschbecken. Das ist die Täuschung!

Nun ist Jaro wieder mit sich beschäftigt und spült seinerseits seinen Mund aus.

Jetzt! Ich nehme den gefüllten Becher und schon läuft das Wasser Jaro den Nacken hinunter. Die Wasserschlacht ist nun in vollem Gange!

Lachend und prustend stehen wir da. Patschnass! Nur unsere Mutter kann uns aufhalten.

„Da freue ich mich aber, dass ihr vor eurer Reise noch das Bad putzen wollt!", sagt unsere Mutter und lächelt ziemlich süßlich. Wir wissen, was unsere Mama damit meint und legen gemeinsam los.

„Hier", sagt sie, „habt ihr zwei Lappen und ein paar Tücher, um den Boden zu wischen und zu trocknen. Viel Spaß, ihr beiden Schlingel!" Und schon ist sie wieder verschwunden.

Eifrig wischen wir und wringen unsere Lappen ins Waschbecken aus. Bald schon ist alles wieder in bester Ordnung. Fast! Denn die Teppiche vor dem Waschbecken bleiben erstmal nass.

Na ja, es gibt Schlimmeres! Das sieht auch Mama so. Und kaum sind wir fertig, erinnere ich mich wieder an das, was wir heute erlebt haben und was uns noch bevorsteht.

„Geschafft, Jona, guck, haben wir das nicht schön hingekriegt?", sagt Jaro zu mir und lächelt. „Komm, lass uns zusammen in dein Bett gehen."

Wir ziehen unsere Schlafhemden an. Dann nehmen wir uns wieder bei der Hand und steigen in mein Bett. Dort liegen wir ganz eng beieinander.

„Mama, kommst du?", rufe ich. „Wir sind fertig und liegen im Bett."

Mama kommt herein und setzt sich zu uns an den Bettrand. Sie nimmt in jede Hand eine unserer Hände. Jaro, der an der Wand liegt, dreht sich auf die Seite, damit Mama seine Hand besser fassen kann. Dann beginnt sie, unser Gute-Nacht-Lied zu singen. Es ist so schön!

Und so geht es:

Weißt du, wie viel Sternlein stehen
an dem blauen Himmelszelt?
Weißt du, wie viel Wolken gehen
weithin über alle Welt?
Gott der Herr hat sie gezählet,
dass ihm auch nicht eines fehlet
an der ganzen großen Zahl,
an der ganzen großen Zahl.

Weißt du, wie viel Mücklein spielen
in der hellen Sonnenglut,
wie viel Fischlein auch sich kühlen
in der hellen Wasserflut?
Gott der Herr rief sie mit Namen,
dass sie all ins Leben kamen,
dass sie nun so fröhlich sind,
dass sie nun so fröhlich sind.

Weißt du, wie viel Kinder frühe
stehn aus ihrem Bettlein auf,
dass sie ohne Sorg und Mühe
fröhlich sind im Tageslauf?
Gott im Himmel hat an allen
seine Lust, sein Wohlgefallen;
kennt auch dich und hat dich lieb,
kennt auch dich und hat dich lieb.

Mama gibt uns einen Kuss auf die Stirn: „Schlaft gut, meine Buben!"

„Schlaf auch gut, Mama", erwidern Jaro und ich gemeinsam. Wir kuscheln uns aneinander und dann erinnere ich mich nur noch an einen Traum, als ich am Morgen wieder aufwache.

2

„Jaro, wach auf!" Ich schüttle meinen kleinen Bruder, weil ich ganz aufgeregt bin. „Ich habe geträumt, von einem jungen Kalb, das mich ganz traurig angeschaut hat. Ich habe mit ihm gesprochen. Es hat mir gesagt, dass es seine Mama suche. Es könne seine Mama nirgends finden und es war so unendlich traurig. – Ich helfe dir, habe ich zu ihm gesagt. Aber ich weiß ja gar nicht, wie. Oh, Jaro! Es war so traurig!"

Jaro reibt sich seine Augen und schaut mich schlaftrunken an. „Was sagst du, Jona? Ein Kalb? Wo ist es? Ich sehe keins!"

„Nein, Jaro! Hier ist natürlich kein Kalb! Das habe ich geträumt! Das Kalb war mit vielen anderen jungen Kälbern in einem Stall. Nur Kälber, keine Mamas! Die haben so unendlich kläglich geschrien. Und ich habe ihnen versprochen, dass ich ihnen helfen werde. Aber wie denn, Jaro? Wie sollte ich ihnen denn helfen können?"

„Komm, großer Bruder Jona, du weißt, wir haben die Kraft und bekommen Hilfe. Das war schon immer so. Das weißt du. Wir müssen das nur wollen. Und wir beide wollen – du und ich!" So versucht Jaro, mich zu trösten und ich muss lächeln, wenn mein kleiner Bruder so voller Zuversicht spricht, als ob *er* der größere von uns beiden sei.

Ich fasse wieder etwas Mut und hüpfe aus dem Bett.

„Jaro, fang mich! – Hei, ich bin schon weg! – Und jetzt bin ich hier. – Und schon wieder fort!"

„Jona, so bleib doch mal stehen!"

„Nur schneller, Jaro, nicht wie eine Schnecke!"

Plötzlich sehe ich Jaro nicht mehr. „Wo bist du, kleiner Bruder? Hey, komm aus deinem Versteck! Ich habe auch was Leckeres für dich!"

„Hops!", brüllt Jaro und im selben Augenblick hat er sich auf meinen Rücken geschwungen. Ich kann mich gerade noch auf meinen Beinen halten.

„Und jetzt, los, Jona-Pferdchen! Zeig, dass du schneller als eine Schnecke bist!" Ich bin bereitwillig sein Pferdchen und galoppiere durch das ganze obere Stockwerk.

„Hü hott! Und schneller!", befiehlt mein Reiter. Ich rase wie wild durch die Zimmer, so dass Jaro beinahe von meinem Rücken herunterrutscht. Schnell umklammert er meinen Hals. Ich galoppiere Richtung Bett und – schwupps – werfe ich ihn ab.

Er fällt weich, zieht sich die Decke über den Kopf und lacht von Herzen, bis ihm die Tränen kommen. Dann beginnt er zu schluchzen und kann gar nicht mehr aufhören zu weinen.

„Jaro, mein lieber Jaro, komm! Gib mir deine Hand. Wir halten uns ganz fest. Wir beide schaffen das!"

Wir gehen im Schlafhemd die Treppen hinunter zum Frühstück.

Wie schön! Mama hat schon alles für uns gerichtet. Wir brauchen uns nur noch hinzusetzen.

„Mmh, das Frühstück schmeckt wie immer lecker!", sage ich zu Mama. Ich mag Hirsebrei. Mama macht ihn mit Hafermilch und Mandelmus. Dann kommen noch Cranberrys in den Brei. Jaro futtert auch schon kräftig. Er liebt das Essen auch. Manchmal aber isst Jaro zu viel und er bekommt Bauchschmerzen. Ich merke, wenn ich satt bin, und Jaro ist manchmal unersättlich. Hihi!

Langsam und genüsslich trinken wir noch unsere Tasse Tee. Am liebsten mag ich Zitronenmelisse. Die hat Mama aber gerade nicht mehr da. Deswegen gibt es heute Früchtetee.

Bald werden wir den guten Brei und den Tee vermissen. Auf unserer Reise trinken wir Wasser, reines Quellwasser. Das ist auch etwas Wunderbares! So frisch! Aber wir müssen die Quellen suchen. Das ist nicht immer einfach. Vor allem, wenn wir uns verstecken müssen – wenn wir in geheimer Mission unterwegs sind. Ja, geheime Missionen, die hatten wir schon öfters, obwohl Jaro erst neun Jahre alt ist und ich zwei Jahre älter. Das waren wohl die Kostproben für die Aufgabe, die uns jetzt bevorsteht. Das ist etwas Größeres. Wir wissen es beide. Ich glaube, auch unsere Mutter weiß es. Sie ist so still und nachdenklich.

„Jaro, bist du soweit? Wir wollen mit unserer Arbeit beginnen!"

„Oh ja, Jona, ich bin gut satt. Aber denken kann ich halt jetzt nicht mehr."

„Ich geh mal schnell nach oben, mich waschen, Zähne putzen und anziehen. Kommst du gleich mit, Jaro?"

„Ja, wir erledigen das nun im Turboschritt!"

Es dauert nicht lange und wir stehen beide wieder, frisch gestriegelt, in der Küche.

„Es kann losgehen, Jaro."

Jaro holt das Papier, den Stift hat er schon bei sich und wir setzen uns an den Küchentisch.

„Na, lasst mal die Hände noch unten", sagt Mama, „der Tisch ist noch nicht sauber. Den wische ich gerade mal noch."

Jaro gibt mir das Papier und ich lege die Seite obenauf, auf die wir unsere ganzen Fragen notiert haben.

Ich erschrecke. Was ist das? Da steht etwas, was wir nicht aufgeschrieben haben. Was ist das für eine Schrift?

Jaro schaut entgeistert auf das Papier. Auch er sieht, dass da etwas nicht mit rechten Dingen zugegangen ist.

„Mama, da steht was! Warst *du* das? Das haben wir nicht geschrieben", fragt er Mama.

Aber beide wissen wir, dass das nicht die Handschrift von Mama ist. Aber was bleibt uns anderes übrig, als Mama zu fragen. Hier gibt es niemanden sonst, der das geschrieben haben könnte!

„Das fängt ja gut an, Jaro!", sage ich. „Aber lass uns mal schauen, was da überhaupt steht!"

„Mama, hör zu! Da steht: *Tom ist kein Schwindler.*"

„Oh Mann, das wissen wir schon selbst. Das haben wir auch schon herausgefunden!", unterbricht Jaro.

„Es geht aber weiter, hört! *Tom ist in Gefahr! Behaltet ihn in eurem Herzen. Lasst nicht nach, an ihn zu denken und ihn zu fühlen! So ist er geschützt und kann zur gleichen Zeit euch helfen.* Das war's! Mehr steht nicht mehr da. Hm."

„Oh, Mama, da ist ein guter Geist mit uns! Wir brauchen keine Angst zu haben. Wir schaffen das. Zum Wohle der Tiere! Auf geht's, Jaro. Lass uns beginnen!"

„Also, Jona, jetzt geht es ja noch um zwei Dinge. Erstens: Wer die Menschen verwünscht hat und wo wir den finden. Und warum hat der das gemacht? Das können wir auch noch fragen. Und zweitens: Was heißt, dass die Tiere dazu da sind, dass die Menschen sie nutzen können?"

„Mir fallen dazu weitere Fragen ein, Jaro. Wie können wir die Verwünschung der Menschen im Reich der unglücklichen Tiere auflösen? Und überhaupt: Was geschieht dort alles in diesem Reich? Was tun dort die Menschen? Und was tun dort die Tiere? Oh je, das sind Fragen über Fragen!"

„Die können wir doch gar nicht beantworten, Jona! Weißt du was, lass uns eine Frage formulieren und dann abwarten. Vielleicht gibt uns unser guter Geist wieder eine Antwort. Hihi!"

„Das ist eine gute Idee, Jaro! Das machen wir! Also – ich schreibe: *Wo befindet sich das Reich der unglücklichen Tiere?*"

„Ja, das ist momentan die beste Frage, finde ich", sagt Jaro, „denn da müssen wir ja hinfinden. Und dann bekommen wir Antworten auf all die anderen Fragen."

„Ja, so ist es. Und jetzt legen wir das beschriebene Blatt unter die anderen Blätter. So wie die Blätter auch über Nacht dalagen. Und wir machen es uns jetzt gemütlich. Was meinst du dazu, Jaro?"

„Ja, wir laufen zu unseren Kühen. Und die Schweine liebe ich auch so! Weißt du, Jona, dass unsere Emma Junge bekommen hat? Süße kleine Ferkel! Hast du sie schon gesehen? Komm, wir laufen hin!"

„Das machen wir! Und zwar gleich und ganz schnell!"

„Juhuu!", rufen wir beide und schon sind wir draußen und laufen davon.

„Tschü-üüss, Mama!", das fällt uns gerade noch beim Weglaufen ein.

„Tschü-üüss, meine Buben!", hören wir unsere Mutter noch von Weitem antworten.

„Oh, sind diese Baby-Schweinchen süß! Schau, Jona, was für Öhrchen die haben!"

Wir sind bei Emma, der Schweinemama, angekommen. Sie liegt gemütlich im Gras und singt ihren

Babys was vor. Die Ferkelchen liegen dicht gekuschelt bei ihr. Es sind sieben. Sie sehen so aus, als ob sie alle träumten. Das Kleinste schläft Nase an Nase mit seiner Mama. Jaro streicht behutsam über eines der Ferkelchen. Ich lege meinen Kopf sanft auf die Schweinemama und träume mit den Ferkelchen mit.

„Es ist so schön!", murmle ich leise.

Dann springe ich auf und sage zu Jaro: „Jetzt geht's zu unseren Kühen! Mal sehen, wer zuerst bei ihnen ankommt!"

Wir rennen um die Wette. Jaro ist zuerst da. Wie schon gesagt, er ist der schnellere von uns beiden. Selten nur schaffe ich es vor ihm. Na ja, das finde ich nicht so schlimm.

Auch die Kühe machen gerade ihr Mittagsschläfchen. Esmeralda, die älteste Kuh, ist wach und kaut und kaut. Ganz gemütlich, immer wieder, als ob das Gras in ihrem großen Mund nie zu Ende gehen würde.

„Esmeralda, du Liebe, du bist so schön! Und so zufrieden!", das sage ich zu meiner Lieblingskuh und tätschle sie am Rücken.

„Muuuh", antwortet Esmeralda. Das sollte heißen, dass es ihr gut geht.

Zufrieden gehen Jaro und ich ein Stück weiter, bis zu unserem Apfelbaum. Wir setzen uns in seinen Schatten und lehnen uns an den alten Stamm. Wie gemütlich! Überall um uns herum wachsen die Butterblumen, Gänseblümchen und Löwenzahn. Ich sehe den Spitzwegerich und reiße mir ein paar Blätter ab. Dann zerreibe ich sie zwischen meinen Fingern und reibe die zerknüllten feuchten Blätter auf meiner Wade auf und ab. Das Jucken der Schnakenstiche lässt allmählich nach. Ich werfe die Blätter ins Gras, strecke meine Beine aus und schließe die Augen. Jaro sitzt still neben mir. Ich weiß nicht, ob auch er seine Augen geschlossen hält. Ich träume.

Ich träume von Sand und Meer und Wolken. Ein zarter Windhauch streicht über meine Haut. Das tut gut. Die Wolken ziehen in meinem Traum vorüber, schnell und immer

schneller, angetrieben vom Wind. Ich öffne meine Augen und schaue in den Himmel. Ein Wolkenpferd ist dort zu sehen, darauf ein Reiter. Grau der Reiter und weiß das Pferd. – Die Wolken verändern sich langsam und bald ist wieder alles verschwunden.

Auch Jaro schaut in den Himmel: „Jona, hast du auch das weiße Pferd mit dem grauen Reiter gesehen?"

„Ja, Jaro! Komisch, nicht wahr? Ich habe so ein seltsames Gefühl."

„Ich auch! Komm, wir laufen zurück."

Wir stehen auf und langsam und nachdenklich, unsere Köpfe etwas gesenkt, gehen wir übers Gras zurück. Die Hühner laufen uns zwischen den Beinen hindurch und führen ein großes Gegacker auf. Und plötzlich plustert sich der Hahn vor mir auf und kräht. Ich bemerke ihn und muss lachen.

„Na, du Gockel! Willst du wohl mit mir streiten?"

Ich krähe auch, so gut ich kann und ziehe eine Grimasse. Jaro kräht mit und wir krähen zu dritt. Dem Gockel scheint es nun zu viel zu werden und er stolziert davon. Drei Hennen laufen ihm hinterher.

„Mama, wir sind wieder da!"

Unsere Mutter kommt uns entgegen: „War es schön?", fragt sie uns.

„Ja, es war sehr schön!", antwortet Jaro.

„Ja, Mama, es war wunderbar!", antworte ich.

„Das ist gut", sagt Mama und umarmt uns. Dann geht sie wieder in die Küche, um das Mittagessen vorzubereiten.

Ich bin plötzlich ganz aufgeregt. Ich denke an unser Papier, dem wir die Frage anvertraut haben. Sollten wir gleich mal nachschauen, ob die Frage beantwortet wurde?

„Jaro, unser Papier! Unsere Frage! Sollen wir schauen, ob etwas passiert ist?"

Jaro schaut mich an und seine Augen sagen mir, dass auch er aufgeregt ist und er nickt mir zu. Wir nähern uns langsam dem Schrank, auf den wir das Papier gelegt haben. Ich nehme es zu mir und lege es auf den Küchentisch. Ich ziehe die beiden oberen Blätter vorsichtig nach unten weg. Meine Hand ist ein wenig unruhig. Da ist unsere Frage! Und daneben … Daneben steht ein Satz. Ein frisch geschriebener Satz, der nicht von uns geschrieben wurde. Eine fremde, klare, feine Schrift. Dieselbe Schrift wie beim letzten Mal. – Steht da die Antwort, die wir brauchen?

„Mama, hör zu, ich lese vor: *Schaut nach dem grauen Reiter auf dem weißen Pferd. Es wird euch den Weg weisen.*"

„Mama, Jaro, das ist das Pferd, das wir eben, beim Apfelbaum, im Himmel gesehen haben! In den Wolken! Aber warum ist der Reiter grau? Ein *grauer Reiter* soll uns den Weg weisen? Das ist ja unheimlich!"

„Jona, nein, der Schreiber sagt, *es* wird euch den Weg weisen, also das weiße Pferd und nicht der graue Reiter!"

„Ja, Jaro, du hast Recht! Das stimmt! Also, dann lass uns nur das weiße Pferd anschauen, nicht den Reiter!"

„Kinder, es gibt Mittagessen! Räumt bitte die Sachen vom Tisch!"

3

Der Tag ging noch schnell zu Ende und wir schliefen in dieser Nacht ruhig und tief. Jaro und ich – zusammen in meinem Bett.

„Guten Morgen, kleiner Bruder!", sage ich zu Jaro und stoße ihn leicht in die Rippen.

„Hey, guten Morgen, großer Bruder!", antwortet Jaro und grinst, „was ist das für ein unsanftes Wecken?"

„Wir wollen aufstehen und frühstücken, Jaro. Es ist schon fast Mittag. Wir haben lange geschlafen. Heute ist unser letzter Tag vor unserer Abreise. Und dieser Tag ist besonders wichtig."

„Jona, was soll an diesem Tag so wichtig sein? Es ist einfach ein ganz normaler Tag, weil wir ja noch zu Hause sind."

„Oh nein, Jaro! Heute wollen wir uns innerlich auf unsere Aufgabe und die Reise vorbereiten. Das ist wichtiger als alles andere!"

„Ach so! Na ja, Jona, du wirst schon wissen, was du sagst. Dann lass uns mal frühstücken. Ich habe großen Appetit!"

Ja, Jaro hatte großen Appetit. Er aß das Doppelte von dem, was ich hinunter bekam. Aber danach hatte er Bauchschmerzen und jammerte.

„Du Jammerlappen-Jaro! Was isst du auch so viel. Es ist nun keine Zeit sich auszuruhen und zu pflegen. Die Zeit drängt!"

„Aber ich kann nicht, Jona!" Jaro beginnt zu weinen und seine Tränen stürzen aus ihm heraus wie bei einem kleinen Wasserfall.

„Gut, Jaro. Eine halbe Stunde, reicht dir das? Du kannst dich ausruhen und deinen Bauch wieder in Ordnung bringen. Du weißt ja, wie das geht!"

„Ja, mein großer, schlauer Bruder! Bauchatmung! Ich weiß! Zu Befehl!"

Jaro steigt gekrümmt die Treppen hoch, seinen wehen Bauch umfasst er mit seiner rechten Hand. Mit seiner linken Hand zieht er sich am Treppengeländer hoch. Dann ist er für eine Weile nicht mehr zu sehen und zu hören.

Ich mache mir in dieser Zeit Gedanken über den heutigen Tag. Woraus können wir Kraft schöpfen und was kann uns Sicherheit und innere Ruhe geben, damit wir morgen gestärkt losziehen können? Ich habe ein paar Ideen.

„Gut, so machen wir das!", spreche ich leise vor mich hin.

„Jaaaarooo!", rufe ich nach meinem kleinen Bruder. „Bist du so weit? Alles wieder in Ordnung?"

„Ja, ja, ich komm ja schon, Bruderherz!"

„Mama, kannst du uns heute bitte helfen? Du weißt, für die innere Ruhe und die Stärkung bist du die Expertin", sage ich zu Mama und schaue ihr dabei in die Augen, die mich lieb anschauen.

„Ja sicher, meine Buben! Kommt, lasst uns beginnen. – Jona, was hast du dir denn vorgestellt?"

Ich erzähle Mama, was ich wichtig finde: „Mama, wir wollen zum Beispiel immer ruhig und besonnen reagieren können. Wir wollen fähig sein, immer alles ruhig zu durchdenken. Wir möchten die Dinge, die wir erfahren, sortieren und einordnen können. Also, logisches Denken brauchen wir. Denn wir müssen auch Pläne schmieden. Und vor allem dürfen wir keine Angst haben, denn das würde uns schwächen. Innerlich wollen wir gestärkt sein und auf uns und das Gute vertrauen können. Wir wollen mutig sein und auch Kraft haben und unser Ziel nicht aus den Augen verlieren: die Rettung der Tiere! So, Mama, das ist das, was mir so eingefallen ist."

Ich sage Mama noch meine Ideen, die ich dazu hatte, was uns da helfen könnte.

„Gut", antwortet Mama, „wir machen heute Morgen noch eine Einheit vor dem Mittagessen, eine Einheit am Nachmittag und dann noch eine vor dem Schlafengehen. Wir beginnen mit Übungen für die innere Ruhe. – Jaro, bist auch du mit allem einverstanden, was Jona und ich uns vorstellen?"

„Ja, Mama, das wird ein toller Tag", ruft Jaro begeistert aus, „nur träumen und ausruhen, das gefällt mir! Es kann gleich losgehen. Ich warte schon!"

Nach einem Tag voller Yoga-, Stille- und Meditationsübungen sind wir gestärkt für das, was uns erwarten wird. Mama hat gemeint, es sei wichtig, dass wir einen Teil der Übungen täglich machen, auch auf unserem Weg. Dass unser Inneres gestärkt bleibt und wir es nicht verlieren.

Es wäre jetzt zu viel, wenn ich all unsere Übungen, die wir gemacht haben, beschreiben wollte. Nur eine Übung möchte ich kurz erklären. Vielleicht ist diese die wichtigste überhaupt. Das weiß ich aber nicht genau.

Wir haben uns bei dieser Übung vorgestellt, dass alles schon gut sei. Das Reich hieß nicht mehr „Reich der unglücklichen Tiere", sondern „Reich der besonders glücklichen Tiere". Wir sahen bei dieser Übung, wie die Tiere in der Sonne miteinander spielten. Die Schweine suhlten sich im Schlamm und grunzten genüsslich. Die Ziegenmama stupste ihr Zicklein an, um es zum Spielen zu locken. Das Kälbchen trank Milch bei seiner Mama. Und die Hühner liefen aufgeregt auf der Wiese durcheinander und gackerten um die Wette. Die Tiere waren so frei und glücklich wie bei uns. Oder sie waren noch glücklicher – wenn das geht! Ich habe es genau gesehen. Ihre Augen leuchteten. Auch Jaro hat es gesehen, hat er gesagt.

Und jetzt sind wir bereit zu gehen. Morgen ist es soweit. „Jaro, es gibt ein paar Sachen, die wir auf keinen Fall vergessen dürfen. Die suche ich jetzt zusammen und verstaue sie in meinem Beutel."

„Ich weiß, unser Papier, gell, Jona? Und die Siegelringe. Wo ist denn mein Siegelring? Mama, hast *du* den?"

„Kommt mal her, Jona und Jaro. Die Siegelringe habe ich für euch aufbewahrt."

Mama holt aus der obersten Schublade im Küchenschrank zwei kleine Schmuckkästchen. Sie sind mit rotem Samt ausgekleidet. Mama nimmt einen Ring aus einem der Kästchen und sagt:

„Das ist *dein* Ring, Jaro."

Dann reicht Mama mir *meinen* Ring.

„Und dieser gehört dir, Jona. Steckt sie schon jetzt an euren Finger. – Ihr kennt die Kraft eures Siegelrings und seine Möglichkeiten. Behaltet euren Ring zum Schutz immer an eurem Finger. Gebt ihn in keinem Fall heraus! Legt ihn nirgendwo ab!"

„Ja, Mama!", antworten Jaro und ich. Wir schauen uns an, blicken dann auf den Ring und stecken ihn gleichzeitig an unseren Mittelfinger der linken Hand.

„Für unsere Mission! Dass sie gelingt!", sage ich und nehme Jaro an der Hand. Einen Augenblick halten wir inne.

Dann sage ich zu Jaro: „Komm, wir gehen schlafen! Wir wollen morgen fit sein!"

Wir springen beide die Treppen nach oben. Ich nehme immer zwei Stufen. Doch Jaro ist trotzdem der Schnellere. Im Bad vor dem Waschbecken stehen wir still nebeneinander, waschen uns und putzen die Zähne. Jaro sagt nichts, ich auch nicht. Dann gehen wir zu Bett, jeder in sein eigenes. Das haben wir nicht abgesprochen.

„Gute Nacht, Mama!", rufe ich.

Mama kommt in unser Zimmer, sie streicht erst Jaro und dann mir über den Kopf. Dann singt sie unser Gute-Nacht-Lied. Zum letzten Mal für viele Wochen! Sie gibt uns einen Gute-Nacht-Kuss. Auch den zum letzten Mal.

„Gell, Mama", sagt Jaro, „morgen früh kriegen wir von dir ja noch den Abschiedskuss!" Mama lacht. Jaro hat wohl das Gleiche gedacht wie ich. Der letzte Gute-Nacht-Kuss für viele Wochen!

„Schlaf gut, Jona! Schlaf gut, Jaro!", sagt Mama. Sie geht hinaus und schließt die Tür hinter sich.

„Gute Nacht, mein liebster Bruder!", raune ich Jaro zu.

„Gute Nacht, mein großer Bruder!", antwortet Jaro ganz leise.

Ich schließe meine Augen. Und dann sehe ich Tom, den Landstreicher, vor mir. Er winkt mir zu und lächelt. Ich glaube, er freut sich, dass wir das Abenteuer wagen. Er wird mit uns sein. Wir werden ihn nicht vergessen! Danke, Tom, denke ich und schlafe ein.

Als ich wieder aufwache, ist es noch dunkel. Ich schaue auf meinen Wecker. Es ist drei Uhr nachts. Warum wache ich mitten in der Nacht auf? Die Antwort darauf bekomme ich sofort.

Mama kommt zur Tür herein und flüstert: „Ihr müsst aufstehen, meine Buben! Es darf niemand bemerken, dass ihr euch auf die Reise macht. Ihr müsst noch vor vier Uhr aufbrechen!"

Jaro wacht auf und streckt und reckt sich.

„Wer weckt mich denn schon sooo früh? Jona, warst *du* das?", jammert er vor sich hin. Wenn Jaro sich nur ein bisschen anders als pudelwohl fühlt, dann jammert er gerne.

„Nein, Jaro, Mama hat uns geweckt. Wir sollen in der Nacht unsere Reise beginnen. Niemand darf uns sehen!"

„Auch das noch!", jammert Jaro weiter. „Ich bin doch noch sooo müde!"

Ich springe schnell aus meinem Bett, breite meine Arme aus und spiele Flugzeug. Ich düse an Jaros Bett vorbei, lasse den Kleiderschrank hinter mir und drehe.

„Achtung, Achtung! Bitte anschnallen! Das Flugzeug landet!", rufe ich mit gedämpfter Stimme. Und – plumps – liege ich auf Jaro obendrauf.

„Hey, Jona, au, das tut weh!" Jaro schlägt seine Arme um meinen Körper, schüttelt mich hin und her und versucht, mich aus dem Bett zu werfen. Aber das gelingt ihm nicht.

Jaro ist zwar schneller als ich, aber nicht stärker. Der Stärkere bin ich. Haha! So leicht wird er mich nicht los. Wir kullern hin und her, bis wir beide zusammen auf dem Boden landen.

„Bist du jetzt wach, Jaro?", frage ich ihn grinsend.

„Du bist unbarmherzig!", lacht Jaro und kneift mich in den Arm.

„Au, Jaro, das tut weh!" Nun bin auch ich ganz wach und ich weiß, dass wir keine Zeit mehr verlieren dürfen.

„Komm, mein Bruderherz, wir machen uns bereit für unsere Reise! Es eilt! Vor Sonnenaufgang sollten wir schon weit von zu Hause weg sein!"

Schnell waren wir gewaschen und angezogen.

Dann genießen wir es nochmals, gemeinsam am Küchentisch zu sitzen und lecker zu frühstücken. Mama sitzt bei uns und schaut abwechselnd auf mich und auf Jaro. Sie sieht ein bisschen traurig aus, aber sie lächelt.

„Ich habe eure Beutel gepackt", sagt sie, „Kleider zum Wechseln, eine Decke für kalte Nächte, jedem ein Feuerzeug, um Feuer zu machen und ein Taschenmesser, außerdem zwei Wasserflaschen für jeden und reichlich zu essen. Das Essen reicht für drei Tage, wenn ihr euch etwas einschränkt."

„Das Papier, Mama, ist es noch im Beutel?" Ich bin nun ganz aufgeregt und höre gar nicht mehr, was

Mama antwortet. Ich weiß ja, dass es drin ist. Ich hab es ja gestern selbst hineingetan. Aber jetzt müssen wir los. Ich kann nicht mehr sitzen. Es drängt mich zu gehen.

„Auf, Jaro, es geht los!"

Jaro läuft eine Träne die Wange hinunter, die er schnell mit seinem Handrücken wegwischt. Schnell noch Mama drücken – ganz fest! Ich möchte sie gar nicht mehr loslassen. Mama geht in die Hocke und Jaro legt seinen Kopf auf Mamas Schulter. Blitzschnell hebt er ihn wieder, stellt sich kerzengerade hin und schaut ihr klar in die Augen.

„Mama, wir gehen jetzt! Sei tapfer!", sagt er und geht einfach los. Er dreht sich noch einmal um und winkt. Dann ruft er mich zu sich und ich renne ihm hinterher. Dass Jaro immer so schnell sein muss!

Ab jetzt sind wir ganz allein auf uns gestellt.

4

„Wo wollen wir überhaupt hin, Jaro? Du bist einfach losgelaufen!"

„Das Pferd, ja, das Pferd! Wir müssen nach dem weißen Pferd schauen! Das wird uns den Weg zeigen!", antwortet Jaro. „Gut, Jona, dass mir das noch eingefallen ist!"

„Aber es ist doch dunkel! Wie sollen wir da etwas am Himmel erkennen?"

„Das ist doch einfach, Jona! Das Pferd ist weiß! Und der Himmel schwarz! Besser kann es ja gar nicht gehen!"

Wir schauen in den Himmel. Aber da ist kein Pferd. Alles nur schwarz.

„So, und jetzt? Da ist kein Pferd! Kein weißes und nicht mal ein graues! Überhaupt keines!", sage ich, schon etwas entmutigt.

„Was machen wir jetzt?", fragt Jaro, ebenso ratlos.

„Wir gehen einfach weiter. Es geht nicht anders. Wir müssen erst mal aus Sangura hinaus. Dann sehen wir weiter."

Sangura ist unser kleiner Ort. Wir wohnen etwas außerhalb. Das macht die Sache nun etwas leichter, glaube ich.

Unser kleines Haus ist umgeben von Bäumen.

Durch unseren Garten fließt ein kleiner Bach. Daran denke ich jetzt. Ich werde ihn vermissen. Jaro und ich spielen sehr oft am Bach – ich meine spielten. Denn wir wissen nicht, wann wir wieder zurück sein werden. Am meisten aber liebe ich die Tiere. Die laufen überall herum. Oh, wie oft habe ich mich schon mit ihnen unterhalten und mit ihnen gespielt.

Ruckartig bleibe ich stehen. War da nicht ein Geräusch? Jaro schaut mich an. Auch er hat es gehört. Es war wie ein Ziehen und Schleifen. Unheimlich hat es sich angehört. Nur weiter, denke ich. Schnell aus Sangura hinaus!

Wir laufen und fangen an zu rennen, Hand in Hand. Das macht uns sicherer.

„Stopp, Jaro!", flüstere ich. „Wir dürfen nicht rennen. Das ist zu auffällig. Wir machen uns verdächtig."

„Aber Jona, wir müssen doch weg von hier! Beobachtet uns tatsächlich jemand, dann müssen wir erst einmal von hier wegkommen. Wir brauchen Vorsprung, damit wir dann auf versteckten Wegen weiterziehen können."

„Oh, Jaro, das stimmt. Du hast Recht. Auf, wir wollen laufen und laufen und erst dann Halt machen, wenn wir weit von hier weg sind und irgendwo Unterschlupf finden. Dann können wir Glück haben und der Unbekannte zieht an uns vorüber, ohne uns zu entdecken."

So beginnen wir nun zu laufen und zu laufen und zu laufen. Die offene Straße scheint kein Ende zu nehmen. Kein Wald in Sicht, keine Höhle, nicht einmal ein Grashügel.

Das hätten wir doch wissen müssen, denke ich. So weit außerhalb von Sangura haben wir schon öfters unsere Erkundungen angestellt. Aber unser Kopf war zu wirr, um klar zu denken. Wir waren zu aufgeregt. Aber was hätte es auch genützt! Wir müssen weiter, die Straße hinter uns lassen.

„Jaro, geht es noch? Kannst du noch rennen?", frage ich ihn, schnaubend wie ein Pferd.

„Ja, es geht noch", sagt Jaro, dreht dabei seinen Kopf und schaut nach hinten.

„Jona, schneller, wir werden verfolgt. Der graue Reiter auf dem weißen Pferd!"

Ich schaue ebenfalls nach hinten und sehe den grauen Reiter. Das Pferd lahmt, wird aber vom Reiter angetrieben.

Was bedeutet das nun, frage ich mich. Unser weißes Pferd, das uns den Weg zeigen soll, verfolgt uns.

„Es ist der graue Reiter, der uns verfolgt", sagt Jaro, als ob er meine Gedanken lesen könnte, „es ist nicht das weiße Pferd. Das muss dem Reiter gehorchen!"

Wir werden schneller und schneller. Vielleicht ist das die Rettung. Es ist eine Wegbiegung in Sicht. Wir spurten die letzten hundert Meter in rasendem Tempo. Es geht um die Ecke. Der Wald beginnt – rechts. Links geht es die Böschung hinab, zum Fluss Namangari. Die Böschung hinunter oder in den

Wald? Eine blitzschnelle Entscheidung ist notwendig. Ich entscheide mich für den Wald. Wir sind gute Kletterer.

Wie gut, dass der graue Reiter nur langsam vorwärts kommt. Wir springen in den Wald.

„Komm, weiter und weiter, Jaro, tief hinein."

„Ich sehe nichts, Jona!" Jaro stolpert über eine Wurzel. Ich fasse ihn an der Hand und schnell rappelt er sich wieder auf.

„Und noch ein Stück. – Und nun den Baum hinauf! Bis dicht an den Wipfel!"

Es ist nicht so einfach, den Baum hinaufzukommen. Wir sind geübte Kletterer, aber es ist dunkel und meine Beine zittern vom Rennen. Jaro geht es genauso.

Ich lasse Jaro vorausklettern.

„Jona, ich erreiche keinen Ast mehr, auf den ich steigen könnte."

„Lass mich nach vorne, Jaro. Bleib du da stehen!"

Jaro lehnt sich an den Stamm und schaut mir zu, wie ich mich an dem Ast über mir hin und her schwinge und dann meine Beine über den Ast werfe, der sich dahinter befindet. Ich ziehe mich unter dem Ast hindurch nach oben, so dass ich auf dem Ast sitze und drehe mich herum. Geschafft! Dann suche ich eine Stelle, auf der ich sicher sitzen und mich mit einer Hand gut halten kann.

„Los, Jaro, jetzt bist du an der Reihe. Ich helfe dir."

Das ist schwieriger als gedacht. Jaro kommt nicht so richtig in Schwung.

„Noch einmal, Jaro! Wirf deine Beine nach vorne und so weit wie möglich nach oben! Dann kann ich sie fassen und probieren, sie über den Ast zu ziehen."

Wir hören ein Rascheln.

„Schnell, Jaro! Beeil dich! Sie kommen!"

Jaro schwingt hin und her, einmal, zweimal, dreimal. Mit all seiner Kraft! Seine Füße streckt er in die Höhe. Sein Gesicht ist verzerrt. Er schafft es nicht. – Und noch einmal.

Endlich bekomme ich seinen rechten Fuß zu fassen und halte ihn krampfhaft fest. Er hängt in der Luft. Nur nicht loslassen!

„Jaro, streck mir deinen linken Fuß entgegen!", flüstere ich.

„Wie denn? Wie soll ich das machen?"

„Drücke deinen ganzen Körper nach vorne. Gib deine ganze Kraft da hinein und konzentriere dich dabei auf deinen linken Fuß. Mach ihn innerlich ganz lang!"

Wieder ein Geräusch. Es kommt näher. Schleifend und ziehend!

Jaros Körper hängt schlapp nach unten. Ich kann seinen rechten Fuß kaum mehr halten. Sein Körper zieht ihn mit nach unten.

„Jaro!", flehe ich verzweifelt.

Doch dann spannt sich Jaros Körper plötzlich an. Seine Kraft ist von außen zu sehen. Sein Körper macht einen Ruck nach oben, während sein linkes Bein nach oben schnellt. Schnell fasse ich zu. Ich schwanke wie ein Betrunkener auf meinem Ast, auf dem ich sitze. Ich drücke meine Beine nach hinten. Mein Gleichgewicht! Ich kann es kaum halten.

„Jaro, zieh deine Beine über den Ast! Ich muss mich festhalten!"

Jaro rutscht jetzt mit seinem Körper und seinen Beinen mit Leichtigkeit nach vorne, um sich danach aufzustellen und sich an einem Ast über sich zu halten. Auch ich finde wieder Halt und fühle mich sicher.

Das Klettern fällt uns jetzt wieder leicht. Der Baum bietet uns reichlich Äste. Noch ein kleines Stück, und wir sind angekommen, auf einer beachtlichen Höhe. Hier sitzen wir nun, zusammengekauert, Hand in Hand, geschützt im dichten Blätterwerk des Baumes.

„Wo seid ihr?", ruft eine raue Stimme laut in den Wald hinein. „Ich werde euch schon noch kriegen!"

Wir halten die Luft an. Der graue Reiter steht am Fuße des Baumes. Die Dunkelheit ist unser Freund. Es ist kein Geräusch zu hören, außer dem Rufen des Reiters und dem kläglichen Wiehern des weißen Pferdes.

„Du schäbiger Gaul!", beschimpft der Reiter das weiße Pferd, „mit dir ist nichts anzufangen! Kannst du die beiden nicht wittern?"

Das Pferd wiehert sanft und zieht an der Leine, als wollte es den grauen Reiter auf unsere Spur führen.

„Na also", sagt der Graue, „hab ich dich doch nicht ganz umsonst mitgenommen." Mit funkelnden Augen schaut er nochmals den Baum hinauf. Wir erstarren.

Doch das Pferd zieht an der Leine. Der Reiter lässt seinen Blick abschweifen und folgt dem Pferd. Das weiße Pferd wiehert ein zweites und drittes Mal, ganz sanft, als wollte es sagen:

„Habt keine Angst! Ich bin für euch da!"

Dann sind beide verschwunden. Und wir atmen auf.

Eine ganze Weile sitzen wir noch still nebeneinander. Dann seufzt Jaro laut auf.

„Wir hatten Glück!", sagt er.

Wieder sitzen wir still da. Alles spielt sich noch einmal in meinem Kopf ab. Wie sonderbar, denke ich. Das weiße Pferd ist unser Freund und zeigt uns den Weg. Der graue Reiter aber verfolgt uns.

„Jona, was tun wir jetzt?", fragt Jaro.

„Ich glaube, nach diesem Erlebnis machen wir uns erst mal einen Plan. Wir sollten überdenken, was passiert ist und ob wir daraus etwas schließen können. Das könnte uns helfen."

„Vielleicht bekommen wir von unserem Papier eine Antwort, Jona!"

„Ja, stimmt, das wollen wir auch versuchen. Aber zuerst strengen wir unseren eigenen Kopf an, würde ich sagen. Was meinst du, Jaro?"

„Ja, ich bin auch zuerst für den eigenen Kopf", lacht Jaro und guckt mich schelmisch an.

„Was lächelst du so verschmitzt, Jaro?", frage ich und gebe ihm einen sanften Schubs.

„Jona, hör auf, ich falle gleich herunter! Ich hab mir ja nur überlegt, wie es da so mit deinem Kopf steht", antwortet er und lächelt wieder so bedeutungsvoll.

„Ha, ha!", antworte ich nur und schubse ihn nochmals ein bisschen nach hinten. Jedenfalls dachte ich das, doch war es wohl ein wenig zu stark. Jaro schwankt bedrohlich hin und her. Er fasst sich schnell mit der einen Hand am Ast, auf dem er sitzt, und mit der anderen an einem Zweig über ihm. Ich halte schnell meine Hand hinter seinen Rücken und drücke ihn samt seinem Beutel nach vorne.

Als Jaro sich wieder gefangen hat, schaut er mich an, öffnet seinen Mund und brüllt wie ein Löwe. Ich erschrecke, weiche nach hinten aus und kann mich gerade noch an dem Ast über uns festhalten. Jetzt ist Jaro derjenige, der mit aller Kraft meinen Rücken nach vorne drückt und mir hilft, dass ich das Gleichgewicht nicht verliere.

Wir müssen diesen Quatsch lassen, denke ich und sage das Jaro auch.

„Es tut mir leid, Jaro, dass ich dich geschubst habe. Ich habe nicht weiter darüber nachgedacht. Aber stell dir vor, Jaro, uns würde dabei etwas passieren. Unsere

Mission wäre zu Ende. Und das Leid der Tiere würde fortdauern. Nein, wenn ich daran denke, ist es mir, als ob mein Herz breche. Es tut mir so weh."

„Wenn du so sprichst, Jona, denke ich gerade daran, was unsere Mutter zu uns gesagt hat. Sie hat gesagt: ‚Seht und begreift die Tiere in ihrem ganzen Leid. Spürt, was das bedeutet! Fühlt mit ihnen mit! Dies wird euch zur treibenden Kraft werden, um die Tiere zu retten.' Sicher fehlt uns da noch das Einfühlungsvermögen für die Tiere, Jona. Ich finde, das erste, was wir nun anstreben sollten, wäre, dass wir von diesem Reich einen ersten Eindruck bekommen."

„Ja, Jato, mit unseren Albernheiten zeigen wir kein Mitgefühl für die Tiere. Ich habe eine Idee. Unsere Siegelringe! Die werden uns unsere ersten Erkundungen möglich machen."

„An was denkst du da, Jona?"

„Den genauen Plan müssen wir uns noch überlegen. Aber ich denke, wir suchen uns erst mal einen geschützten Platz, an dem wir es uns bequem machen können. Er sollte uns vor Sonne und Regen schützen und gut versteckt halten. Weiteres dann, wenn wir den Platz gefunden haben. Denn dort können wir alles ungestört besprechen und von dort aus unsere Mission beginnen."

„Ich weiß auch, welche Richtung wir jetzt am besten einschlagen, Jona! Wir schauen auf die schleifenden Spuren unseres weißen Pferdes. Dann kommen wir dem Reich näher."

„Mein kleiner Bruder ist schlau!", sage ich und lege liebevoll meinen Arm um seine Schultern.

„Hoffentlich hat der Graue dein Löwengebrüll nicht gehört, Jaro. Wenn er jetzt zurückginge oder auch nur stehen bliebe, liefen wir dirckt in seine Arme."

5

Den Baum hinunter kamen wir schneller und einfacher. Wir umfassten den Ast, auf dem wir saßen und ließen uns daran herunterhängen. Mit den Zehenspitzen berührten wir dann die Stelle unter uns, an der wir so viel Mühe hatten, hochzukommen. Wir stellten uns hin, suchten kurz Halt am Baumstamm und gingen dann in die Hocke, um weiter hinabzuklettern. Nach wenigen Minuten spürten wir wieder den weichen Waldboden unter unseren Füßen.

Das Licht drängt sich langsam zwischen den Baumwipfeln hindurch. Goldene Lichtstrahlen blitzen durch die Zweige und Blätter der Bäume und erzeugen Lichtstreifen auf unserem Weg. Es wird Tag. Wir haben es eilig, unser Versteck zu finden.

„Jona, ich denke gerade an Tom, den Landstreicher. Tust du das auch? Ich glaube, der graue Reiter hat mich brüllen hören. Wir dürfen ihm nicht begegnen."

„Ja, ich denke auch an ihn. Ich fühle ihn. Er ist in der Nähe. Vielleicht nur sein Ich und nicht sein Körper. Das weiß ich nicht. Aber das ist nicht so wichtig."

„Dann lass uns aufmerksam sein, wenn wir unser Versteck suchen, damit wir rechtzeitig spüren, wenn wir dem grauen Reiter ausweichen müssen", antwortet mir Jaro.

Ich denke jetzt ganz intensiv an Tom und stelle mir vor, dass er ein kleines Stück vor uns geht. Ja, eigentlich spüre ich es genau, erst stand er zwischen uns beiden, jetzt geht er voraus.

„Oh, Tom, danke, dass du uns begleitest!", sage ich zu ihm in Gedanken.

„Ihr beiden tapferen Jungs! Das ist doch selbstverständlich! Wie dankbar bin ich doch, dass ihr die Aufgabe übernommen habt! Ich tue alles, was in meiner Macht steht, euch zu helfen. Die Tiere leiden große Qual!" So höre ich Tom in meinem Inneren sprechen und weiß ganz sicher: Es ist Tom.

„Jona, ich habe gerade mit Tom gesprochen", sagt im selben Augenblick Jaro und schaut mich mit leuchtenden Augen an. „Er geht gerade ein kleines Stück vor uns. Er will uns helfen, hat er gesagt!"

Ich nehme Jaros Hand und drücke sie ganz fest. Er schaut mich an, mit Tränen in den Augen. Auch mir fließt eine Träne über die Wange. Wie gut, dass wir uns haben! Und wie gut, dass Tom bei uns ist.

Wir schauen nach der Schleifspur des weißen Pferdes. Sie ist klar zu sehen und führt Richtung Norden. Dieser Spur folgen wir, doch sehr achtsam und hellhörig. In unserem Herzen ist Tom. Er wird uns rechtzeitig ein Zeichen geben, wenn Gefahr droht.

„Schau, Jona, ein Schmetterling. Das ist ein Tagpfauenauge. Der ist schön!"

Ich liebe auch Schmetterlinge. Sie sind so leicht und fliegen so sanft und geschmeidig durch die Luft. Ich beobachte den Schmetterling, wie er sich bewegt und träume davon, wie ein Schmetterling so sanft durch die Lüfte zu fliegen. Ja, heute noch wird das Abenteuer beginnen. Wir werden wie ein Schmetterling durch die Luft fliegen. Aber das, was wir schauen werden, ist nicht schmetterlingsgleich. Es wird schwer und traurig sein.

„Oh, Jona, schau, der Schmetterling hat sich auf meine rechte Schulter gesetzt!"

Jaro bleibt stehen. Ganz ruhig lässt er es geschehen und genießt diesen besonderen Augenblick. Ich bleibe auch stehen und freue mich. Jaro schaut mich glücklich an.

„Schnell, nach links, auf die Seite", zische ich Jaro zu, „und weiter in den Wald hinein!" Ich packe Jaro schnell an der Hand und ziehe ihn mit mir. Da hinten muss ein Hügel sein, ich weiß es, denke ich. Das war Tom. Ich habe es sofort gemerkt. Der graue Reiter! Er kommt zurück!

Wir erreichen gerade den Hügel und ducken uns dahinter, da steht der graue Reiter vor uns. Ein paar Meter vom Hügel entfernt. Er sitzt auf dem weißen Pferd, das sich nur schleppend heranbewegt.

Wir halten die Luft an. Der Graue schaut sich um. Er kommt ein Stück näher. Und noch ein Stück näher. Ganz langsam. Das Pferd zieht nach rechts. Und plötzlich muss Jaro niesen. Ganz laut. Nicht zu überhören.

Der graue Reiter peitscht das Pferd an, loszugaloppieren. Aber es regt sich nicht von der Stelle. Wir verharren weiter hinter dem Hügel. Sollen wir davonrennen? Wir sind wie starr. Der Graue steigt vom Pferd. Er gibt ihm noch einen Tritt in die Flanken. Wie leid mir das Pferd tut!

Dann sackt er vor unseren Augen in die Knie. Er kann nicht stehen. Er kann sich nicht aufrecht halten. Was ist da los? Es scheint, als hätte er in den Beinen keine Muskeln, keine Knochen.

„Was machen wir nun?", flüstere ich Jaro zu.

„Erst mal noch still sein und beobachten", antwortet Jaro ganz leise. „Wir sind sicher. Er kann ja nicht aufstehen."

„Schau, das Pferd, Jaro! Es kommt näher! Das Pferd kommt näher!" Ich bin ganz aufgeregt.

Der graue Reiter stöhnt und flucht.

„Bleib gefälligst stehen, du nichtsnutziger Gaul! Hörst du? Du wirst es zu spüren bekommen, wenn du nicht augenblicklich stehen bleibst!"

Doch das Pferd läuft weiter und kommt unserem Versteck immer näher. Der Graue greift wütend ins Gras und zieht sich daran ein Stück nach vorne. In den Armen hat er Kraft. Er schleppt und zieht sich Stück für Stück weiter. Wir können hier im Versteck nicht bleiben. Der Graue wird uns erreichen, auch wenn es noch dauern wird.

Das Pferd ist bei uns. Wir tätscheln und liebkosen es und legen unseren Kopf rechts und links an seinen. Es wiehert leise und stupst uns sanft an der Wange. Es ist, als ob Freunde sich nach Jahren wieder gefunden hätten.

Aber was tun wir jetzt?

„Wie lange wird es noch dauern, bis der Graue uns erreicht hat?", fragt mich Jaro.

„Darauf können wir nicht warten. Wir müssen zuerst ein Stück weit wegkommen, um uns über den weiteren Weg Gedanken zu machen. Aber wir sind schneller, auch wenn der Fuß des Pferdes lahmt."

Ich brauche Mut, mich aus dem Versteck herauszubegeben. Auch Jaro schaut verängstigt. Der Graue sieht uns und brüllt: „Euch Gören werde ich schon noch einfangen! Dann werdet ihr euer blaues Wunder erleben! Ich werde euch zu den Tieren einsperren. Dann könnt ihr sie ja trösten!"

Ich schaue in die entgegengesetzte Richtung. Ich will den Grauen nicht von Angesicht zu Angesicht sehen. Er ist unheimlich. Jaro blickt unter sich auf den Boden.

Langsam und bedächtig, das weiße Pferd in der Mitte, machen wir uns auf den Weg durch das Gestrüpp des Waldes. Hoppla, Jaro liegt auf der Nase. Eine Wurzel hat ihm wieder mal den Fuß gestellt.

„Jarolein, du musst halt ein bisschen schauen, wo du hintrittst", necke ich Jaro.

Wir sind erleichtert und wieder zu Späßen aufgelegt. Das Pferd stupst Jaro mit seiner feuchten Nase an und Jaro schlingt seine Arme um seinen Hals. Das Pferd hebt seinen Kopf und stellt Jaro wieder auf seine Füße.

„Danke, du liebes Pferd!", sagt Jaro überglücklich. Ich bin auch glücklich. Wir haben einen neuen Freund gefunden. Das weiße Pferd, das uns zu Hause am Himmel gezeigt wurde, das uns den Weg zum Reich der unglücklichen Tiere zeigen sollte und nun zu unserem Begleiter geworden ist. Danke!

Den grauen Reiter hören wir nur noch von weitem. Das weiße Pferd führt uns langsam, aber sicher aus dem Dickicht des Waldes heraus. Wir befinden uns wieder auf dem Waldweg.

„Weißt du was, Jona, ich habe ja solchen Hunger. Hast du nicht gemerkt, dass wir seit Stunden nichts gegessen haben?"

„Ja, doch, jetzt wo du es sagst, merke ich auch, wie hungrig ich bin. Aber wir müssen leider noch eine Weile durchhalten. Zuerst müssen wir uns in Sicherheit bringen."

Jaro fängt an zu jammern. Da nützt es auch nichts

mehr, wenn unser Freund, das weiße Pferd, ihn liebevoll anstupst. Jaro möchte jetzt etwas zu essen haben. Das hat er sich in den Kopf gesetzt. Jetzt sofort! Schließlich sind es ja Stunden her, seit er gegessen hat! Also ist es nur berechtigt, nach Essen zu verlangen! Da ich weiß, dass Jaro mit seinem Jammern erst aufhören wird, wenn er etwas zu essen kriegt, schlage ich ihm vor, beim Weitergehen seinen Beutel zu öffnen und sich etwas herauszuholen, was er auf dem Weg zu sich nehmen kann. Damit ist er einverstanden.

Genüsslich isst er nun eine Banane und eine Karotte. Von der Karotte gibt er unserem Freund etwas ab. Dann packt er sein doppeltes Stück Brot aus, das mit Paprikapaste bestrichen und mit Salatblättern und Tomatenstücken belegt ist. Mir läuft das Wasser im Mund zusammen. Jaro schaut mich mitleidig an. Ich muss wohl ziemlich sehnsüchtig sein Brot beäugt haben.

„Möchtest du ein Stück Brot abhaben, Jona?"

„Oh ja, gerne, Jaro!", antworte ich überschwänglich.

Jaro teilt sein Brot in zwei Hälften und gibt mir eine davon. Ich nehme sie und verschlinge sie in Sekunden.

„Vergiss das Kauen nicht!", lacht Jaro.

Sonst ist es Jaro, der beim Essen nicht genug kriegen kann. Aber so ausgehungert war ich schon lange nicht mehr.

Jetzt sind wir wieder guter Dinge und marschieren lustig drauflos. Die Sache mit dem grauen Reiter haben wir fast vergessen. Tom ist noch bei uns. Ich spüre ihn noch immer. Aber jetzt geht er hinter uns. Warum auch immer! Vielleicht möchte er uns von hinten schützen. Dass unsere Ausstrahlung nach hinten hin abgehalten wird. Das ist mir gerade so eingefallen. Ob das stimmt, weiß ich nicht. Jedenfalls fühle ich mich sicher. Jaro geht es auch gut. Er pfeift sogar ein Liedchen. Wir mögen das Lied beide. Unsere Mama singt es sehr oft. Deswegen kann ich es auswendig. Ich beginne zu singen, während Jaro weiter pfeift:

„Die Gedanken sind frei.
Wer kann sie erraten?
Sie fliehen vorbei
wie nächtliche Schatten.
Kein Mensch kann sie wissen,
kein Jäger erschießen
mit Pulver und Blei:
die Gedanken sind frei!"

Während wir so gut gelaunt weiterlaufen, fällt mir plötzlich wieder ein, weswegen wir unterwegs sind. Ich hätte es beinahe vergessen. Die Tiere warten. Wir wollen sie retten! Und wir laufen einfach so drauflos, ohne was zu denken.

„Keine Sorge", höre ich Tom in meinem Inneren

sprechen, „ich lasse euch euren Auftrag nicht vergessen! Ihr seid auf dem richtigen Weg. Dafür sorge ich schon."

„Da bin ich aber froh, Tom!", antworte ich ihm in meinen Gedanken.

„Es ist gut, wenn ihr die Bedrohungen und Kümmernisse vergessen könnt und fröhlich jeden Augenblick genießt. Das gibt euch Kraft, Jona, und macht euch stark!"

Unser Freund, das weiße Pferd, läuft nun zügig und zielstrebig vorwärts trotz seiner Verletzung. Es scheint den Weg genau zu kennen.

„Jona, schau, siehst du da hinten auch die vielen Hügel?", ruft Jaro begeistert. „Dort gibt es sicher ein gutes Versteck für uns!"

In einigen Metern Entfernung liegen Hügel an Hügel: steinige, bemooste, mit Bäumen und Sträuchern bewachsene, felsige, steile, flache, sehr hohe und niedrige. Ein richtiges Hügelland! Es sieht schön aus! Ich hüpfe vor Freude.

„Komm, Jaro, wir springen dorthin!"

Wir nehmen uns an der Hand, wie so oft, und beginnen, diesem wunderschön anzusehenden Land entgegenzurennen. Es ist, als ob es uns anziehen würde. Unser Pferd läuft uns gemächlich hinterher. Tom sehe ich lächeln. Ich bin glücklich. Auch Jaro sieht froh aus. Seine Augen leuchten wieder.

Der Weg ist doch etwas länger, als es von weitem den Anschein hatte. Aber wir können es kaum erwarten, dort anzukommen. Deswegen rennen wir weiter und weiter, ohne zu verschnaufen.

Was für ein schönes Land! Ein Meer voller Blumen! Ein Reich von bunten Schmetterlingen! Libellen, Gottesanbeterinnen, Grillen und Grashüpfer! Kolibris und Kakadus! Was ist das nur für ein Reich?

„Das ist das Reich der Fülle", antwortet Tom, der Landstreicher. Er sagt es nicht laut. Ich höre ihn wieder in meinem Innern.

„Jona, hast du verstanden, was Tom gesagt hat? Wir sind in einem ganz besonderen Reich. Hier gibt es all das Wunderschöne, was uns Menschen so gut tut. Siehst du das goldene Licht, das uns entgegenstrahlt? Es dringt in mein Herz. Ich spüre es. Es macht mein Herz so weit und froh!"

„Hier wollen wir Kraft tanken, Jaro. Lass uns erst mal einen Platz suchen, an dem wir alles aufnehmen, einatmen und genießen können!"

„Und das Essen nicht vergessen, mein großer Bruder!", lacht Jaro wieder und kneift mir vor Übermut in den Arm.

„Aua, mein wilder kleiner Bruder!"

Wir kommen an einem mit Gras bewachsenen flachen Hügel an, der mit Blumen übersät ist, so weit das Auge reicht. Dazwischen finden wir ein Plätzchen und setzen uns ins Gras. Jetzt gibt es zuerst einmal etwas zu essen. Darüber sind Jaro und ich uns einig. Auch unser Freund hat großen Appetit und grast gemütlich neben uns.

Übrigens heißt unser Freund Miro. Sein Name ist mir einfach so in den Sinn gekommen. Jaro hat den Namen geträumt. Da waren wir noch zu Hause. Nun sage ich zu ihm, er solle mich raten lassen, wie unser Freund heißt. „Miro heißt er", sage ich. Da ist Jaro sehr überrascht, dass ich den Namen schon kenne.

Miro liebt Gänseblümchen. Er schaut sie an und dann isst er sie. Hm, das ist wohl seine Art, Blumen zu genießen.

Jaro und ich werden langsam schläfrig. Das ist von der frischen Luft und dem Duft der Blumen und dem hellen goldenen Licht! Meine Augen fallen zu. Ich öffne sie nochmals und blinzle durch zwei schmale Schlitze in die Weite. Sie fallen mir wieder zu. Dann weiß ich nichts mehr.

Als ich wieder aufwache, sehe ich Jaro neben mir liegen. Er schläft noch. Miro steht neben uns und seine Augen blicken mich treu und liebevoll an. Er hat über uns gewacht, während Jaro und ich geschlafen haben. Ich tätschle Miro an seinem Hals, streiche über seine Mähne und lege meinen Kopf an seine Seite.

„Miro, ich habe Schreckliches geträumt. Hier an dieses wunderschöne Reich schließt sich das Reich der unglücklichen Tiere an. Ja, sicher, Miro, du hast es schon gewusst. Ich habe hier einfach nur das Schöne gesehen. Wir stehen kurz vor dem kargen, trockenen, unfruchtbaren Land der Tiere, die traurig sind. Vor dem Land der Tiere, die Angst haben und sich verlassen fühlen. Denen man weh tut und die noch niemals die Sonne gesehen haben."

„Jona, Jona", schreit Jaro plötzlich auf, „da sind Tausende von Küken in einem riesigen Stall. Es ist so eng da drin. Sie haben gar keinen Platz. Und nur ein Schimmer von Licht. Und zwischendrin, da liegen tote Küken. Niemand kümmert sich um sie. Und niemand wärmt sie. Die Mamas sind nicht da. Wo sind sie bloß? Ich suche sie, aber ich kann sie nirgends finden. Jona, hilf mir doch!"

„Jaro, mein lieber Jaro, du träumst!" Ich nehme Jaro in meine Arme und wiege ihn sanft hin und her.

„Mein lieber, lieber Jaro!" Jaro schluchzt. Ich weiß, es ist die Wahrheit, die er gesehen hat, nicht nur ein böser Traum.

6

Jetzt ist es Zeit, einen sicheren Platz zu suchen. Wir packen unseren Beutel, nehmen ihn auf den Rücken und gehen los. Es ist still, überall. Wir hören keinen Laut. Und keiner spricht etwas. Schweigsam laufen wir nebeneinander her. Bis wir plötzlich vor einer Höhle stehen. Sie hat nur einen ganz schmalen Eingang. Für Jaro und mich reicht dieser Spalt gerade, um durchzuschlüpfen. Ohne mich mit Jaro abzusprechen, lege ich meinen Beutel ab und zwänge mich durch den Spalt.

„Jaro, warte du!", sage ich nur. Jaro nickt.

Es dauert eine Weile, bis sich meine Augen an die Dunkelheit in der Höhle gewöhnt haben. Jetzt kann ich alles gut erkennen und staune. Sie ist riesig und schön. Mit Edelsteinen besetzt. Ich sehe Jade und Mondstein. Von der Decke strahlt es blau. Das ist Lapislazuli. Diesen Stein mag ich besonders gern. Hier fühle ich mich wohl. Das ist unser Platz. Aber was ist mit Miro? Miro passt nicht durch diesen engen Spalt.

Ich schaue mich noch ein wenig um, um sicher zu gehen, dass wir hier auch alleine sind. Ich glaube, das sind wir. Es gibt weder Winkel noch Nischen, um sich zu verstecken. Dann entdecke ich etwas Besonderes. Einen handgroßen, schwarzen, leuchtenden Stein – Onyx. Es ist der Stein der Stärke. Das weiß ich. Bevor ich die Höhle wieder verlasse, lege ich vorsichtig meine rechte Hand darauf. Ich spüre Kraft. Sie durchströmt meine Hand und meinen Arm. Und im selben Moment weiß ich, dass ich damit Miro helfen kann. Schnell drücke ich mich wieder durch den Spalt nach draußen. Ich bin aufgeregt. Jaro gebe ich ein Zeichen zu warten. Er versteht es sofort.

Ich gehe zu Miro und knie mich vor ihn hin. Behutsam lege ich meine Hand auf seinen verletzten Fuß. Dieselbe Kraft durchfließt mich ein zweites Mal, doch nun in umgekehrter Richtung – von meinem Arm in meine Hand, und erreicht den Fuß von Miro. Der Fuß zuckt zusammen. Ein gewaltiger Strahl hat ihn erfüllt. Dann schüttle ich meine Hand aus. Miro wiehert sanft. Ich streiche ihm über seine Nüstern und gebe ihm einen Kuss auf seine weichen Lippen.

„Miro, mein gutes Pferd, steh auf! Ich durfte dich heil machen", sage ich zu unserem weißen Pferd. „Dein Fuß ist wieder in Ordnung!"

Jaro steht da und macht große Augen.

„Wie hast du das gemacht, Jona?"

Ich erzähle Jaro, was ich in der Höhle erlebt habe. Und dass ich mir sicher war, dass ich mit dieser Kraft des Steines Miro heilen könne. Und so war es.

Miro steht sicher auf allen vier Beinen. Er beginnt, sich zu bewegen. Dann beginnt er zu laufen und macht ausgelassene Sprünge. Er läuft immer schneller. Zuerst zieht Miro Kreise. Immer weiter werden diese Kreise. Auf einmal macht er kehrt, nickt uns mit dem Kopf zu, als wolle er danke sagen. Dann schert er aus und galoppiert davon. Ja, davon! Wir stehen da, Jaro und ich, und warten. Sicher kommt Miro gleich wieder zurück. Doch er wird kleiner und kleiner. Jetzt sehen wir ihn nicht mehr.

„Sicher kommt Miro gleich zu uns zurück!", sagt Jaro. Seine Stimme klingt etwas gebrochen. Jaro glaubt es nicht, was er sagt.

„Ja, er kommt wieder, Jaro!", sage ich ziemlich laut, als ob ich mich selbst davon überzeugen wollte.

Miro kam nicht. Wir standen eine Stunde ununterbrochen am selben Platz. Dann haben wir uns hingesetzt und nochmals zwei Stunden gewartet.

„Jaro, es ist seltsam. Miro hätte nicht durch den Spalt der Höhle gepasst. Jetzt ist er fort."

„Jona, ich bin traurig."

Eine bedrückende Stille breitet sich aus. Es tut mir so weh. Jaro senkt seinen Kopf.

„Komm, Jaro, wir dürfen nicht da sitzen und einfach nur traurig sein! Wir schlüpfen jetzt in die Höhle und bereiten unseren Plan vor. Es wird Zeit. Wir sollten heute noch das Reich der unglücklichen Tiere erkunden."

Wir drücken unsere Beutel durch den engen Spalt und lassen sie auf der anderen Seite herunterfallen. Anschließend zwängen wir uns hindurch, zuerst Jaro und dann ich.

„Jona, das ist ja so schön!", ruft Jaro aus. Jaro sitzt auf dem Höhlenboden und wendet seinen Kopf in alle alle Richtungen. Dann steht er auf und geht durch die Höhle hindurch. Dabei lässt er seine Hand an der Wand entlang gleiten.

„Wie sich das anfühlt, Jona!", staunt er weiter. Jetzt macht Jaro Halt. Er ist am schwarzen Onyx angekommen.

„Jona, ist das der Kraftstein, mit dem du Miro geholfen hast?"

„Ja, Jaro, das ist er. Aber Miro ist dafür weg. Ob es richtig war, dass ich das getan habe?"

Ich weiß, dass es richtig war. Ich konnte ja nicht anders, als ihm zu helfen. Werden wir Miro eines Tages wiedersehen? Ich hoffe es.

„Jona, wir wissen beide, dass es richtig war. Komm, lass uns mit unserem Plan beginnen." Jaro legt seine Hand auf meine Schulter. Es tut mir gut. Ich bin nicht allein.

„Jaro, mein Bruder, wie gut, dass es dich gibt!", sage ich zu Jaro. Ich weiß, das habe ich schon ein paar Mal gesagt. Aber es ist wahr. Ich bin so froh, dass ich einen Bruder habe und dann noch so einen besonderen.

„So, in zwei Stunden wird es dunkel werden, Jaro. Wir sollten uns entscheiden, wie wir vorgehen. Wenn wir das Reich der unglücklichen Tiere erkunden möchten, dann sollten wir gleich aufbrechen. Denn für eine große Vorplanung bleibt uns keine Zeit mehr. Um die Lage einigermaßen gut einschätzen zu können, muss es hell sein. Im Dunkeln kommen wir vielleicht überhaupt nicht weiter. Das wäre dann vertane Zeit."

„Ich bin einverstanden, Jona. Die Planung vertagen wir dann also auf morgen. Am Tage dürfen wir uns sowieso nirgendwo sehen lassen."

Nachdem wir uns mit unseren Decken ein gemütliches Lager für die Nacht gerichtet haben, setzen wir uns auf den Boden einander gegenüber.

„Jaro, du weißt, was jetzt zu tun ist?", frage ich meinen kleinen Bruder.

„Ja, Jona!"

Wir schauen uns an und legen unseren rechten Zeige- und Mittelfinger auf den Siegelring an unserer linken Hand. Zart streichen wir kreisförmig darüber. Im Uhrzeigersinn. Der Druck auf den Ring wird stärker. Und noch etwas stärker. Ich bin aufgeregt. Aber ich atme ganz ruhig in meinen Bauch. Jaro tut das auch. Ich spüre seine Ruhe. Und ich sehe seine leuchtenden Augen. Jetzt! Wir legen uns langsam dicht nebeneinander. Und schon merke ich, wie ich mich aus meiner rechten Seite herauskugle. Ich bin draußen! Juhuu! Es ist so schön! Und jetzt weg vom Körper! Der darf jetzt schlafen, bis wir wieder zurück sind.

Ich schwebe an die Decke der Höhle und dann zum schmalen Ausgang. Wie leicht es jetzt ist, hier hindurchzukommen.

„Jaro, wo bist du?", rufe ich meinen Bruder in Gedanken. „Kommst du auch gleich?"

„Hihi!", lacht da mein Bruder. „Ich warte doch schon auf dich! Hast du mich nicht bemerkt?"

Ja, so ist mein Bruder eben. Er war mal wieder schneller als ich. Jetzt sehe ich ihn. Und ich staune. Wie schön er doch ist! Die Farben, die ihn umgeben, machen ihn so strahlend. Er sieht richtig heilig aus. Obwohl ich eigentlich gar nicht genau weiß, was heilig ist. Aber so stelle ich es mir vor.

Jetzt spüren wir ganz stark, wie lieb wir uns haben. Unsere strahlenden Körper fließen ineinander. So viel Liebe und so viel Kraft! Am liebsten würde ich immer darin verweilen.

Doch mein kleiner, besonderer Bruder erinnert mich an unsere Mission.

„Jona, lass uns losziehen! Die Tiere warten auf uns!"

Obwohl ich am liebsten gar nicht weitergezogen wäre – die Ungewissheit möchte mich zurückhalten –, schweben Jaro und ich so leicht wie ein Vogel davon. Wir überlegen uns nicht, ob wir die richtige Richtung eingeschlagen haben. Alles geht wie von selbst. Und ich werde ganz sicher in mir. Mein Bruder ist bei mir.

Ich vergesse für eine kurze Zeit unsere Mission und genieße es, so frei zu fliegen. Frei wie ein Vogel. Ein zarter Windhauch streift mich. Es kitzelt und ich muss lachen. Jaro lacht mit.

Dann sind wir augenblicklich still. Es wird düster und kalt. Nebliger Dunst umgibt uns. Unter uns ist nichts mehr zu erkennen. Wir lassen uns nach unten gleiten. Erst ganz in der Nähe des Bodens löst sich der Nebel etwas auf.

Der Boden unter uns ist hart und trocken. Es wächst dort nichts. Nur ein paar Grashalme ragen in die Höhe. Sie sind verdorrt. Rechts und links von uns sehe ich zwei riesige Hallen. Nicht hoch, aber sehr lang und breit.

„Jona, hörst du auch dieses laute Piepsen?", fragt mich Jaro. „Es kommt aus diesem Gebäude." Jaro deutet auf das linke Gebäude vor uns.

„Es hört sich an wie ein Weinen von Küken. Weißt

du noch, Jaro, als das Küken Marie seine Muttcrhen ne Magdalena verloren hat? Daran erinnere ich mich gerade. Das war der gleiche Laut. Marie hat richtig geweint – wie ein Küken eben weint. Es war alleine, verlassen und so traurig!"

„Oh ja, Jona, daran kann ich mich noch genau erinnern. Marie ist umhergeirrt und hat seine Mutter gesucht. Aber vergebens! Marie hat mir so leidgetan!"

„Aber unsere kleine Marie hat sich wieder gefangen. Weißt du noch, Jaro? Das Huhn Bettina hat sich dann um Marie gekümmert und bald war wieder alles gut!"

„Ja!", antwortet Jaro, als ob ihm jetzt ein Stein vom Herzen gefallen wäre.

Im gleichen Moment verändert sich Jaros Gesicht. Seine Lippen zucken. Schnell wischt er eine Träne weg, bevor sie noch seine Wange herunterrollen kann.

„Jaro, was ist passiert? Warum weinst du?"

„Mein Traum, Jona! Ich habe von Küken geträumt! Ich habe es dir doch erzählt! Wir lagen zwischen den vielen bunten Blumen im Hügelland, im Reich der Fülle. Wir sind eingeschlafen und ich habe geträumt. Die Küken waren alle ohne ihre Mutter, keine einzige war da. Nur ein Stall voller Küken. Nein, es war kein Stall! Kein Stall, wie wir ihn zu Hause haben! Wo sich die Hühner in Schutz bringen können. Es war ein langes, karges Betongebäude. Oh je, Jona! Genau wie dieses hier!"

Ja, ich kann mich gut daran erinnern. Ich habe Jaro anschließend in den Arm genommen und getröstet. Und ich weiß auch noch genau, dass ich denselben Traum hatte.

„Jaro, lass uns jetzt reingehen. Wir sollten jetzt schauen, was da vor sich geht."

Jaro und ich nehmen uns bei der Hand. Kurz verschmelzen wir noch einmal miteinander.

„Mein lieber, großer Bruder!", höre ich Jaro in Gedanken zu mir sagen.

Dann gehen wir gestärkt auseinander. Wir schweben Richtung Gebäude, aus dem die Weinlaute kommen, und verschwinden hinter der Mauer.

7

Ein beißender Geruch steigt in meine Nase.

Ja, ich weiß, so eine ganz normale Nase aus Fleisch und Blut habe ich gerade nicht. Mein Körper schläft im Augenblick in der Höhle. Aber trotzdem rieche ich alles. Als ob ich meine richtige Nase dabei hätte.

Die Dämpfe sind so beißend, dass meine Augen brennen. Auch die kann ich jetzt ganz genau spüren. Aber ich sehe kaum etwas.

„Jaro, geht es dir auch so? Meine Augen brennen fürchterlich und ich kann wegen der Dämpfe gar nicht viel sehen."

Ich höre Jaros Antwort wieder in mir drin.

„Jona, schau, hier sind Tausende von Küken. Und *nur Küken*. Die sind allein. Und ihre Augen sind ganz rot. Sie halten den Dampf nicht aus. Und es ist so drückend heiß hier drin. Schau mal, wie viele auf dem Boden liegen. Mit gespreizten Flügeln und offenen Schnäbeln. Es ist zu heiß. Sie sind durstig."

„Und hier liegt ein totes Küken dazwischen. Siehst du das, Jaro? Und hier noch eins. Wir müssen ihnen helfen! Wo gibt es Wasser?"

Ich schaue mich überall um. Meine Augen brennen jetzt nicht mehr. Das liegt wohl daran, dass ich sie gar nicht dabei habe. Ich meine, meine Augen aus Fleisch und Blut. Weil ich dachte, ich habe sie dabei – wahrscheinlich habe ich sie deswegen auch gespürt. Jetzt bemerke ich aber das grelle Licht. Es ist so gleißend hell, dass ich ganz aufgewühlt werde.

„Guck, Jona, da gibt es Wasser. Aber das ist gar nicht richtig zugänglich für die Küken. Was ist denn das? So ein seltsamer Wasserspender, an den die Küken gar nicht richtig rankommen."

Dieser Wasserspender heißt Nippeltränke. Das haben wir aber erst viel später erfahren.

Ich beobachte ein Küken. Es ist verletzt, Federn sind ausgerissen. Ich sehe nackte, rote Haut. Das Küken will Wasser trinken. Es schafft es nicht. Es schwankt und verliert das Gleichgewicht. Jetzt liegt es auf dem Boden und steht nicht mehr auf. Es bleibt einfach liegen. Ich glaube, es hat keine Kraft mehr.

Und das piepsende Weinen der Küken nimmt kein Ende. Ich weine auch.

„Jona, nicht weinen! Wir wollen doch helfen!"

„Jaro, ich kann nicht, ich kann nicht mehr! Ich kann das alles nicht mehr sehen! Mein Magen schnürt sich mir zu!"

Jaro kichert: „Jona, du hast doch gar keinen dabei. Der schläft doch in der Höhle. Lass ihn doch einfach schlafen! Dann tut er auch nicht weh!"

Jaro wird gleich wieder ernst und wiederholt noch einmal: „Jona, auf! Wir wollen helfen! Vergiss das nicht!"

Wie gut, dass ich meinen kleinen Bruder habe! Er

rüttelt mich immer wieder auf.

„Lass uns überlegen, Jaro! Was können wir tun?"

Ich bin wieder ganz bei mir und suche angestrengt nach einer Lösung.

„Die Küken brauchen kühlere Luft und Wasser", sage ich mehr zu mir selbst als zu Jaro.

„Wir könnten ihnen die Halle öffnen! Draußen ist es kühler und sie haben mehr Platz!"

„Aber sie werden draußen kein Wasser finden, Jaro. Es ist doch alles vertrocknet! Und stell dir mal vor: Wenn wir die Küken frei lassen, dann sind wir verraten. Jeder weiß dann, dass hier etwas nicht mit rechten Dingen zugeht. Und der graue Reiter, falls er noch am Leben ist, würde wissen, dass wir hier sind. Das wäre grauenvoll!"

„Ich habe eine Idee! Ich glaube, das ist eine glänzende Idee!", strahlt Jaro. „Wir machen Löcher in die Decke! Dadurch kommt kühlere Luft herein. Und das Wasser in diesen seltsamen Spendern, das schütten wir einfach auf den Boden. Dann kommen die Küken gut dran."

„Oh, nein, Jaro! Dann wäre das Wasser ja ganz verschmutzt. Schau doch mal den Boden an! Die Hühner würden sich ja beim Trinken vergiften! – Das mit den Löchern in der Decke ist aber vielleicht keine so schlechte Idee. Nur, wie sollen wir das bloß anstellen, Jaro?"

„Das weiß ich leider auch nicht, Jona!" Jaro senkt seinen Kopf und ich weiß, dass er traurig ist. Er war so begeistert von seiner Idee.

„Jaro, ich glaube, wir können erst mal gar nichts tun. Komm, wir gehen noch in die Halle nebenan und schauen, ob auch dort Tiere leben."

Ich bin niedergeschlagen. Wir können nichts tun. Gar nichts! Nur das Traurige und Schreckliche anschauen!

Jaro und ich gehen durch die Mauer der Stallwand hindurch nach draußen, wie zwei Geister. Mauern halten uns nicht auf. Ich habe sie nicht einmal gespürt, als wir durch sie hindurchgegangen sind. Es war, als ob überhaupt keine da gewesen wäre. Auf die gleiche Weise gehen wir jetzt ins Innere des rechten Gebäudes.

Ich traue meinen Augen nicht. Da ist ja alles noch viel schlimmer als im Stall nebenan. Die *ganze* Fläche des Stallbodens ist mit Hühnern bedeckt! Wenn ich da an unsere Hühner denke, die auf unserer Wiese frei herumstolzieren. Sie laufen und springen und fliegen auf Äste von Bäumen. Wie soll hier ein Huhn mit seinen Flügeln schlagen? Es hat ja noch nicht einmal Platz, um sein Gefieder zu putzen! Es ist ein einziges Gedränge.

„Schau, Jaro! Da liegen schlafende Hühner und andere steigen auf sie. Sie wollen drüber. Sie können aber nicht um sie herum gehen. Es ist einfach kein Platz da."

„Und es riecht hier genauso streng und übel wie im Stall nebenan."

„Und schau, Jaro, siehst du dieses Huhn da? Und dieses? Und dieses? Ihre Füße und Beine! Sie sind kaputt, verletzt, ganz rot entzündet!"

Ich schwebe ein Stückchen in den hinteren Bereich der Halle. „Und dieses Huhn hat fast keine Federn mehr! Wie soll es da noch fliegen? Und hier ein Huhn – schau dir die Brust an! Sie ist ja ganz blutig!" Ich zeige aufgebracht auf die Hühner. Es sind so viele, die verletzt sind.

„Das tut doch auch weh!", sagt Jaro.

„Sehr weh!", antworte ich.

„Oh je, und was ist denn das? Da sind Gitter auf dem Boden. Da können die Hühner ja gar nicht richtig drauf gehen!" Ich gleite in Richtung Boden, um diese Gitter besser betrachten zu können. Durch die Spalten der Gitter kann ich nach unten sehen. Ich sehe nur Schmutz! Wie eklig! Dreckige Federn, Kot und Einstreu!

Jaro folgt mir. „Jona, schau das Huhn hinter dir! Es hat seinen Fuß im Gitter verklemmt und kriegt ihn nicht mehr raus." Ich bin wie starr und kann mich nicht umdrehen.

Ich wende meinen Kopf ein wenig nach links, aber nicht nach hinten. Ich möchte das Huhn nicht sehen. Es ist sicher verzweifelt!

Links von mir sehe ich wieder diese scheußlichen Wasserspender! Die kranken Hühner – wie sollen die da dran kommen, frage ich mich.

„Und was haben die Hühner hier eigentlich zu essen?", fragt mich Jaro.

Wir schauen uns um. Gras und Blätter gibt es ja nicht in diesem Betonstall. Ich suche weiter nach all dem, was unsere Hühner zu Hause sonst noch so essen: Körner, Samen und Früchte. Nichts davon kann ich entdecken. Unser Huhn Patricia mag auch Würmer. Es scharrt immer ganz eifrig in der Erde, um einen zu ergattern. Aber es gibt auch keinen Wurm hier. Überhaupt nichts. Doch was ist das?

„Jona, da sind so Tröge!", bemerkt Jaro im selben Moment. „Da stehen ein paar Hühner und picken was heraus. Das ist wohl ihr Essen. Aber alles sieht ganz gleich aus. Es sind so kleine zylinderförmige Teilchen."

Wenn ich daran denke, wie unsere Hühner in der Erde scharren, um etwas Essen zu finden. Wie sie an Blättern und Früchten zupfen und zerren oder darauf herumhacken. Das ist ihre Art. Hühner sind so. Einmal hatte unser Huhn Gerlinde ein gebrochenes Bein. Wir haben es fest verbunden, damit es wieder heilt. Aber was meint ihr, was Gerlinde gemacht hat? Ist sie wohl schön sitzen geblieben, damit ihr Bein schnell wieder heilen kann? Oh nein, sie ist durch die Gegend gehumpelt und hat weiter gemacht wie immer.

„Jaro, die Hühner können hier gar nicht so sein, wie sie eigentlich sind. Sie können nichts erkunden. Das lieben doch die Hühner! Nicht einmal ihr Essen können sie suchen und behacken. Ich glaube, sie behacken sich dafür gegenseitig. Hier hinten sehe ich zwei Hühner. Die tun das gerade. Wie schrecklich und wie traurig!"

„Ich möchte jetzt gehen, Jona."

„Ich auch, Jaro."

Schnell gleiten wir wieder durch die Stallmauer und befinden uns augenblicklich draußen. Die Landschaft ist trist. Eigentlich gibt es hier gar keine Landschaft. Doch hier draußen kommt es mir vor wie im Paradies.

Ich habe jetzt nur eine einzige Frage: Warum sperren die Menschen die Tiere ein?

Auch Jaro hat nur eine Frage: „Jona, wie können die Menschen es ertragen, dass die Tiere so leiden?"

Ich kann Jaro die Frage nicht beantworten. Ich kann es mir auch nicht erklären.

Jaro und ich nehmen uns an der Hand. Bevor wir zu unserer Höhle zurückkehren. Ich spüre wieder diese vollkommene Liebe. Ich erhole mich. Auch Jaro lächelt entspannt.

In unserer Höhle zurück, schlüpfen wir in unsere Körper, die da liegen. Das geht ganz rasch. Und dann liegen wir da, als ob überhaupt nichts geschehen wäre. Wenn wir nicht *beide* wüssten, was wir erlebt haben, würden wir wahrscheinlich glauben, es sei ein Traum gewesen. Jetzt bin ich sehr müde. Ich fasse noch einmal nach Jaros Hand, um ihn zu spüren. Fest drückt er meine und flüstert: „Jona, wir werden es schaffen! Wir retten die Tiere!"

Dann reden wir nichts mehr. Ich schließe meine

Augen. Jaro ist schon eingeschlafen. Es reicht für heute.

8

Mitten in der Nacht wache ich auf. Ich höre Geräusche. Pferdehufe. Wer mag das sein? Ich versuche, etwas durch den Spalt unserer Höhle zu erkennen. Ich weiche erschreckt zurück. Von der anderen Seite schaut ein blitzendes Auge herein. Ich ducke mich blitzschnell auf die Seite. Wer ist das? Hat er mich gesehen? Ich denke an Tom.

„Tom, bist du da?", flehe ich innerlich.

Im selben Augenblick spüre ich ihn.

„Leg dich hin!", sagt er mir. „Schnell!"

Ich lege mich sofort auf meinen Platz zurück und bin mucksmäuschenstill. Es kratzt und schabt etwas an der Höhlenwand. Was geschieht da draußen? Ich traue mich kaum zu atmen.

„Jona, schlaf! Du brauchst morgen deine Kraft. Es geht bald vorüber. Und du kannst jetzt sowieso nichts tun.", höre ich Tom in mir sprechen.

Ich versuche, wieder einzuschlafen. Es ist mir wohl gelungen. Aber ich schlafe sehr unruhig. Das merke ich. Ich habe das Gefühl, immer wieder wach zu sein. Es will nicht aus meinem Kopf heraus: Wer war das? Wahrscheinlich kein Freund von uns. War es der graue Reiter? Wir müssen morgen unbedingt sehen, was aus ihm geworden ist.

Irgendwann bin ich dann doch richtig eingeschlafen. Denn plötzlich wache ich auf. Licht fällt durch den Höhlenspalt und erhellt unseren Raum. Es strahlt golden! Wie herrlich! Ich strecke und räkle mich und mache mich ganz lang. Ich genieße die strahlenden Farben der Edelsteine an den Wänden. Sie leuchten in mein Herz. Es tut mir gut.

Wo ist Jaro? Ich sehe ihn gar nicht. Er liegt nicht mehr neben mir. Wo ist er? Ein Schaudern durchzieht mich. Ist er aus der Höhle gegangen, ohne dass ich es bemerkt habe? Plötzlich kommt er von hinten auf mich gesprungen.

„Hei!", ruft er.

„Mensch, Jaro, hast du mir jetzt einen Schrecken eingejagt! Ich dachte schon, du bist aus der Höhle gegangen!"

„Wäre das denn so schlimm, Jona?", fragt mich Jaro ganz erstaunt. „Ich bin doch kein kleines Kind mehr! Es ist doch gut, wenn ich für uns sorge! Ich bin heute Morgen sehr früh aufgewacht. Die Sonne war noch nicht einmal aufgegangen. Ich bin aus der Höhle geschlüpft. Und schau mal, was ich uns mitgebracht habe. Heidelbeeren, ein ganzes Bündel voll, und ein zweites mit Himbeeren! Jetzt können wir schlemmen, Jona!"

Jaro ist begeistert. Ich bin es nicht.

„Jaro, weißt du nicht, dass wir nicht alleine sind? Heute Nacht hat ein blitzendes Auge zu uns hereingeschaut. Und es hat an der Höhlenwand gekratzt und geschabt. Oh, Jaro! Wie froh bin ich, dass du noch da bist!"

Ich ziehe Jaro an mich und drücke ihn.

„Es hat uns jemand beobachtet!"

„Das geht doch gar nicht, Jona! Wir waren doch unsichtbar unterwegs."

„Stimmt, Jaro! Aber wie hat man uns dann entdecken können?"

„Oh, Jona! Mir kommt ein schrecklicher Gedanke! Wir haben etwas gesagt, was wir nicht sagen dürfen. Das hat uns verraten. Kannst du dich an meine Vermutung erinnern? Als wir ganz am Anfang über Tom nachdachten und über das, was er uns erzählt hat, da kam mir der Gedanke, dass Tom vorsichtig sein muss. Wenn er bestimmte Worte ausspricht, würde man ihn finden und töten wollen. Und du, Jona, hast gesagt, wenn das so ist, wie ich vermute, dann sind auch wir in Gefahr, wenn wir diese Worte laut aussprechen."

„Ja, das habe ich gesagt. Und ich glaube das noch immer so! Aber ich wundere mich nur über eines: Wir haben doch nichts laut ausgesprochen oder? Wir haben doch nur in Gedanken miteinander geredet!"

„Das wird ja immer schwieriger. Wenn wir noch nicht einmal alles denken dürfen! Mama singt doch immer: ‚Die Gedanken sind frei! Wer soll sie erraten? …' Und: ‚Kein Mensch kann sie wissen!' Sollte das doch nicht stimmen?"

„Das müssen wir herausfinden, Jaro. Entweder stimmt es wirklich nicht. Oder es ist kein *Mensch*, der uns verfolgt! Es war ja auch sehr seltsam, dass dieser graue Reiter in seinen Beinen und seiner Hüfte keine Kraft hatte und sich nur ziehend vorwärts bewegen konnte. Das war schon sehr seltsam!"

„Und gruselig!", sagt Jaro und es schüttelt ihn.

„Jaro, jetzt stärken wir uns erst einmal. Ich freue mich auf deine leckeren Beeren, die du gesammelt hast. Wo hast du die denn gepflückt?"

„Nur ein paar Meter von hier gibt es einen Hügel voller Früchte: Obstbäume und Sträucher mit Heidelbeeren, Himbeeren, auch Stachelbeeren und

Brombeeren und viele Früchte mehr. Ich glaube, dort wächst alles, was es so an Früchten gibt. Und alle zur gleichen Zeit. Und die Sträucher und Bäume blühen und tragen gleichzeitig Früchte. Ein richtiges Früchteparadies! Ich konnte mich kaum satt sehen. Und dann hatte ich die Qual der Wahl. Ich habe mich dann für die Heidelbeeren und Himbeeren entschieden, weil du die am liebsten isst." Jaro strahlt mich an.

„Oh, mein lieber Bruder Jaro, ich danke dir!" Ich strahle zurück.

Zuerst holen wir das selbstgebackene Brot unserer Mutter heraus. Zwei dicke belegte Brote mit selbstgemachtem Sojaquark, darauf Radieschen und Dill. So lecker! Jaro schmeckt es so, dass ich ihn schmatzen höre. Er kaut immer ganz ausgiebig. Er schiebt das Brot in die rechte Backe, dann in die linke und manchmal kaut er gleichzeitig auf beiden Seiten. Es sieht ein bisschen so aus wie bei unserer Kuh Esmeralda.

„Das war fein, Jona! Und jetzt essen wir die Beeren! Mmh, darauf freue ich mich besonders!"

Die Beeren hatten wir ruckzuck gegessen. Um Jaros Mund ist es nun ganz dunkellilablau.

„Zeig mal deine Zunge, mein lieber Bruder!", lache ich.

Jaro streckt seine Zunge ganz lang heraus.

„Heijeijei, Bruder, die ist ja ganz blau!"

„Zeig mal deine, großer Bruder!", lacht auch Jaro.

„Heijeijei", äfft Jaro mich nach, „die ist ja ganz blau! Und deine Zähne solltest du erst mal sehen! Hast du die angemalt, Jona?"

Wir lachen beide und raufen ein bisschen miteinander. Fest umschlungen kugeln wir mal nach rechts, dann wieder nach links. Anschließend bleiben wir noch eine Weile auf unserem Schlafplatz liegen. Es ist ganz still in mir. Auch Jaro gibt keinen Laut von sich.

Wir befragen das Papier, das uns unsere Großmutter geschenkt hat, denke ich.

Ich stehe auf und räume zuerst unsere Essensvorräte in eine Ecke der Höhle. Schön geordnet auf riesige Feigenblätter, die ich in der Höhle gefunden habe. Die Krümel vor unserem Schlaflager fege ich mit kleinen Nadelzweigen zusammen. Auch die lagen schon in der Höhle. Jaro steht ebenfalls auf. Er legt die Decken unseres Schlaflagers fein säuberlich zusammen, zu zwei dicken Bündeln. Das sind jetzt unsere Sitzkissen für den Tag, damit wir nicht auf dem harten Felsboden hocken müssen.

Jetzt kann es losgehen. Wir wollen besprechen, wie es weitergehen kann. Ich setze mich auf mein dickes Bündel und Jaro setzt sich auf seines neben mich.

„Jona, hast du das Papier?"

Das hatte ich vergessen. So stehe ich noch einmal auf und hole das Papier und einen Stift aus meinem Beutel.

„Ich weiß jetzt gar nicht, womit wir anfangen sollen", sage ich zu Jaro.

„Ich denke, dass wir uns zuerst einmal wieder sicher fühlen müssen. Also sollten wir uns überlegen, warum wir entdeckt wurden und wie wir es vermeiden können, dass es uns noch einmal so geht."

„Du hast doch immer die besten Ideen, Jaro. Das finde ich auch, das ist wirklich das Wichtigste!"

„Hm. Womit haben wir uns verraten?"

„Mir fällt gerade ein: Draußen hat es heute Nacht ja an der Höhlenwand gekratzt und geschabt. Lass uns schnell danach schauen. Es könnte ein Erkennungszeichen sein, damit man uns findet! Schnell!"

Wir schlüpfen geschwind aus der Höhle, erst ich, dann Jaro. Mein Herz klopft jetzt ganz laut. Denn als wir beide draußen sind, wird mir klar, dass wir ziemlich leichtsinnig waren, die Höhle am helllichten Tag zu verlassen. Gespannt und vorsichtig schaue ich nach allen Seiten. Es scheint sich nichts zu regen. Ich hoffe, dass wir alleine sind. Jaro sage ich nichts über meine Bedenken. Ich möchte ihn nicht beunruhigen.

„Siehst du etwas?", frage ich Jaro. Jaro schaut ruckartig nach hinten.

„Nein, was meinst du, Jona?"

„Ich habe gemeint, ob du etwas an der Höhlenwand entdeckt hast!"

„Ach so, Jona. Jetzt habe ich aber ganz schön Angst bekommen. Ich dachte, du meinst, jemanden zu hören oder zu sehen!"

Ich betrachte die Höhlenwand und suche nach

Zeichen, die jemand heute Nacht daran angebracht haben könnte.

Dann entdecke ich sie: in den Stein eingeritzte Zeichen und Spuren. Im selben Moment blitzen dahinter zwei Augen auf. Ich packe Jaro an der Hand und zerre ihn mit mir, so schnell ich kann.

„Was machst du denn da?", beklagt sich Jaro und wehrt sich. Eine graue Gestalt kommt hinter dem Felsen hervor und versucht uns zu schnappen. Sie rutscht aus. Am Stein. Und ist nicht mehr zu sehen.

Verzweifelt packe ich Jaro nochmals am Arm. Angst steht in seinen Augen und flink drückt er sich durch den Spalt. Ich zwänge mich hinterher. Hinter mir ganz dicht spüre ich den Grauen. Mein Fuß ist noch nicht in der Höhle. Er packt ihn und zieht. Jaro umklammert mich und zieht von der anderen Seite.

Lass mich nicht los, Jaro, denke ich voller Schrecken! Dann fallen wir beide nach hinten in die Höhle. Der Angreifer hat meinen Stiefel erwischt. Wir ziehen uns, so schnell wir können, in die Höhle zurück. In die hintere linke Ecke, die von außen nicht einsehbar ist.

Gebannt starren wir auf den Spalt der Höhle. Ich spüre Jaros Hand. Sie umfasst jetzt meine.

„Mist!", hören wir es von draußen fluchen. „Ich kriege euch noch! Und dann ist es um euch geschehen!"

„Auf, du dummer Gaul", brüllt es, „lass mich aufsitzen!" Die Stimme ist rau und krächzend. Ist das der Graue, der uns verfolgt hat?

Dann ist es still. Ich höre uns nur noch atmen. Laut und schwer. Ist er jetzt fort?

„Jona", flüstert Jaro, „wir müssen jetzt unbedingt herausfinden, was mit dem grauen Reiter geschehen ist!"

„Ja, Jaro. Aber zuerst möchte ich unserem Papier ein paar Fragen geben. Damit wir ein Stück weiterkommen. Ich habe das Gefühl, als ob wir ziemlich feststeckten."

„Gut. Das machen wir zuerst. Dann werden wir uns wieder unsichtbar machen. Aber wir müssen dieses Mal in der Zeit zurückgehen, Jona!"

„Ja, ich weiß, wir wollen ja erfahren, was mit dem Grauen geschehen ist. Das ist ja schon vorbei!"

„Und wenn wir anschließend wieder zurückkommen, Jona, dann haben wir vielleicht auch die Antworten auf unsere Fragen."

„Das hoffe ich auch, Jaro. Also, kommen wir zu den Fragen."

„Die haben wir eigentlich schon. Deine Frage war: Warum sperren die Menschen die Tiere ein?"

„Stimmt. Und du hast gefragt, wie die Menschen es ertragen könnten, dass die Tiere so leiden."

„Ja, das verstehe ich nicht!", sagt Jaro ganz bedrückt.

Ich bringe beide Fragen fein säuberlich aufs Papier. Dann lege ich, wie bei den anderen Malen, als wir dem Papier Fragen anvertraut haben, unser neu beschriebenes Blatt unter einige andere unbeschriebene Blätter.

„Am besten lege ich das Papier hier unter diese großen Feigenblätter. Sollte es jemandem gelingen, in unsere Höhle einzudringen, wird man darunter nichts vermuten. Unsere Beutel aber wird man durchsuchen. Also ist das Papier dort nicht sicher."

„Oh, da fällt mir wieder unsere wichtigste Frage ein, die wir notieren wollten, Jona: Warum wurden wir entdeckt?"

Ich hole also nochmals das Papier hervor und ergänze die zwei Fragen um diese dritte. Hoffentlich waren wir jetzt nicht zu vermessen und haben zu viele Fragen gestellt, denke ich!

„Nein, Jona", höre ich augenblicklich Toms Stimme, „es ist ganz richtig, dass ihr diese Fragen stellt. Ihr *sollt* sie stellen, um weiterzukommen!"

„Danke, Tom", antworte ich ihm innerlich, „ich bin froh, dass du da bist! Bitte bleibe doch bei uns!"

Tom gibt keine Antwort mehr, aber ich weiß, dass er noch da ist.

Nachdem ich das Papier wieder zurückgelegt habe, richte ich wieder unser Nachtlager. Dann setzen Jaro und ich uns gegenüber. Wir schauen uns in die Augen und berühren unsere Siegelringe mit dem Zeige- und Mittelfinger. Zart streichen wir kreisförmig darüber und dann immer stärker. Dieses Mal im Gegenuhrzeigersinn. Denn wir wollen sehen, was schon vergangen ist. Der graue Reiter – was ist mit ihm? Was ist passiert, nachdem wir mit Miro geflohen sind? Lebt der Graue noch?

9

Es ist soweit! Wir legen uns nebeneinander, ganz dicht. Ich merke, wie es kräftig vibriert in mir. Und dann kugle ich mich einfach wieder aus meiner rechten Seite heraus. Hei, ich habe es wieder geschafft. Wie leicht ich doch bin! Das macht einen Heidenspaß! Und jetzt wieder nach oben an die Decke.

„Jaro, wo bist du?"

„Hier, lieber Bruder, am Ausgang. Ich schlüpfe gerade hinaus."

„Ich komme auch! Nicht so eilig, kleiner Bruder!"

Dieses Mal geht es gleich los. Wir schweben davon und es ist so, als ob wir magisch angezogen würden. Ich gebe mich ganz diesem Sog hin. Auch Jaro lässt es geschehen. Ich habe keine Angst.

Wir sind angekommen. Es ist neblig. Doch er ist nicht zu übersehen, der Graue. Er zieht sich noch immer mit seinem Oberkörper nach vorne Richtung Hügel, obwohl dort niemand mehr zu sehen ist. Er stöhnt und flucht. Seine Stimme ist heiser, als ob er nicht aufgehört hätte zu fluchen, seit wir ihn verlassen haben. Plötzlich tauchen von allen Seiten graue Reiter auf. Es sind tausende. Kerzengerade sitzen sie auf ihren weißen Pferden. Die Pferde sind verletzt. An einem Bein oder am Fuß. Denn sie hinken. Wie Miro!

Die grauen Reiter kommen immer dichter heran. Jetzt umringen sie den Grauen, der hilfesuchend im Gras liegt. Sie lachen höhnisch.

„Na, zu wenig Kraft gehabt, du Idiot! Zu wenig Wille!", krächzt der vorderste der Reiter. „Jetzt sind die Kinder verschwunden und mit ihnen der Gaul. Du bist ein Idiot! Ein Hirnloser!"

Der Graue liegt da wie ein Häufchen Elend. Seine Arme hat er schützend über seinen Kopf gelegt. Dann versucht er noch einmal, ein Bündel Gras zu greifen, um sich nach vorne zu ziehen. Die Halme entgleiten ihm. Der Graue tut mir leid. Er sieht verzweifelt aus. Jetzt lässt er sich sinken. Mit dem Gesicht auf die Erde

„Es ist aus mit dir! Du wirst vergehen! Dich in Asche und Rauch auflösen!"

Jaro schaut weg. Er möchte so was nicht sehen. Ihm wird es übel davon. Ich kann es besser ertragen. Das meine ich jedenfalls.

Die Reiter strecken ihren rechten Arm aus. Sie sind alle auf den am Boden liegenden Grauen gerichtet.

„Der Meister hat uns befohlen, dir zu helfen. Wir helfen dir!", lacht der Anführer wieder schallend.

Kaum hat er dies gesagt, sehe ich, wie aus den aufgerichteten Zeigefingern der grauen Reiter ein scharfer Strahl herausschießt. Der Graue zerfällt. Asche bleibt übrig.

„Wir werden dich rächen, du Affe!", sagt der Anführer noch einmal höhnisch. „Uns werden die Kinder nicht entkommen."

Die ganze Gruppe der Reiter kommt nun dicht zusammen. Sie werfen ihren rechten Arm nach oben und brüllen etwas, was ich nicht verstehe.

Dann beginnt der Anführer wieder zu sprechen. Ich glaube jedenfalls, dass er ein Anführer ist, denn alle anderen sind still und folgen ihm.

„Dankt den Menschen, die euch erschaffen haben durch ihre Gedanken! Dankt den Menschen, dass sie euch mit ihrem unersättlichen Wunsch nach Fleisch aufbauen! Dankt den Menschen, dass sie das Leid der Tiere nicht stört, damit wir leben können!"

Ich habe genau gehört, was dieser graue Reiter gesagt hat. Ich habe es aber nicht verstanden.

Jaro schaut mich verstört an. „Jona, ich verstehe nicht, was dieser Graue meint. Verstehst du das?"

Ich kann nur meinen Kopf schütteln. Und ich bin unendlich traurig.

Dann sprengen die Reiter davon. Ja, sie sprengen davon, obwohl die schönen, weißen Pferde verletzt sind. Die Reiter treiben sie an.

„Warum sind diese Pferde alle verletzt? Wie Miro! Es ist unheimlich."

„Jona, die Grauen gehen schlecht mit ihnen um. Deshalb sind sie verwundet. Es ist ihnen egal, ob es den Pferden gut geht oder nicht."

Die Reiter verschwinden. Wir hören es durcheinanderbrüllen. Es wird immer leiser. Bald hört sich alles nur noch ganz unwirklich an. „Die beiden Kinder! Wir kriegen sie! – Wir werden sie einsperren! – Ja, zu den Tieren! – Dort können sie aus ihren Trögen fressen und aus ihren Näpfen saufen! – Wir mästen sie! Haha! – Und dann schlachten wir sie! Hahaha!"

Jaro und ich halten uns an der Hand. Wir verweilen einen Augenblick miteinander.

„Jaro, wir müssen weiter, den Reitern nach! Schnell, sonst finden wir sie nicht mehr!"

Das fällt mir plötzlich ein und im selben Moment, wie ich das sage, bin ich wieder getrennt von meinem Bruder. Meine Gedanken gehen zu den grauen Reitern und es zieht uns einfach wieder weiter, ohne dass wir etwas überlegen oder sonst etwas dazu tun.

Wir sehen die Reiter in weiter Ferne. Aber es geht schnell. Wir kommen ihnen immer näher. Wir sind da. Oh, wie ich da erschrecke! Wie viele Tausende von Grauen das sind! Es sind viel mehr geworden. Wie ein einziges graues Meer! Es ist mir, als ob es uns auffressen wollte, dieses unendliche Grau! Es dringt in mich ein und macht mich eng. Es tut mir weh.

Ich schließe meine Augen und versuche, mich ganz loszulassen, nur nicht mehr daran denken! Ich bin ich! Sonst ist jetzt nichts wichtig. Mein Bruder ist bei mir! Ah, und Tom!

„Tom, bist du hier?" Ja, er ist da!

Dann höre ich plötzlich ein seltsames Raunen.

„Hörst du auch diese seltsamen Geräusche, Jaro? Es ist wie ein Raunen! Oder wie ein Sprechen und

Jammern, das ich aber nicht verstehen kann!"

„Seltsam, Jona!"

Wir verharren eine Weile. Und ich versuche, diese Stimmen zu verstehen. Sind das nicht Jaros und meine Stimme? Nur entstellt?

„Auf, auf!", brüllt wieder der Anführer, „sie haben uns ihren Ort verraten!"

„Hat er uns gemeint?", frage ich mich selbst. Aber ich komme nicht dazu, weiter zu überlegen. Jaro schaut mich entgeistert an und zeigt nach unten auf eine Gruppe von Grauen. Sie fallen von ihren Pferden! Sie schreien und kreischen. Dann liegen sie auf der Erde und ich sehe nur noch Asche. Sie sind zerfallen.

„Zwei Reiter begleiten mich", brüllt der Anführer wieder, „du und du!", zeigt er nach rechts auf einen Reiter und nach links. Ihre Gesichter sind verzerrt. Aber die zwei sehen so aus, als ob sie ganz sicher wüssten, was sie wollten. Ihre Augen blitzen. Ich schaue schnell weg.

„Die anderen verschwinden! Aber schnell! Wenn ich euch brauche, rufe ich euch! Aber wehe euch, wenn ihr nicht rechtzeitig erscheint! Unser Meister kennt keine Gnade!" Im selben Augenblick reitet er mit seinen zwei Auserwählten davon.

Die Grauen stieben auseinander. Aber nur langsam und schwerfällig. Die weißen Pferde lassen sich von ihren Reitern nicht mehr antreiben. Die reiterlosen Pferde folgen den Befehlen der Grauen.

Ich bin erst einmal hilflos und verwirrt. Was geht hier vor? Jaro rührt sich auch nicht von der Stelle. Mir ist, als ob ich träumte. Ich muss erst wieder richtig wach werden.

Aber gleich schon fällt mir wieder ein, dass wir eine Mission haben. Wir dürfen die drei Grauen nicht aus den Augen verlieren. Jaro hat sich, glaube ich, im selben Moment daran erinnert. Wir haben uns nicht miteinander abgesprochen und doch richten wir beide unseren Blick in dieselbe Richtung. Dorthin sind die drei davongeritten.

Und dorthin geht jetzt auch unser Weg. Ich erkenne bald, dass sie den Weg in Richtung unserer Höhle einschlagen. Plötzlich bleiben die drei stehen. Wir sind noch nicht bei der Höhle angekommen. Es ist diese wunderbare Wiese mit den herrlichen Blumen und den Schmetterlingen und Grillen und Kolibris, auf der sie jetzt stehen. Dort haben wir gegessen und geschlafen. Miro war noch bei uns. Ich werde ganz traurig, wenn ich an Miro denke, der davongelaufen ist.

„Jona, hier war es so schön! Miro war bei uns! Unser weißes Pferd! Und du hast es später geheilt!"

„Ja, Jaro, es war so schön! Mein Herz ist noch ganz erfüllt davon!"

Wir beobachten die drei, wie sie sich umschauen. Ich denke, dass sie Jaro und mich suchen. Sie sind zu spät. Wir sind schon weiter, vermutlich schon in unserer Höhle.

Die drei Grauen flüstern miteinander. Ich wusste gar nicht, dass die auch leise sprechen können. Dann peitschen sie ihre Pferde an und reiten davon. Wir folgen ihnen. Sie reiten an unserer Höhle vorbei, nehmen aber keine Notiz davon.

Zum Glück bemerken die drei Grauen uns nicht. Wir sind ja unsichtbar. Aber wenn sie womöglich unsere Gedanken erkennen können, dann hätten sie uns ja vielleicht auch sehen können. Aber dafür gibt es keine Anzeichen. Ich wage mich jetzt auch ziemlich in ihre Nähe.

„Bäh!", mache ich und strecke dem Anführer kräftig meine Zunge entgegen. Jaro beginnt zu lachen und hängt seine Zunge noch mehr heraus. Wir kriegen

uns nicht mehr vor Lachen. Wie gut, dass auch unser Lachen nicht zu hören ist, wenn wir unsichtbar unterwegs sind. Ich lasse mich nun auf dem Kopf des Anführers nieder. Der brüllt plötzlich: „Verdammt! Was juckt so auf meinem Kopf!" Er fängt wie wild an zu kratzen und ich wechsle meinen Platz und setze mich auf den nächsten Kopf eines Grauen. Der flucht in sich hinein und fängt ebenfalls an zu kratzen. Jaro hat Lust bekommen, mitzumachen und setzt sich auf den Dritten. Der fängt an zu lachen, weil es ihn so kitzelt. Da wird der Anführer wütend und schreit:

„Du Idiot, warum lachst du? Willst du, dass die beiden Gören uns hören? Halt endlich dein Maul!"

Der Graue duckt sich und ist augenblicklich still.

Nicht weit von unserer Höhle entfernt, erreichen wir einen Hügel, der dicht mit Bäumen und Sträuchern bewachsen ist. Die drei reiten noch ein Stück in den Wald hinein. Dann machen sie Halt. Sie haben einen Platz gefunden, den man von außen nicht einsehen kann. Die drei steigen von ihren Pferden ab. Mich wundert, dass sie sich auf den Beinen halten können. Die haben ganz normal Kraft in ihren Beinen. Nicht wie der Graue, der uns verfolgt hat.

„Hier verbringen wir die Nacht", sagt der Anführer. „Am Tag ist es leichter, die Kinder zu entdecken. Also, ruht euch aus!" Das hat sich nicht mehr ganz so unfreundlich angehört. Vielleicht ist er jetzt froh, dass sie Pause machen können.

10

„Jaro, jetzt kommen wir auch nicht mehr weiter. Die drei schlafen ja erst mal die Nacht über. Komm, wir gehen in unsere Höhle zurück und schauen nochmals später vorbei. Wenn sie ausgeschlafen haben."

Ich denke an meinen Körper, der in der Höhle liegt. Der sich auch gerade ausruht. Und flutsch, bin ich in meinen Körper zurückgeschlüpft. Ein paar Augenblicke später bewegt sich Jaro. Auch er ist wieder zurück.

Ich setze mich auf und Jaro tut es mir gleich. So sitzen wir nun eine ganze Weile nebeneinander, ohne miteinander zu sprechen. Alles, was wir erlebt haben, geht noch einmal durch meinen Kopf.

„Jaro, wie geht es dir?", frage ich ihn.

„Es ist unheimlich, was passiert ist, Jona. Und ich kann nichts damit anfangen. Tausende von grauen Reitern, mit verletzten weißen Pferden. Sie haben höhnisch über den Grauen gelacht, der in Asche zerfallen ist."

„Ja, sie haben gesagt, dass er zu wenig Kraft und Wille gehabt hätte."

„Und weißt du noch, Jona, was der Anführer zu den Grauen gesagt hat? Sie sollen den Menschen danken, weil sie durch ihre Gedanken erschaffen wurden. Irgendwie durch den gierigen Wunsch nach Fleisch, hat er gesagt."

„Unersättlich, hat er gesagt, nicht gierig, Jaro."

„Das ist doch das Gleiche, Jona, sei nicht so genau! Was ist eigentlich Fleisch, Jona?"

„Ich weiß nicht. Aber er hat noch vom Leid der Tiere gesprochen. Die Menschen würde das nicht stören. Vielleicht hat Fleisch etwas mit den Tieren zu tun?"

„Ja, Jona, sicher. Ja, das hat bestimmt mit den Tieren zu tun! Aber wie das zusammenhängen kann, kann ich mir trotzdem nicht erklären."

„Und dann dieses Raunen. Es hat sich ja fast angehört, als seien das unsere Stimmen gewesen."

„Meinst du wirklich, Jona?"

„Und dann sind eine ganze Menge von grauen Reitern von ihren Pferden gefallen und haben sich in Asche aufgelöst. Unglaublich war das!"

„Hm", sagt Jaro nur noch und schaut nachdenklich vor sich hin.

Ich bin plötzlich ganz aufgeregt. Unser Papier ist mir eingefallen. Das Papier, das uns unsere Großmutter geschenkt hat. Ich wusste immer, es ist ein ganz besonderes Papier. Ich denke gerne an unsere Großmutter. Sie lebt noch. Aber wir sehen sie nicht so oft. Sie wohnt weit weg von uns. Zweimal im Jahr kommt sie uns besuchen. Dann bleibt sie einen Monat bei uns. Das ist eine ganz besondere Zeit. Wie ich mich freue, wenn ich sie wiedersehe!

„Jona, was ist mit dir?" Jaro stupst mich an und holt mich aus meinen Gedanken heraus.

„Ich habe gerade von unserer Großmutter geträumt, Jaro. Ich freue mich so, wenn sie wiederkommt!"

„Oh ja, Jona, darauf freue ich mich auch. Sie ist immer so verrückt und lustig mit uns. Und dann streicht sie mir immer so zart über meine Haare. Das habe ich so gern!"

„Und von unserer Großmutter haben wir das wunderbare, geheimnisvolle Papier geschenkt bekommen! Oh, bin ich jetzt gespannt, wie es unsere Fragen beantwortet hat!"

„Ja, Jona, das Papier!"

Ich stehe schnell auf und schaue unter den großen Feigenblättern nach. Dort liegt das Papier auch noch. Ich nehme es auf und trage es feierlich zu Jaro.

„Lieber Bruder Jaro, hiermit überreiche ich dir eines unserer wichtigsten Dokumente. Unser Papier! Auf dem wir Antworten finden können, die uns keiner sagen kann! Antworten, die uns bei unserer Mission helfen werden. Nimm es von deinem großen Bruder an und lies!"

Jaro lacht und steht auf: „Mein lieber Bruder Jona! Gerne nehme ich das Papier von dir an und führe deinen Auftrag aus. Ich werde uns die Antworten, die uns das Papier gegeben hat, vorlesen."

Wir setzen uns schnell auf unsere Decken, die auf dem Boden der Höhle liegen. Sie sehen nicht sehr feierlich aus, etwas zerknautscht und noch nicht zusammengelegt. Das stört uns jetzt aber überhaupt nicht. Wir wollen nur wissen, was uns unser Papier zu sagen hat.

Jaro liest vor: *„Warum sperren die Menschen die Tiere ein?"*

„Das war unsere erste Frage, Jaro. Und die Antwort?" Ich kann es kaum abwarten.

„Die Menschen wollen die Tiere essen. Dazu sperren sie die Tiere ein. Sie machen aus ihnen Fleisch und Wurst. Je mehr sie in einem Stall unterbringen und je dicker die Tiere werden, desto mehr Fleisch und Wurst haben die Menschen zu essen. Die Menschen wollen keinen Platz verschwenden und nur wenig Geld dafür ausgeben."

„Ich habe es doch geahnt! Das Wort Fleisch hat mit den Tieren zu tun! Das, was die Menschen essen, ist Fleisch. Und Fleisch stammt von den Tieren. Ja, logisch! Das Tier, das die Menschen essen, ist tot. Das tote Tier heißt also Fleisch! Und Wurst!"

„Und das essen die Menschen? Das kann ich nicht glauben! Die Menschen können doch keine Tiere essen!"

Ich schaue Jaro an und sehe, dass seine Augen ganz feucht geworden sind.

„Jaro, so ist es aber", antworte ich und meine Stimme ist dabei ganz heiser. „Lass uns jetzt die Antwort auf unsere zweite Frage hören, Jaro!"

Jaro liest vor: *„Wie können die Menschen es ertragen, dass die Tiere so leiden? – Die Menschen sind verwünscht."*

„Das hat ja Tom schon gesagt", unterbreche ich Jaro.

„Es geht weiter, Jona: *Das ist der Grund dafür, dass sie das Leid der Tiere nicht spüren. Sie können nicht mitfühlen. Ihre Lust auf Fleisch ist einfach zu groß und mächtig. Sie sehen die Tiere nicht als lebende Wesen. Die Tiere sind Ware für die Menschen, die ihnen Fleisch und Wurst liefern. Alles andere sehen die Menschen einfach nicht. Sie sperren ihre Gefühle weg, wie sie die Tiere wegsperren.*"

„Das kann nicht sein, Jaro, ich kann doch keine Gefühle wegsperren! Wie soll denn das geschehen?" Ich bin entrüstet. Und traurig zugleich. Und ich kann gar nichts mehr verstehen. Dann fällt mir unsere letzte Frage ein.

„Jaro, lies bitte vor: Warum wurden wir entdeckt?"

„Die Antwort, Jona, lautet: *Es sind nicht eure Worte, die euch verraten, wie ihr vermutet. Es ist jedoch richtig, dass ihr selbst es seid, die den grauen Reitern die Hinweise geben. Wie sich auch Tom immer wieder selbst verrät. Mehr dürft ihr nicht wissen. Es würde euch die Rettung der Tiere sehr schwer oder sogar unmöglich machen.*"

„Oh, auf diese Antwort habe ich besonders gehofft! Und die kriegen wir nicht! Aber Tom kennt sie doch auch!" Ich bin enttäuscht. Wenn wir uns immer wieder selber verraten, ohne zu wissen, wie das geschieht, dann sind wir ja immer und immer wieder in Gefahr.

„Jona, das ist ja nicht zum Aushalten! Wir können uns also nie sicher fühlen!"

„Ja, Jaro, so ist es wohl!", antworte ich resigniert.

„Aber Tom scheint die Antwort doch zu wissen oder? Jedenfalls weiß er mehr, denn bei unserer ersten Begegnung hat er gesagt, dass er uns mehr nicht erzählen dürfe. Also weiß er mehr. Und wahrscheinlich weiß er auch, wie die Grauen uns entdeckt haben."

„Aber Tom durfte es uns ja nicht erzählen. Du hast ja selbst vorgelesen, Jaro, was das Papier dazu gesagt hat. Wenn wir es wüssten, dann könnten wir die Tiere nicht mehr retten! Oder es wäre für uns zumindest sehr viel schwieriger!"

„Mir kommt ein Gedanke, Jona! Deswegen braucht Tom *uns*! Er weiß das alles und deswegen kann *er* die Mission nicht alleine erfüllen!"

„Oh, mein lieber, kluger Bruder Jaro! Du hast es herausgefunden! Ja, ich stimme dir da hundertprozentig zu! Wir dürfen es nicht wissen, damit wir Tom helfen können. Und Tom hilft uns. Und so retten wir die Tiere gemeinsam!"

„Also dürfen wir darüber gar nicht mehr nachdenken. Sonst fällt es uns womöglich noch selbst ein und wir erschweren uns alles", gibt Jaro zu bedenken.

„So ist es!", sagen wir beide plötzlich gleichzeitig wie aus einem Munde. Ich lege meinen Arm um Jaros Schultern und drücke ihn fest. „Jaro, wir schaffen es!", sage ich ihm sicher und mutig. Er schaut mich an und lehnt seinen Kopf an meinen.

11

„Jona, wie wäre es denn, wenn wir mal wieder etwas essen würden? Mir kommt es vor, als hätten wir schon eine Ewigkeit nichts mehr gegessen!"

Ich denke gerade darüber nach, seit wie vielen Tagen wir eigentlich schon unterwegs sind. Ich kann es gar nicht genau sagen. Wie viel doch schon passiert ist! Wie hätten wir da ans Essen denken können! Wann haben wir eigentlich zum letzten Mal gegessen? Da muss ich richtig scharf nachdenken.

„Jona, ich habe Hunger! Weißt du, dass das Frühstück heute Morgen unser letztes Essen war? Seitdem sind Stunden vergangen. Es ist ja schon dunkel. Ich glaube, mein Magen hat schon ein Riesenloch. Hoffentlich wächst es wieder zu."

Ich muss lachen. Mein Bruder hat immer die besten Ideen. Ein Loch im Bauch!

„Da habe ich keine Zweifel, Jaro. Wie ich dich kenne, stopfst du dein Loch ziemlich schnell wieder zu. Komm, wir machen es uns gemütlich und schmausen unsere letzten Vorräte, die uns Mama mitgegeben hat."

Was Jaro so in sich hineinkriegt, wundert mich immer wieder. Fröhlich grinsend sitzt er jetzt da und kaut die letzten Reste. Dann verdreht er die Augen und lässt sich nach hinten plumpsen.

„Ich bin ja sooo voll! Ich komme mir vor wie ein Plumpsack."

Jaros Bauch wölbt sich nach oben wie eine Halbkugel. Er hat es mal wieder erst hinterher gemerkt, dass er zu viel gegessen hat. Armer Jaro! Jetzt leidet er schon ein bisschen.

„Armes Brüderlein!", mache ich mich etwas lustig über ihn und streiche über seinen Bauch. Der ist ganz schön hart.

„Am besten versuchst du nun, deinen Bauch zu beruhigen, Jaro. Mach bitte Bauchatmung! Übergeben geht hier nicht! Sonst ziehe ich aus."

Jetzt lacht Jaro wieder. Ich finde es aber nicht so witzig. Ich hoffe, dass er es schafft, ohne sich übergeben zu müssen. Das wäre nicht so lustig.

Jaro hustet und würgt. Oh je, ich glaube, er schafft es nicht. Er springt auf und zwängt sich durch den Höhlenspalt. Ich höre, wie er sich draußen übergibt. Dann lacht es laut und höhnisch.

„Haben wir dich, du Bengel! Da wird sich aber unser Meister freuen!"

„Macht das Netz weg!", höre ich Jaro brüllen.

Was mache ich nur? Ich bin in Panik. Es muss mehr als einer sein, denke ich. Wahrscheinlich die drei, die wir heute beobachtet haben.

„Tom, was soll ich machen? Wenn ich Jaro jetzt helfe, sind wir beide gefangen und keiner kann uns befreien."

„Jona, bleib in der Höhle! Ich kann mir schon selbst helfen!", ruft Jaro mir zu.

„Sei still und hör auf zu schreien!", faucht der Graue Jaro an. „Es wird dir nichts nützen. Du gehörst jetzt uns und tanzt nach unserer Pfeife!"

Ich höre noch ein Gerangel und laute Stimmen wild durcheinander schreien. Dann einen dumpfen Schlag. Was ist geschehen? Jetzt das Getrappel von Pferdehufen! Sie sind fort. Und mit ihnen mein Bruder.

„Oh, Tom! Was soll ich nur tun?"

Ich bin so verzweifelt, dass ich gar nicht mehr denken kann. Unruhig laufe ich in der Höhle auf und ab. Wie ein verstörtes Huhn. Ohne Plan. Ohne zu denken. Mein Kopf ist zu. Und mein Magen zugeschnürt. Was mache ich bloß?

Augenblicklich fällt mir das Richtige ein. Ich muss ihnen schnell hinterher. Unsichtbar.

Ich setze mich hin und atme tief durch und noch einmal und noch einmal. Ich atme und atme, langsam und ruhig. Mein Bauch wölbt sich hoch auf und zieht sich wieder zusammen. Dann schaue ich auf meinen Siegelring und beginne, kreisend über ihn zu streichen. Fester und fester. Ich lege mich auf den Boden. Und schon kugle ich aus mir heraus.

„Ich bin frei! Ich bin frei!", rufe ich, fast singend. Aber schnell bin ich wieder mit meinen Gedanken bei meinem Bruder. Ich darf keine Zeit verlieren.

„Ich komme, Jaro!", rufe ich ihm innerlich zu.

Dann schwebe ich nach oben, weg von meinem Körper und durchdringe den Felsen der Höhlendecke.

Den Weg zum Reich der unglücklichen Tiere kenne ich ja gut. Sicher sind sie dorthin unterwegs. Noch sehe ich niemanden. Dann höre ich Stimmen.

„Jetzt haben wir sie! Die beiden sind bei den Masthühnern. Ha, hört mal, was für ein Gejammer sie machen!" Ein dröhnendes Lachen folgt.

„Ha, ha! Auch du bist nicht stark genug!", höre ich eine andere Stimme. „Merkst du, wie du in die Knie gehst? Du wirst in Asche zerfallen! Dass ich nicht lache!"

„Komm, wir verschwinden hier schnell!", sagt eine dritte Stimme. „Unseren klugen Anführer gibt es gleich nicht mehr. Ha, ha! Es hat ihn erwischt! Komm schnell, damit es uns nicht auch so geht!"

Ich wundere mich. Sind das nicht die Stimmen der drei Grauen, denen Jaro und ich gefolgt sind? Und die sich dann auf einem Platz im Wald in der Nähe unserer Höhle schlafen gelegt haben? Da stimmt was nicht! Alles dreht sich wieder in meinem Kopf. Oh je! Ich bin in der Vergangenheit! Ich habe den Siegelring links herum gestrichen.

Ich bin ratlos. Wie komme ich in die Jetzt-Zeit? Das geht doch gar nicht! Ich bin in der Vergangenheit und mein Körper schläft in der Höhle. Und schwupps – spüre ich auch wieder meinen Körper. Ich bin aufgewacht und strecke und räkle mich.

Was ist passiert, frage ich mich. Ich bin wieder hellwach. Da erinnere ich mich wieder. Ich habe Angst, dass ich es jetzt nicht mehr rechtzeitig schaffe, zu Jaro zu kommen. Ich versuche zu lächeln und denke an Jaro. Ich stelle mir vor, wie es ihm wieder gut geht. Dass er wieder frei ist und seine Späße macht. Dann beginne ich wieder mit der Bauchatmung. Dieses Mal streiche ich rechts kreisend über meinen Siegelring. Alles klappt!

Es zieht mich ganz schnell vorwärts. Ich spüre, Jaro denkt an mich. Das hilft mir, weiterzukommen, ohne darüber nachdenken zu müssen. Dann sehe ich gerade noch zwei Graue, die ein Bündel in eine Tür hineinstoßen und die Tür hinter sich abschließen.

„Soll er doch jetzt bei seinen Freunden wohnen!", kreischt einer der Grauen und lacht. Der andere nickt ihm zu und gibt ihm ein Zeichen, sich zu beeilen. Beide reiten mit ihren hinkenden weißen Pferden davon.

Wie froh bin ich, dass ich es gerade noch geschafft habe! Den Grauen kann ich jetzt nicht folgen. Die muss ich entwischen lassen. Aber ich weiß jetzt, wohin sie Jaro befördert haben. Gleich husche ich ihm durch die Tür hinterher.

Oh je, mein armer Bruder! Da liegt er auf dem blanken Betonboden und kann sich kaum bewegen. Er steckt in einem Sack, der mit Schnüren fest umwickelt ist. Ich schaue ihn an und berühre ihn. Jaro zuckt zusammen. Ich glaube, er hat mich gespürt.

„Jaro, ich bin da! Spürst du es? Ich bin gekommen, um dir zu helfen! Wir schaffen das, mein lieber Bruder!"

Dann beginne ich, einen Knoten der Schnüre zu öffnen. Besser gesagt, ich wollte damit beginnen. Was ist los? Ich erschrecke. Meine Finger können den Knoten nicht fassen. Sie gehen durch ihn hindurch. Es geht nicht! Ich kann ihn nicht öffnen! Ich fasse Jaro an. Meine Hand geht auch durch ihn hindurch. Und jetzt? Ich kann Jaro so nicht befreien!

„Jaro, du musst dir selbst helfen!", sage ich ganz eindringlich zu ihm. Ich hoffe, dass er meine innere Stimme hört. „Ich werde mich jetzt hier umschauen und nach einer Lösung suchen. Verstehst du mich, Jaro?"

Jaro antwortet nicht. Er stöhnt.

Mir schnürt es die Kehle zu, als ich mich umschaue. Meine Augen haben sich an die Dunkelheit gewöhnt. Ich sehe Schweine, viele, viele Schweine, mit traurigen Augen. Sie schauen mich an. Was kann ich tun?

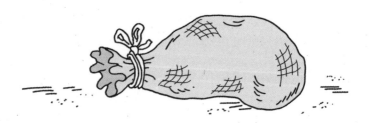

Ich sehe so etwas wie Kästen. Die sind aus Metall und ganz schmal. So dass immer gerade ein Schwein hineinpasst. In jedem Kasten steht oder liegt ein Schwein. Es kann sich gerade hinlegen oder wieder aufstehen. Mehr geht nicht.

Ich schwebe über die Schweine, um alles besser sehen zu können. Die Schweine liegen auf Betonböden und die sind teilweise mit Spalten. Warum sind da nur diese Spalten? Ich versuche, etwas weiter nach unten zu kommen. Ich möchte durch die Spalten hindurch sehen. Da erinnere ich mich an die Betonklötze, in die die Hühner eingesperrt waren. Da waren auch diese Spalten im Boden. Augenblicklich ist auch wieder dieser beißende Geruch in meiner Nase. Es stinkt nach Mist. Ich schaue nach unten durch die Spalten hindurch. Ja, das ist wohl der Grund. Da hindurch sollen die Ausscheidungen der Schweine fallen.

Ich kann die Tiere kaum anschauen. Es bricht mir das Herz. Ich sehe Schweine, die sich in ihrem Kot suhlen. Das tun Schweine sonst nie. Das weiß ich von unseren Schweinen zu Hause. Sie haben zum *Liegen* einen Platz und viele Meter weiter weg einen anderen für ihre Ausscheidungen. Ja, Schweine sind reinliche Tiere! Und wenn es heiß ist, suhlen sie sich im Schlamm. Das tun sie so gerne. Das ist eine angenehme Abkühlung für sie. In diesen engen Kästen haben sie aber keinen Schlamm! Sie haben gar nichts! Nur ihren Kot.

Da ist ein Schwein, das ist so groß und dick, dass

es seine Beine sogar in den Kasten nebenan strecken muss. Ein anderes hat seine Beine angezogen, es kann sie nicht ausstrecken. Ich drehe mich um und sehe ein Schwein, das auf seinen Hinterbeinen sitzt und seinen Kopf ständig hin und her bewegt – hin und her, hin und her, immer im selben Rhythmus. Ein anderes Schwein steht da, ohne Regung, mit leeren Augen. Dann sehe ich ein Schwein, das wie ein Hund dasitzt, und seinen Kopf nach unten hängen lässt. Ja, es ist traurig! Es ist so unendlich traurig!

Was ist das für ein Leben? Wie lange müssen diese armen Tiere hier so ausharren?

Und was sind doch Schweine so ganz besondere Tiere! Die sind so neugierig und lebenslustig! Überall schnüffeln sie herum und durchwühlen mit ihren Rüsseln den Boden nach etwas Essbarem. Einmal habe ich einen Apfel in einer Kiste versteckt. Ich habe unserem Schwein Dixie die Kiste mit dem Apfel gezeigt und sie hinter die Scheune gestellt. Dann sehe ich plötzlich, wie Dixie hinter die Scheune läuft. Jaro und ich sind ihr nachgeschlichen. Mit ihrem Schweinerüssel hat Dixie den Deckel der Kiste nach oben geklappt und hat sich den Apfel herausgeholt. Schnell ist sie dann mit dem Apfel davongelaufen, als sie uns entdeckte. Ein richtiger Schlawiner, unsere Dixie. Sie ist mindestens so schlau wie der Hund Robbie. Der gehört meinem Onkel. Ja, alle unsere Schweine sind richtig kluge Tiere.

Und alles machen die Schweine gemeinsam. Die

brauchen sich und mögen sich! Wenn sie müde sind, bauen sie sich zusammen ein Schlafnest, mit Laub, Gras und Ästen. Und wenn es kalt ist, schlafen sie dicht nebeneinander gedrängt.

Ich mag unsere Schweine sehr! Die schmusen auch mit mir und mit Jaro und auch mit Mama. Wie sie es genießen, wenn ich sie kräftig schrubbe!

Und wie genüsslich sich ein Schwein an einem Baum kratzt und scheuert! Das beobachte ich auch so gerne.

Wer hat da gehustet? Das sind Schweine, die gehustet haben! Die haben Husten! Die sind krank! Das sind die giftigen Gase, die sie krank machen!

Dann schaue ich wieder unter mich. Ich sehe ein Schwein, das unablässig an der Querstange des Kastens, in dem es eingesperrt ist, herumbeißt. Da habe ich eine glänzende Idee: Dieses Schwein kann Jaro befreien!

„Jaro, Jaro! Ich habe eine Idee! Komm, hör mir gut zu!"

Jaro beginnt auf einmal, sich langsam zu bewegen. Er rollt sich langsam von der Tür weg in Richtung des Innenraumes.

„Hey, Jaro, weißt du wohl schon, was zu tun ist? Hast du mich wohl ausgehorcht?", rufe ich ihm lachend mit entrüsteter Stimme zu.

Ich höre keine Antwort von ihm. Aber Jaro rollt weiter. Der Boden ist ein wenig abschüssig. So gelingt es Jaro gut, vorwärtszukommen. Ich hoffe, er schafft es.

Jaro bewegt sich nicht mehr. Er bleibt einfach liegen. Was ist los?

„Komm, weiter, Jaro!", rufe ich ihm zu. Jaro bewegt sich ruckartig. Er versucht, von der Stelle zu kommen. Es sieht jedenfalls so aus. Aber es geht nicht.

Schnell halte ich mir die Ohren zu. Ein Schwein brüllt. Ohrenbetäubend! Ich sehe das Schwein. Es ist das Schwein, das die Stange bebissen hat. Jaro zuckt

zusammen und macht einen kräftigen Ruck. Ja, er rollt weiter. Juhuu!

Das Schwein grunzt. Es hört sich an, als ob es jetzt zufrieden sei. Noch einen Meter und Jaro hat es geschafft. Es geht *langsam* weiter. Aber Jaro kommt dem Schwein immer näher. Das Schwein beobachtet Jaro. Es lässt seine Äuglein nicht mehr von ihm ab. Und Jaro ist angekommen! Er liegt jetzt vor dem Kasten des Schweins. Rudolph nenne ich es. Ja, der Name ist mir wieder gerade so eingefallen. Das Schwein heißt Rudolph.

Gerade will ich Rudolph bitten, dass er die Schnüre und den Sack um Jaro herum aufbeißt, da beginnt er auch schon. Ich glaube, die beiden, Jaro und Rudolph, haben sich schon verständigt. Die verstehen sich. Ja, die sind schon Freunde geworden!

Hei, da ist ja schon ein Fuß von Jaro! Und der zweite! Rudolph beißt kräftig und schnell. Jetzt schauen die Beine heraus und beide Hände! Rudolph beschnuppert den Sack. Dann nimmt er das obere Ende des Sackes zwischen seinen Schweinerüssel. Er macht es ganz vorsichtig. Er weiß wohl, dass hier Jaros Gesicht ist. Rudolph zerrt und reißt am oberen Ende. Er zieht den Sack ein Stück nach hinten. Jaros Arme liegen frei. Jetzt kann Jaro mithelfen. Er greift mit seinen Händen den Sack und drückt ihn nach oben weg über seinen Kopf. Rudolph zieht gleichzeitig weiter.

Ich kann es nicht fassen. Die beiden haben es geschafft – Rudolph und Jaro! Jaro weint. Er legt seinen Kopf auf Rudolph.

„Danke, Rudolph! Danke!"

Woher weiß mein kleiner Bruder nun auch schon wieder, dass das Schwein Rudolph heißt? So ist eben mein Bruder!

Jaro streichelt und tätschelt Rudolph. Rudolphs Augen glänzen. Er guckt mit treuen, lieben Augen. Da bin ich schon ein bisschen traurig, dass mich keiner spürt. Wie gerne würde ich mich jetzt auch zu den beiden dazulegen!

Aber warum sollte ich das nicht tun?

„Also, ihr beiden, ich komme auch!", sage ich mit fester innerer Stimme. Rudolph und Jaro schauen in meine Richtung. Ja, sie haben mich gehört! Wie ich mich freue!

Ich lasse mich bei den beiden nach unten gleiten. Und lege mich einfach obenauf. Oh, ist das schön! Ich spüre die Wärme von Rudolph und Jaro. Das tut gut! So bleiben wir lange zusammen liegen.

12

Jaro steht langsam auf. Er steht noch ein bisschen wackelig auf seinen Beinen. Er schaut sich um und sieht nun alles, was ich schon gesehen habe. Jaro wischt sich mit dem Ärmel die Tränen aus seinem Gesicht. Aber er kann sich nicht halten. Er beginnt, laut zu schluchzen.

„Jona, ich halte das nicht aus! Was machen die mit diesen lieben Tieren? Was haben sie ihnen getan?"

Nichts! Nichts haben sie ihnen getan! Die Menschen wollen sie essen! Ich kann es nicht begreifen. Es kann nicht wahr sein.

„Jaro, nichts haben sie getan!" Mein Magen schnürt sich zusammen.

„Jona, dein Magen liegt in der Höhle und schläft. Vergiss das nicht!", höre ich Jaro zu mir sagen. Ich muss kurz auflachen. Das hilft mir. Ich kann wieder loslassen. Und wieder denken. Wir wollen die Tiere retten! Wir brauchen klare Gedanken.

Ich werde erst einmal wieder in die Höhle zurückfliegen. Hier kann ich jetzt nichts tun.

„Jona, ich kann hier erst einmal für die Tiere da sein. Ich kann sie aufmuntern. Mit ihnen spielen. Mit ihnen sprechen. Wer weiß, vielleicht können uns die Tiere helfen, einen Weg für ihre Rettung zu finden."

„Ja, das stimmt, Jaro. Tu das! Wir wollen langsam vorgehen. Es ist gut, wenn die Tiere wieder jemandem vertrauen können und stark werden. Ich denke an dich, Jaro. Pass gut auf dich auf! Ich komme bald wieder."

„Ich denke an dich, Jona! Sei vorsichtig! Alles Gute!"

Ich verlasse das Gebäude durch die Decke. Ich schaue noch einmal nach unten zu den Schweinen und zu Jaro. Es fällt mir schwer zu gehen.

Zuerst einmal erkunde ich hier noch die Gegend, denke ich mir. Viele weitere Gebäude stehen hier, eins wie das andere anzusehen. Grauer Beton. Und unter mir verdorrtes Gras. Ein Gänseblümchen schaut hervor.

Soll ich noch ein weiteres Gebäude besichtigen, wenn ich schon hier bin, frage ich mich. Ich bin bedrückt. Es reicht mir eigentlich. Aber wir sollten möglichst viel wissen. Also, ich gehe noch ein weiteres Gebäude anschauen. Wenn mich nur nicht so Schlimmes erwartet!

Gleitend bewege ich mich wieder durch die Mauer des nächsten Gebäudes. Kaum bin ich drinnen, höre ich Schweinchen quieken.

Oh, wie süß! Da sind lauter kleine Schweinchen! Ich bin ganz begeistert.

Aber was sehe ich da? Die Schweinemamas liegen auch hier in so engen Kästen, in Gestellen aus Metall. Aber die Babyschweinchen sind um die Mamas herum. Welch ein Glück! Aber was nützt es ihnen? Die Mamas liegen ganz eingeengt. Wie sollen sie sich da um ihre Ferkelchen kümmern? Nicht einmal mit ihrer Schnauze können sie ihre Babys berühren. Und ich sehe auch kein Nest für die Ferkelchen. Das haben sie auch nicht.

Die Mamaschweine suchen doch immer einen besonderen Platz für ihre Jungen, wenn sie auf die Welt kommen. Oh, wie die Schweinemamas da herumsausen, bis sie das gefunden haben, was sie wollen! Der Platz muss windgeschützt sein und natürlich sonnig. Das weiß ich von unseren Schweinen. Das lieben sie. Wir haben sieben Mamaschweine. Das sind Frieda, Helene und Magda, Emma, Dixie und Daniela und Martha. Wenn der Boden dann auch noch gut mit Gras bewachsen und auch trocken ist, dann ist es ein guter Platz. Sie bauen dann ein weiches Nest – mit Laub, Gras und kleinen Ästen. Dort bekommen unsere Mamaschweine dann ihre Babys. Sie haben es dann auch ganz ruhig, wenn ihre Babys auf die Welt kommen.

Jaro und ich sind fast immer dabei, wenn eine Schweinemama ihre Kinder bekommt. Wir machen dann keine Späße, damit wir die Schweinemama nicht stören. Wenn die Ferkelchen dann da sind, macht die Mama Grunzgeräusche und berührt und führt die Kleinen mit ihrer Schnauze zu ihren Zitzen. Da hängen dann alle kleinen Schweinchen dran und saugen. Die beste Milch der Welt! Natürlich nur für die Ferkelchen! Unsere Kühe wollen diese Milch nicht! Hihi!

Was haben die Ferkelchen hier? Einen Boden aus Beton und einen Plastikboden mit Spalten. Nicht einmal Stroh. Und das Schlimmste: eine eingesperrte Mama, die sich nicht bewegen kann! Eine Mama, die nicht mit ihnen schmust! Sie kann es nicht. Sie kommt nicht richtig an ihre Kinder dran.

Da! Eine Mama – sie versucht verzweifelt, sich zu drehen. Sie will ihren Kindern nahe sein. Es geht nicht. Sie gibt auf und lässt sich wieder fallen. Ihre Augen – die schauen so traurig aus.

Was höre ich? Ein Türknarren? Ich drehe mich um. Hinter mir sehe ich einen Mann und noch einen zweiten. Sie stehen beide an der Tür. Dann gehen sie direkt auf einen Kasten zu. Es sind sieben Ferkelchen um die Schweinemama. Der ältere Mann packt ein Ferkelchen und klemmt es unter seinen Arm. Dann nimmt er noch ein zweites.

„Auf, Robbie!", befiehlt er dem anderen Mann. Er sieht eigentlich noch wie ein Junge aus. Aber er ist bestimmt fünf Jahre älter als ich, glaube ich. „Nimm zwei andere und komm mit!" Dann verschwinden die beiden mit den vier Schweinchen.

Was machen die mit den Schweinchen, frage ich mich.

Aber schon sind sie wieder da. Der Ältere von den beiden nimmt nochmals zwei Ferkelchen unter seine Arme und der Junge nimmt das letzte Schweinchen. Dann gehen sie zur Tür hinaus. Sie schließen sie hinter sich ab.

Die Schweinemama ist allein. Ohne ihre Kinder. Die beiden Männer haben sie ihr weggenommen. Aber sicher werden sie ihr die Schweinchen wieder zurückbringen! Die müssen vielleicht nur untersucht werden.

Die Mama wird plötzlich ganz unruhig. Ich glaube, sie hat es gleich gemerkt, dass ihre Jungen nicht mehr da sind.

Ich warte noch eine Weile, bis sie ihre Kinder wieder zurückbekommt, denke ich. Dann kann ich beruhigt wieder zur Höhle zurückkehren.

Ich weiß nicht, wie lange ich noch da war. Mir kam es sehr lange vor. Die Schweinchen wurden nicht zurückgebracht. Die Schweinemama weinte und hörte nicht auf. Ich konnte es nicht mehr aushalten. So flog ich zurück zur Höhle. Was hätte ich tun können?

Jetzt bin ich wieder in meinem Körper, in der Höhle. Ich sitze auf dem Boden und weine und schluchze und kann nicht mehr aufhören.

Was wäre gewesen, wenn zwei Männer Jaro und mich von unserer Mama weggenommen hätten? Das fällt mir ein und ich weine noch mehr. Ich spüre es ganz genau, wie das gewesen wäre.

Die Schweine spüren es genauso. Die Schweinemama hat geweint, sehr geweint. Sie war verzweifelt. Sie war hilflos. Wie soll sich eine Schweinemama wehren? Und ihre Kinder erst! Die vermissen ihre Mama. Und sie verstehen gar nicht, warum ihre Mama nicht mehr da ist.

Ich will morgen noch mal schauen, ob die Ferkel der Mama zurückgebracht wurden. Bestimmt bringt der Junge die Ferkel wieder zurück, sage ich mir. Der Junge kann das nicht ertragen, dass die Schweinebabys so traurig sind. Ganz sicher kann er das nicht aushalten. Dann bringt er sie schnell zurück. Dieser Gedanke tröstet mich ein bisschen.

Ich bin ganz müde. Die Augen fallen mir immer wieder zu.

Ich muss wach bleiben, denke ich. Und mein Herz wird mir ganz schwer, als ich an meinen kleinen Bruder denke.

Jaro, wie geht es dir? Ich habe so Angst um ihn. Ich will mir jetzt genau durchdenken, was ich tue, um meinen geliebten Bruder wieder aus seinem Gefängnis herauszuholen! Meine Augen! Ich kann sie kaum offen halten!

Ich öffne meine Augen. Was ist los? Ich war eingeschlafen. Ich bin einfach eingeschlafen und habe mich nicht um meinen Bruder gekümmert. Wie schändlich! Aber nein, ich kann doch nichts dafür. Die Augen sind mir einfach zugefallen. Ich war so müde. Ich habe es gar nicht gemerkt, wie ich eingeschlafen bin. Oh, mein Bruder!

„Tom, Tom? Bist du hier? Ich brauche dich! Mein Bruder wurde eingesperrt! Hilf mir, bitte!"

„Mach dir keine Sorgen, Jona. Deinem Bruder geht es gut. Er sorgt sich um die Schweine. Du hättest deine Freude daran. Er geht von Kasten zu Kasten und spricht mit jedem Schwein und streichelt jedes und macht allen Mut. Er hat keine Angst. Er lebt ganz mit den Schweinen. Du solltest ihn sehen, wie glücklich er ist!"

„Oh, Tom! Das sind aber gute Nachrichten! Ich vermisse aber meinen Bruder! So gerne würde ich auch für die Tiere da sein. Aber es ist gut, dass die Tiere Mut bekommen und mein Bruder ihr Menschenfreund ist. Da bin ich auch glücklich!"

„Tom, kannst du mir bei meinen nächsten Schritten helfen?"

„Jona, schau hinaus, die ersten Sonnenstrahlen kommen heraus. Es wird hell. Am Tag kannst du die Höhle nicht verlassen. Versuche zu schlafen. Wenn du richtig ausgeschlafen hast, bist du wieder kraftvoll. Dann mache dich auf den Weg. Gehe am Hügel der Früchte vorbei und esse dich an ihnen satt. Nimm für deinen Bruder und die Tiere so viele Früchte mit, wie du tragen kannst. Aber sei vorsichtig!"

„Das will ich tun, Tom, danke!"

Es fällt mir schwer, ruhig zu bleiben. Ich richte mir mein Schlaflager und lege mich hin. Ich komme nicht richtig zur Ruhe. Hin und her wälze ich mich. Dann fällt mir das Papier ein. Soll ich ihm nicht ein paar Fragen stellen? Das mache ich, entscheide ich mich. Ich stehe wieder auf und hole mir das Papier.

Aber was soll ich das Papier eigentlich fragen? Ich habe gar keine Idee. Wie so oft in letzter Zeit, geht alles in meinem Kopf durcheinander. Also, ich will mal nachdenken!

Was ist alles passiert? Und was sollten wir dazu wissen? Jaro ist von zwei Grauen geschnappt worden. Der Anführer der Grauen, der mit den beiden auf der Suche nach uns war, ist in Asche zerfallen. Das war, als die drei uns in den Gebäuden der Hühner entdeckt haben. Die beiden anderen haben ihn ausgelacht und verhöhnt, dass er *auch* nicht stark genug sei. Und dann hatten sie es sehr eilig. Sie haben befürchtet, dass es ihnen auch so gehen könne. Und da fällt mir noch ein, dass sie zu den Hühnern Masthühner gesagt haben. Was sind Masthühner? Das Wort habe ich noch nie gehört. Und warum haben der Mann und der ältere Junge die Babyschweine der Mutter weggenommen?

Oh, das sind ja Fragen über Fragen. Jetzt muss ich also erst mal sortieren. Was möchte ich davon das Papier fragen? Oder frage ich gleich alles? Ja, ich frage gleich alles. Ich denke, das ist in Ordnung so. Wenn wir die Antwort nicht wissen sollen, dann sagt uns das Papier das schon. Also, es geht los.

Ich notiere die erste Frage: *Warum ist der Anführer der beiden Grauen in Asche zerfallen und was hat das mit seiner Stärke zu tun?*

Zweite Frage: *Was sind Masthühner?*

Dritte Frage: *Warum wurden die Ferkelchen ihrer Mutter weggenommen?*

So, das wär's! Oder soll ich noch fragen, was wir

als nächstes tun können? Nein, das ist mir jetzt zu viel. Das mache ich dann mit Jaro zusammen. Zu zweit klappt das besser.

Sorgfältig lege ich wieder das neu beschriftete Blatt unter einige andere unbeschriftete Blätter und dann unter das große Feigenblatt. Ich bin zufrieden. Jetzt kann ich ruhig schlafen. Ich kuschle mich unter meine Decke und stelle mir meinen kleinen Bruder vor, der mit den Schweinen spricht und sie tröstet. Das ist schön!

13

Dabei bin ich wohl eingeschlafen. Denn an mehr erinnere ich mich nicht mehr, jetzt, da ich wach bin. Es sind keine Sonnenstrahlen mehr zu sehen. Es dämmert schon.

Wie gerne würde ich mal wieder bei Sonnenschein draußen herumtollen! Oh, wie ist das schön zu Hause! Jaro und ich sind fast immer draußen. Wir lieben es zu rennen und im Gras zu purzeln. Unsere Tiere lieben es auch, herumzutollen. Alle! Die Ziegen, die Schafe, die Schweine, ja sogar die Kühe! Die machen alle so lustige Sprünge. Jaro und ich lachen da ganz viel. Und Jaro kann dann oft gar nicht mehr aufhören. Er kriegt dann Tränen vor Lachen.

Es ist so schön, wenn unsere Ferkelchen vor Freude springen und sich dann plötzlich ins Gras fallen lassen. Dann springen sie wieder auf und es geht von vorne los. Besonders lustig ist es, wenn die Ziege Liese uns anstupst und dann davonrennt. Sie möchte dann von uns eingeholt werden. Wie Jaro und ich da laufen und laufen. Nur einmal ist es Jaro gelungen, Liese zu erwischen. Ich hatte bis jetzt nie das Glück. Aber das hat mir nichts ausgemacht. Ich weiß ja, Jaro ist eben der Schnellere von uns beiden. Es hat mir vielleicht nur ein bisschen was ausgemacht. Aber

wirklich nicht viel.

Jetzt habe ich aber Hunger! Mal sehen, ob noch ein paar Reste da sind. Ich durchsuche meinen Beutel ganz genau. Aber leider kann ich gar nichts mehr finden. Wir haben alles aufgefuttert, was uns Mama mitgegeben hat. Jetzt müssen wir selber für unser Essen sorgen. Ein Glück, hat Jaro den Hügel der Früchte entdeckt. Da will ich jetzt gleich hingehen. Wie Tom es mir gesagt hat. Ich merke, dass ich auch Durst habe. Eine Quelle haben wir noch nicht gesehen.

Eben fällt mir ein – mein linker Stiefel. Wo ist der? Der Graue hat ihn mir entrissen, als ich in die Höhle geflüchtet bin und er mich herausziehen wollte. Mit nur einem Stiefel zu laufen, kann ich mir nicht vorstellen. Bei diesem Gedanken muss ich lachen. Aber ich liebe es, barfuß zu gehen.

So, noch den Beutel packen. Am besten nehme ich auch den von Jaro mit. In beide stecke ich unsere Decken. Wer weiß, wann wir wieder in die Höhle zurückkommen. Meinen Stiefel packe ich auch mal lieber ein. Vielleicht finde ich den anderen ja irgendwo draußen. Ah, das Papier hätte ich beinahe vergessen.

Jetzt bin ich ganz aufgeregt, als mir das Papier wieder einfällt. Die Fragen, die ich gestellt habe, wie sie wohl beantwortet sind?

Schnell hole ich es unter dem Feigenblatt hervor. Ich ziehe das beschriebene Blatt unter den anderen Blättern heraus. Mein Blick fällt auf das Blatt mit den Fragen. Was ist geschehen? Es steht nichts als Antwort da! Absolut nichts! Das kann doch nicht möglich sein! Ich bin enttäuscht. Keine Antwort.

Ich zucke mit den Schultern. Ich muss los. Es ist schon dunkel. Keine Antworten. Es ist nicht zu ändern. Ich kann nichts machen. Warum stehen keine Antworten auf dem Papier? Hat es seine Kraft verloren?

Also, los! Trauern hilft nichts, sage ich mir. Es wird schon seinen Grund haben.

Ich schaue vorsichtig aus dem Spalt der Höhle. Es ist kaum etwas zu sehen. Es ist schon stockdunkel. Soll ich mit meiner Taschenlampe hinausleuchten? Aber wenn die Grauen nach mir lauern, dann bin ich verloren. Dann sind sie vorgewarnt. Hm. Was mache ich? Was ist das Richtige? Ja, die Idee ist gut! Ich nehme einen Stein aus der Höhle und werfe ihn aus dem Spalt. Warten die Grauen auf mich, dann werden sie reagieren, wenn da unerwartet was aus der Höhle fliegt. Dann weiß ich Bescheid.

Ich suche mir einen Stein in der Höhle. Meine Taschenlampe kann ich dazu nicht verwenden, da mich auch hier drinnen der Lichtschein verraten könnte.

Ich knie und taste mit meinen Fingern am Boden entlang. Da, ich habe einen Stein gefunden. Er fühlt sich aber gar nicht rau an. So glatt und geschmeidig, als ob es ein geschliffener Edelstein wäre. Ich gehe mit meiner Taschenlampe in die rechte vordere Ecke. Diese Ecke kann man von außen durch den Spalt nicht einsehen. Kurz will ich da die Taschenlampe anmachen. Nur ganz kurz. Ich will sehen, ob es ein Edelstein ist. Den könnte ich doch nicht werfen. Oh, es ist ein wunderschöner Lapislazuli! Soll ich den als Wurfstein missbrauchen? Ich denke, ich sollte ihn nehmen. Ich weiß nicht, warum. Aber ich glaube, es ist richtig. Ich wäge ihn sorgfältig in meiner Hand. Es ist ein besonderer Stein.

Vorsichtig gehe ich an den Rand des schmalen Höhleneingangs. Ich nehme den Stein in meine linke Hand und hebe meinen Arm zum Wurf. Kraftvoll werfe ich den Stein nach draußen. Es macht klack. Dann raschelt es. Ich bin irritiert. Wenn ein Stein ins Gras fällt, kann es ganz leise rascheln, aber dann entsteht kein Geräusch wie ein „Klack". Was mache ich jetzt? Jetzt bin ich eigentlich auch nicht weiter als vorher. Deutet dieses Rascheln darauf hin, dass sich draußen jemand bewegt hat? Begebe ich mich also in Gefahr, wenn ich aus der Höhle schlüpfe?

Ich setze mich erst einmal hin, um das Ganze auf mich wirken zu lassen. Es bleibt mir eigentlich gar nichts anderes übrig, als nach draußen zu gehen. Doch! Ich könnte *unsichtbar* die Lage erkunden. Aber das geht mir jetzt doch zu lange. Ich bin jetzt ziemlich ungeduldig. Ich möchte zu meinem Bruder und zu den Tieren.

Also, ich entschließe mich, hinauszugehen. Und zwar sofort. Ich drücke Jaros Beutel nach draußen und anschließend den meinen. Dann zwänge ich mich selbst durch den Spalt. Ich bin draußen. Ich bleibe stehen und lausche. Nichts ist zu hören. Also kann es losgehen. Ich freue mich.

Ah, der Edelstein, der Lapislazuli! Den könnte ich ja mitnehmen! Ich knipse meine Taschenlampe an und durchsuche den Platz vor der Höhle. Da ist er ja! Er liegt im Gras. Dann war das das Rascheln. Was war dann der dumpfe Aufschlag? Keine Ahnung! Darüber will ich jetzt gar nicht mehr nachdenken. Ich möchte einfach nur fortkommen. Den Stein stecke ich in meine Hosentasche.

Oh nein, ich habe das Papier in der Höhle vergessen! Gehe ich noch einmal in die Höhle zurück? Aber dabei verliere ich wieder Zeit. Nein, ich laufe jetzt los. Das Papier müsste in der Höhle sicher sein. Vielleicht sind ja die Fragen beantwortet, bis wir wieder zurück sind.

Ich mache einen tiefen Atemzug. Die Luft ist so rein und es riecht so gut. Nach Gras und blühenden Blumen. Da, ein Holunderstrauch. Ich rieche an den Blüten.

Von den kleinen Beeren, die daraus entstehen, macht uns Mama immer Holundersaft. Der schmeckt sehr lecker. Die Beeren darf man aber nicht roh essen, hat uns Mama gesagt. Denn die sind ein bisschen giftig. Da wird's einem dann ganz schön übel davon. Und man bekommt noch Bauchschmerzen und muss sich übergeben. Und noch ein paar Sachen, glaube ich. Mama hat uns aber erklärt, dass das Gift beim Kochen ganz rausgehe. Und das stimmt schon, wenn Mama das sagt. Sie kennt sich in den Sachen sehr gut aus.

Ich gehe weiter. Oh, es riecht nach Lindenblüten. So würzig! Lindenblütentee gibt es zu Hause, wenn wir mal Fieber haben. Oh, da schwitze ich immer ganz viel. Aber ich bin dann auch ganz schnell wieder gesund.

Ich bin am Hügel der Früchte angekommen. Wie herrlich! So weit mein Auge reicht, sehe ich Sträucher und Bäume mit Blüten und Früchten. Na ja, so weit reicht mein Auge jetzt, ehrlich gesagt, nicht, weil es dunkel ist. Aber es ist wirklich so, wie Jaro es erzählt hat. Die Sträucher und Bäume haben Blüten und Früchte gleichzeitig. Und ich sehe, dass es die unterschiedlichsten Früchte gibt. Ich genieße diesen Anblick und vergesse dabei fast, dass ich Hunger habe. Und was für einen Hunger! Jetzt merke ich es wieder.

Ein Feigenbaum! Er steht direkt vor mir und bietet mir seine Früchte an. Ich liebe Feigen. Die hat Jaro wahrscheinlich nicht gesehen. Die esse ich nämlich genauso gerne wie Heidelbeeren. Und noch lieber als Himbeeren.

Oh, was ist das für ein Paradies! Feigen, Feigen, der ganze Baum voll reifer Feigen! Und die sind auch noch alle für mich! Ich bin glücklich.

Ich schaue mir die riesigen Blätter des Feigenbaums an. Ich streiche über ein Blatt. Es fühlt sich rau an. Auf der Unterseite ist es ganz weich. Das mag ich – lauter kleine, zarte Härchen.

Dann verneige ich mich vor dem Baum und danke ihm für die Früchte, die er mir gibt.

„Ich danke dir für die leckeren Früchte. Ich liebe sie", sage ich innerlich zu dem Baum.

Das hat uns auch unsere Mama gelehrt. Sich bedanken für das, was uns die Natur schenkt. Ich mache das sehr gerne. Das macht mir sogar richtig Freude. Wenn ich mich so ganz höflich bei dem Baum oder dem Strauch bedanke, von dem ich mir etwas zum Essen pflücke. Manchmal lege ich dabei auch meine Handflächen zusammen. Das fühlt sich für mich gut an. Jaro ist da immer schneller als ich. Wahrscheinlich, weil er auch beim Laufen schneller ist. Zack, hat er sich eine Frucht abgerissen! Ich glaube, er kann sehr schnell danke sagen.

Jetzt gehe ich aber ans Pflücken. Viele, viele Feigen nehme ich mir vom Baum herunter. Hoppla, da hat mich eine auf der Nase erwischt. Viele sind schon heruntergefallen. Ich bücke mich, um sie von der Erde aufzuheben und sammle sie auf einem Platz. Zwischen den Verästelungen des Baums. Dorthin setze ich mich. Ich bin durch den Baum gut geschützt. Da sieht mich so schnell keiner. Die Zweige und Äste beginnen schon ganz unten am Stamm zu wachsen. Und dann noch die riesigen Blätter! Die verdecken mich gut. Außerdem ist es ja dunkel. Ich hoffe nur, dass mich keiner schmatzen hört. Hihi! Wenn mir etwas besonders gut schmeckt, dann liebe ich es zu schmatzen. Dann schmeckt es mir nämlich noch besser. Wenn Jaro und ich Früchte ernten und sie danach essen, dann sucht er sich manchmal einen anderen Platz. Er hört mein Schmatzen nicht so gerne.

Ich glaube, ich bin gerade dabei, für Jaro mitzuessen, so viele Feigen habe ich schon vertilgt. Jetzt will ich aber noch welche für Jaro und die lieben Schweine einpacken. Die freuen sich sicher sehr. Ob die Schweine schon einmal Feigen gegessen haben?

Ich hole eine Stofftasche aus meinem Beutel und lege sorgfältig meinen reichen Schatz hinein. Die Tasche ist jetzt ganz schön schwer. Jetzt will ich noch nach ein paar anderen Früchten schauen. Mal sehen, was es noch so gibt.

Ein Apfelbaum! Daneben ein Birnbaum! Ich gehe weiter und auf meinem Weg sammle ich die verschiedensten Früchte, auch noch Pflaumen und Orangen und Bananen. Auch Nüsse gibt es. Einen Haselstrauch und einen Walnussbaum. Ich kann es kaum glauben, was hier alles nebeneinander und gleichzeitig wächst. Wie froh ich bin, dass ich meinem kleinen Bruder etwas zu essen mitbringen kann. Er wird großen Appetit haben!

Jetzt möchte ich mich aber nicht mehr länger aufhalten. Zu essen habe ich genug für Jaro und die Tiere. Ich beginne zu laufen, schneller und schneller. Ich habe keine Ruhe mehr. Zu Anfang habe ich gar nicht bemerkt, dass ich barfuß laufe. Das tu ich ja auch gerne. Aber so zwischen den Sträuchern und Wurzeln hindurch, merke ich, dass es mich manchmal ganz schön piekst.

Der Weg hier unten ist ganz anders als durch die Lüfte zu fliegen, wie Jaro und ich es taten, um alles zu erkunden. Es war so leicht. Jetzt ist es mühsam. Ich kann auch nur schwer erkennen, wie der Weg verläuft. In der Luft hat uns das Ziel einfach angezogen. Das ist jetzt nicht so. Auch die Tasche und unsere beiden Beutel werden immer schwerer.

Wie geht es weiter? Ich stehe jetzt an der Straße und erkenne den Weg nicht mehr. Ich muss mich entscheiden: rechts oder links?

„Tom, kannst du mir vielleicht helfen?"

Zum Glück ist mir gerade wieder eingefallen, dass es ja noch Tom gibt und das Papier gesagt hat, dass er immer für uns da ist, wenn wir an ihn denken.

„Oh, Tom! Es ist gar nicht so leicht! Weil mein Bruder auch nicht mehr da ist. Ich fühle mich jetzt ziemlich alleine."

„Ja, das verstehe ich", antwortet Tom.

„Ich schaffe das schon, Tom! Danke! Ich bin froh, dass du da bist!"

„Nimm den Weg nach rechts, Jona. Er wird dich nicht direkt zu Jaro führen. Nimm ihn trotzdem. Du wirst sehen, es wird richtig sein."

Das verstehe ich nicht. Mir ist es dabei ein wenig unheimlich. Ich soll einen Weg nehmen, der mich nicht sofort auf geradem Wege zu meinem Bruder führt? Mein Magen schnürt sich zusammen. Das ist bei mir immer so, wenn ich unsicher bin und Angst habe. Soll ich das wirklich wagen?

Tom gibt keine Antwort mehr. Ich muss mich selbst entscheiden.

14

Ich kann einfach nicht dem folgen, was Tom gesagt hat. Ich möchte doch sofort zu meinem Bruder. Einen Umweg kann ich nicht ertragen. Wir sind schon zu lange getrennt. Ich weiß gar nicht, wie es Jaro geht. Vielleicht ist es ihm schon übel vor Hunger. Oder er hat Angst, weil ich so lange weg bleibe. Nein, ich muss den direkten Weg nehmen.

Aber so ganz wohl ist es mir auch nicht dabei. Es wird schon richtig sein, denke ich.

Aber hat Tom nicht gesagt, dass es richtig sein wird, den Weg nach rechts zu nehmen? Und jetzt gehe ich nach links! Sicher sind beide Wege richtig. Aber warum hat mir Tom nicht gesagt, dass beide Wege richtig sind?

Ich brauche eigentlich nicht mehr darüber nachzudenken, denn ich habe schon den Weg nach links eingeschlagen. Und bin schon ein gutes Stück weitergelaufen. Es wird schon richtig sein, sage ich mir nochmals. Ich beginne zu hüpfen, ganz fröhlich. Plötzlich höre ich ein Geräusch. Es sind Schritte. Es kommt mir jemand entgegen. Wer ist das? Schnell an den Wegrand und hinter einen Strauch ducken! Aber es geht nicht so schnell. Ich habe doch die schwere Tasche und die schweren Beutel zu tragen!

Ein älterer Herr steht plötzlich vor mir.

„Junge, was machst du da mitten in der Nacht?", fragt er mich und schaut mich von Kopf bis Fuß an. Und dann wieder von meinen Füßen zurück zu meinem Kopf.

„Ich, ich, ich", stakse ich „hm, ich gehe einfach spazieren. Ja, einfach so spazieren. Weil es so schön ist in der Nacht!", antworte ich dem Mann.

Ich weiß nicht, ob er mir das glaubt. Er schaut mich ganz erstaunt an.

„Ja, Junge, du gehörst ins Bett! Wo sind deine Eltern? Und morgen musst du wieder zur Schule! Da musst du ausgeschlafen haben!" Was meint der Herr mit Schule? Ich frage mal lieber nicht.

„Ja, mein Herr!", sage ich zu ihm. „Ich werde jetzt auch sofort nach Hause gehen!"

„Weißt du was, mein Junge, ich begleite dich! Dann musst du nicht so alleine gehen. Und ich weiß dann, dass du sicher zu Hause angekommen bist."

„Das ist gar nicht nötig, mein Herr! Ich finde den Weg schon alleine. Ich bin das gewohnt. Wirklich! Es macht mir gar nichts aus!"

„Komm, mein Junge. Lass es dir gefallen. Ich will dir nur helfen. Sag mir, wo du wohnst und wir laufen zusammen los."

„Hm, ja!", antworte ich.

Jetzt weiß ich nicht mehr, was ich tun soll. Wenn er mich doch nur alleine laufen ließe. Was soll ich ihm sagen? Wenn wir an einer Straße mit Häusern vorbeikommen, sage ich ihm einfach, dass ich da wohne. Das letzte Stück wird er mich dann hoffentlich alleine gehen lassen. Dann kann ich wieder umkehren, wenn der Mann weggegangen ist.

„Wo wohnst du?", fragt mich der ältere Herr jetzt.

„Ich, ich wohne da vorne! Ein gutes Stück da vorne!", antworte ich ihm.

„Wie heißt die Straße?", fragt er mich weiter.

Oh, wenn der Mann mich doch nur in Ruhe ließe, denke ich.

„Gucken Sie mal, was ich hier bei mir trage! So viele Früchte! Die habe ich eben alle gepflückt. Ist das nicht wunderbar?" Das sage ich zu dem Herrn, weil ich ihn von seinen Fragen ablenken möchte. Ich öffne meine Tasche und meinen Beutel, um ihm die Früchte und Nüsse zu zeigen.

„Die sind wirklich herrlich!", staunt der ältere Herr. „Aber wo hast du die denn her? Solche Früchte gibt es in unserem Land nicht! Sieh mal, das Gras am Wegrand ist gelb und trocken. Und so sieht es bei uns überall aus. Die Bäume, die wir haben, tragen nur ganz winzige Früchte. Und die Früchte an den Sträuchern sind, kaum dass sie reif sind, oft schon verdorrt."

„Ich habe sie halt eben gepflückt, mein Herr! Möchten sie gerne eine Feige kosten?", versuche ich seiner Frage auszuweichen.

„Oh, gerne, mein Junge! Ich danke dir!"

Ich reiche dem älteren Herrn meine Tasche hin. Er staunt noch immer. Seine Augen sind ganz weit aufgerissen. Er nimmt sich eine Feige.

„Die können Sie mit Schale essen oder sie schälen, wenn Sie das lieber mögen. Das geht ganz einfach mit den Fingern", erkläre ich ihm.

Er zieht die Schale von der Feige ab und steckt sie sich in den Mund.

„Mmh, ausgezeichnet schmeckt diese Feige!", ruft er begeistert.

„Sie können aber auch ganz schön laut schmatzen!", sage ich dem älteren Herrn. Ich muss kichern. „Sie schmatzen ja noch viel lauter als ich, wenn mir etwas schmeckt."

„Hoho, hoho, hoho", lacht er jetzt. Er lacht mit ganz tiefer Stimme. Das mag ich. Das gefällt mir.

„Komm", sage ich zu dem Herrn, „ich zeige dir, wo es diese Früchte gibt." Das habe ich ganz plötzlich so gesagt. Aber ich möchte doch zu meinem Bruder. Und zwar so schnell wie möglich. Warum habe ich das gesagt?

„Das würde mir gefallen!", antwortet der Herr.

Ich glaube, er hat jetzt ganz vergessen, dass er mich nach Hause bringen wollte. Und dass ich doch ins Bett müsste.

Ich nehme die Hand des älteren Herrn und ziehe ihn mit mir. Ich bin ganz aufgeregt. Ich will ihm unbedingt den Hügel der Früchte zeigen. Ich glaube, ich mag diesen Mann. Warum sollte ich ihm sonst den

Hügel mit den wunderbaren Früchten zeigen wollen?

„Komm, mein Junge, ich nehme dir die Tasche ab. Die sieht ja so schwer aus."

„Oh ja, danke. Die ist sogar *sehr* schwer. Du wirst es gleich merken. Aber du hast vielleicht mehr Kraft als ich. Du bist ja schon ein Mann."

„Hoho, hoho, hoho!" Jetzt lacht er wieder, der ältere Herr mit seiner tiefen Stimme. Es hört sich schon ein bisschen lustig an, wie er lacht.

„Wo gehst du denn mit mir hin, mein Junge?"

„Zum Hügel der Früchte, mein Herr", antworte ich ihm.

„Vom Hügel der Früchte habe ich noch nie gehört. Wo soll der denn sein?"

„Nicht weit von hier, mein Herr. Er ist im Reich der Fülle. Aber wir müssen schon ein bisschen laufen."

„Hast du auch nicht geträumt, mein Junge? Ich kenne keinen Hügel der Früchte und schon gar kein Reich der Fülle. Und ich wohne schon sehr lange in diesem Land. So lange ich denken kann."

„Wie sollte ich das geträumt haben, mein Herr? Dann hätte ich doch gar keine Früchte bei mir."

„Ja, das stimmt auch wieder. Das sehe ich ein, mein Junge. Aber trotzdem ist das Ganze sehr seltsam. Dass ich noch nie von diesem Reich und diesem Hügel gehört habe."

„Komm einfach mit! Ich zeige ihn dir. Du wirst staunen!"

Ich freue mich so, an der Seite dieses netten Herrn zu gehen und ihm den Hügel der Früchte zeigen zu können. Ich fühle mich auch irgendwie beschützt.

Aber mein Bruder! Jaro! Er wartet auf mich! Mein Magen zieht sich wieder zusammen, wenn ich daran denke, dass er ganz alleine ist und ich ihm nicht beistehe. Wäre ich doch nur den längeren Weg gegangen, dann wäre mir vielleicht niemand begegnet. Und ich wäre längst bei meinem Bruder. Oh, ich vermisse ihn so!

„Du schaust so traurig drein, mein Junge! Geht es dir nicht gut?" Der ältere Herr schaut mich von der Seite an. Dann legt er seinen Arm um meine Schultern. Das tut mir gut.

Soll ich es ihm sagen? Nein, lieber nicht. Ich weiß ja nicht, auf welcher Seite er steht. Vielleicht ist er auch einer von denen, die Fleisch essen! Wie diese Menschen zu einem Tier sagen, wenn sie es essen. Und denen es nichts ausmacht, dass die Tiere so leiden. Obwohl ich es mir bei diesem netten Herrn nicht vorstellen kann.

Ich schaue in die Augen des Mannes. Mir läuft eine Träne die Wange herab. Denn ich denke an all die Tiere, die ich in diesen riesigen Betongebäuden gesehen habe. Die Hühner und die Küken, die Schweine und die Ferkel. Und ich denke an das Kälbchen, von dem ich geträumt habe, als wir noch zu Hause waren. Es hat nach seiner Mama geschrien. Die Mama war weg.

„Oh, du weinst ja!", sagt der Mann jetzt. Dann holt er ein Taschentuch aus seiner Hosentasche. Er faltet es auf und wischt mir die Träne ab. Er schaut mich dabei sehr lieb an.

„Du brauchst es mir nicht zu sagen, warum du weinst, wenn du nicht möchtest."

„Vielleicht sage ich es dir einmal später", antworte ich dem Mann.

„Wie heißt du eigentlich, mein Junge?", fragt er mich jetzt.

„Ich heiße Otto", sage ich ganz schnell. Dann schäme ich mich, weil ich geschwindelt habe. Aber ich weiß doch nicht, ob ich diesem Menschen vertrauen kann. Irgendwann kann ich ihm vielleicht die Wahrheit sagen. Na ja, jetzt heiße ich halt mal Otto. Und plötzlich muss ich lachen und lachen. Ich kann gar nicht mehr aufhören. Ich finde es so lustig, dass ich jetzt Otto heiße.

„Du bist mir aber ein ganz Lustiger, mein Junge. Erst weinst du, dann lachst du plötzlich und hörst gleich gar nicht mehr auf zu lachen. Otto, ich freue mich, dass ich dich getroffen habe", sagt der Mann und reicht mir seine Hand hin.

Ich gebe ihm meine Hand. „Und wie heißt du denn?", frage ich ihn.

„Ich bin der Josef aus dem großen Reich der Tiere", antwortet er mir.

„Oh je", denke ich, „er meint wohl, aus dem Reich der *unglücklichen* Tiere!" Aber das hat er nicht dazugesagt. Ob er es verheimlicht? Oder vielleicht weiß er es gar nicht. Ja, Tom hat gesagt, dass die Menschen verwünscht seien. Dann weiß er es nicht.

„Das freut mich auch, dass ich dich getroffen habe, Josef!", sage ich. Ich meine das wirklich so. Josef ist nämlich wirklich sehr nett.

„Jetzt müsste das Reich der Fülle kommen", denke ich, als wir noch ein Stück weitergegangen waren.

Plötzlich bleibt Josef stehen. Ganz starr sieht er aus.

„Warum gehst du nicht weiter, Josef? Du stehst wie angewurzelt da!"

„Junge, es geht nicht. Meine Beine wollen nicht weiter. Ich komme nicht vorwärts. Sie sind wie Blei!"

„Guck, setze einfach einen Fuß vor den anderen, wie ich das mache, Josef!", sage ich zu ihm. Ich mache es ihm vor. Dann hüpfe ich ein paar Schritte vorwärts.

Josef bleibt immer noch stehen.

„Komm doch, Josef! Ich gehe doch auch weiter! Hast du Angst?"

„Otto, ich weiß auch gar nicht, wohin du willst. Es ist einfach eine graue Wand vor mir. Hier geht es auch gar nicht weiter!"

„Oh doch, Josef! Siehst du nicht die wunderbaren Sonnenstrahlen, die alles so hell und leuchtend machen? Und siehst du nicht die ersten bunten Blumen hier vorne am Wegesrand?"

„Nein, nein, Otto, du träumst wohl wirklich. Hier

ist nichts als eine graue Wand, die uns nicht weiterkommen lässt."

Ich verstehe das nicht. Ich sehe helle leuchtende Farben und Josef sieht nur grau. Da stimmt etwas nicht. Jetzt weiß ich nicht mehr, was ich weiter tun soll.

15

„Jona!", höre ich eine Stimme in mir. Ich erkenne gleich, dass es Tom ist. „Nimm Josef mit ganzer Seele in dein Herz auf. Lass ihn spüren, wie sehr du ihn magst. Das wird seine Seele erwärmen und er wird mit dir gehen können. Noch viel weiter als du jetzt vermutest, wird er deinen Weg begleiten."

Ich spüre, wie mein Herz ganz groß und warm wird. Ich schaue Josef, den älteren Herrn an, und lasse ihn einfach in mein Herz eintreten. Josef schaut mir in die Augen. Seine Augen beginnen zu leuchten. Ich spüre, wie mir Josef in meinem Herzen immer näher kommt. Jetzt sind wir tief verbunden. Ich laufe das kleine Stück, das ich voraus war, wieder zurück und nehme Josef bei der Hand.

„Josef, komm, wir gehen zusammen!"

Josef schaut jetzt aus, als ob er träume. Er geht mit mir – ganz leicht – und lässt sich von mir führen. Es ist so schön! Und etwas ganz Besonderes, dass ich einen älteren Herrn führen darf.

Josef, ich mag dich sehr! Das spüre ich in meinem Inneren. Aber laut sage ich es nicht. Ich glaube, dass Josef es auch ganz genau spürt.

„Otto!", ruft jetzt Josef ganz laut. „Was sind das für wunderbare Blumen am Wegesrand? So leuchtend und bunt und so kräftig!"

„Ja, Josef! Ich liebe diese Blumen auch!"

„Und die Sonnenstrahlen, Otto! Eben war es doch noch grau und dunkel! Alles ist so leuchtend und hell und warm anzusehen! So was habe ich noch nie erlebt!"

„Das ist das Reich der Fülle, Josef! Na, sagst du immer noch, dass ich träume?"

„Nein, mein lieber Otto! Ich glaube, dass *ich* wohl träume! Hoho, hoho, hoho!", lacht Josef dann mit seiner tiefen Stimme. Er lacht jetzt so heiter.

Ich bleibe stehen und schlinge meine Arme um Josef. Ich drücke ihn ganz fest. Josef drückt mich auch ganz fest. Dann laufen wir weiter. Ich bin so guter Dinge, dass ich anfange zu hüpfen. Josef hüpft mit. Wie lustig! Josef kann noch sehr gut hüpfen, obwohl er schon ziemlich alt ist. Hihi!

„Jetzt wird deine Tasche aber auch für mich ziemlich schwer, Otto. Ich glaube, ich muss mit der Hüpferei wieder aufhören. Hoho, hoho, hoho!", lacht Josef schon wieder.

„Gut, wir machen langsam, Josef. Wir sind auch gleich da. Aber du, ich mache mir Sorgen wegen meines Bruders. Ich habe eigentlich gar keine Ruhe mehr in mir, um dir die Früchte zu zeigen." Das sage ich zu Josef, obwohl ich das gar nicht wollte. Ich weiß ja nicht, ob er zu mir hält. Aber ich habe es einfach sagen müssen. Denn ich bin so unruhig. Mein Bruder ist allein und ich gehe *zurück* zum Hügel der Früchte.

Dabei war ich schon so weit vorwärts gekommen.

„Was ist mit deinem Bruder, Otto?"

„Josef, ich heiße nicht Otto. Ich bin Jona. Und mein Bruder Jaro ist gefangen, bei den Schweinen."

„Bei den Schweinen? Wo? Und wer hat ihn gefangengenommen und warum?"

„Oh, Josef, die grauen Reiter haben ihn erwischt. Sie haben ihn in einen Sack gewickelt und in ein Riesenbetongebäude gestoßen. Dort drin leben Schweine."

„Jona, mal langsam! So schnell komme ich gar nicht mit. Graue Reiter? Was soll das schon wieder? Ich habe niemals was von grauen Reitern gehört. Doch, stimmt, ich kenne die Geschichte von Momo. Das sind aber graue Herren, die darin vorkommen. Die stehlen den Menschen die Zeit. Meinst du die?"

„Nein, Josef, die meine ich nicht. Und es ist nicht einfach eine Geschichte. Es sind graue Reiter auf weißen verletzten Pferden. Ganz viele! Die Pferde sind gut. Und die grauen Reiter nchmen keine Rücksicht auf ihre Verletzung!"

„Aha!", sagt da Josef nur.

„Josef, ich kann dir jetzt nicht alles erzählen, was geschehen ist. Wärst du bereit, mir zu helfen?"

„Jona, ja, ich helfe dir! Versprochen, kleiner Freund!" Er reicht mir die Hand. Ich fasse sie und sage:

„Josef, ich danke dir! Darf ich dein Freund sein?"

„Selbstverständlich bist du mein Freund, Jona!

Und ich bin dein Freund!"

„Dann gehen wir jetzt zurück oder?", fragt Josef. „Ich nehme an, du warst auf dem Weg zu deinem Bruder."

„Ja, Josef, so ist es. Aber ich werde nicht vergessen, dir den Hügel der Früchte zu zeigen. Das verspreche ich dir!"

„Hoho, hoho, hoho!", lacht Josef da wieder. „Wehe, du vergisst das, kleiner Freund! Dann wäre ich sehr traurig! Hoho, hoho, hoho!" Josefs Lachen hört sich aber gar nicht traurig an. Wie froh bin ich, dass er mir nicht böse ist! Er hat sich ja schon so gefreut auf die Früchte. Und die Blumen haben ihm so gut gefallen.

„Schnell, Josef, wir beeilen uns!"

Josef und ich drehen sofort um und gehen den Weg zurück. Josef ist nicht steckengeblieben wie auf dem Weg zum Reich der Fülle, wo er auf einmal nicht mehr weitergehen konnte. Aber sein Gesicht ist traurig geworden, als wir über die Schwelle gelaufen sind. Ich habe es genau gesehen. Sein Gesicht hat sich von einem Moment zum anderen verändert. Oh, und mein Herz ist dann schwer geworden.

Jetzt ist es wieder düster, obwohl im Reich der Fülle schon die Sonne aufgeht. Hier, im Reich der unglücklichen Tiere, können sich die Leute nicht von weitem sehen. Das ist für mich gut. Denn ich möchte von niemandem gesehen werden.

Ich bin Josef immer einen Schritt voraus, ich ziehe

ihn mit mir. Ich glaube, er ist schon etwas erschöpft. Er kann nicht mehr so schnell springen. Er trägt ja meine schwere Tasche.

Jetzt stehen wir an der Gabelung, an der ich mich beim letzten Mal für den linken Weg entschieden habe, obwohl Tom mir den rechten geraten hat. Josef bleibt stehen.

„Wir gehen den rechten Weg!", sagt er.

„Woher weißt du das, Josef? Das hat mir auch Tom geraten und trotzdem bin ich den linken Weg gegangen."

„Der rechte Weg ist der längere von beiden und steinig und sehr unwegsam. Er ist nicht so gut zu gehen. Und genau deswegen gehen wir ihn. Denn hier wird uns niemand begegnen. Sehr selten sind hier Leute unterwegs."

„Und deswegen bin ich dir begegnet, Josef, weil ich nicht den rechten Weg gegangen bin."

„Wer ist Tom, Jona?"

„Das ist ein Freund von mir und meinem Bruder."

„Und wo ist er? Hast du ihn auf dem Weg verloren, Jona? Hoho, hoho, hoho!", lacht der lustige Josef schon wieder.

„Oh, nein, lieber Josef. Tom kann ich eigentlich nicht verlieren. Ich könnte ihn vergessen, ja, das schon. Weißt du, Tom hat innerlich zu mir gesprochen. Er war nicht mit seinem Körper bei mir, sondern nur mit seinem Ich oder seinem Geist oder so. So genau kann ich das nicht erklären."

„So, so! Mit seinem Ich oder seinem Geist oder so! Hoho, hoho, hoho!"

„Josef, warum lachst du jetzt? Pass mal gut auf, eines Tages werde ich zu dir innerlich sprechen. Mal sehen, ob du das dann nicht auch merken wirst!"

„Hoho, hoho, hoho!" Mehr hat Josef nicht dazu gesagt.

Aber wir sind Hand in Hand weitergegangen.

„Josef, Jaro ist in einem der riesigen Gebäude eingesperrt, in dem Schweine leben. Meinst du, wir können ihn daraus befreien?"

„Da bin ich zuversichtlich, Jona!"

„Josef?"

„Ja, Jona?"

„Die Schweine sind dort auch eingesperrt! Und die sind unendlich traurig!"

„Nein, Jona! Die Schweine sind dort nicht eingesperrt. Die leben da drinnen einfach."

„Josef?"

„Ja, Jona?"

„Die Schweine können sich da drinnen gar nicht bewegen. Jedes Schwein steht in einem engen Kasten. Da kann es nicht raus."

„Hm. So! Aha!"

„Das ist aber eine komische Antwort, Josef! Hm. So! Aha! – Hm. So! Aha!" Ich muss plötzlich lachen und lachen und kann wieder gar nicht mehr aufhören. „Hm. So! Aha!" Ich pruste vor Lachen.

Josef bleibt plötzlich stehen, fasst meine beiden

Hände und schaut mir in die Augen: „Jona, ich verstehe nicht, was du mir erzählt hast über die Schweine."

Ich schaue Josef an und mir läuft eine Träne die Wange herunter: „Josef, ich zeige es dir!"

Still gehen wir jetzt nebeneinander. Mein Herz tut weh. Ich sehe die Bilder der Schweine und Hühner vor mir. Verletzt, gequält und mit traurig blickenden Augen.

Dann blinzle ich mit meinen Augen und breite meine Arme und Hände nach oben aus. Ich öffne weit meine Augen und strecke und recke mich. Ich muss gähnen und gähnen. Das tut mir gut! Josef schaut mich erstaunt an.

„Weißt du nicht, mein Kleiner, dass man die Hand vor den Mund hält, wenn man gähnt?"

Ich drehe mich um. Ich sehe keinen Mann. „Oh, Josef, wo ist dieser Mann, der die Hand vor den Mund hält, wenn er gähnt? Ich sehe ihn gar nicht. Ich sehe nur dich."

„Hoho, hoho, hoho", lacht Josef wieder. Und dieses Mal weiß ich gar nicht, warum er lacht. Ich sehe wirklich keinen anderen Mann. Vielleicht sieht Josef ihn nur mit seinem inneren Auge, wie ich auch Tom sehen kann oder Jaro oder meine Mama.

Meine Mama! Jetzt denke ich an meine Mama! Wie es ihr wohl geht? Hoffentlich macht sie sich keine Sorgen um Jaro und mich. Ich bleibe abrupt stehen. Tom erschrickt ein bisschen. Ich möchte jetzt fest an meine Mama denken und ihr sagen, dass sie sich keine Sorgen zu machen braucht. Ich sage ihr:

„Mama, Jaro und ich schaffen es! Tom ist ja bei uns! Und jetzt haben wir *noch* einen Freund. Er heißt Josef! Mama, Jaro und ich schaffen es! Mach dir keine Sorgen, wir sind nicht allein!"

Jetzt lächle ich. Josef schaut mich an und lächelt mit mir. Wir gehen weiter.

16

Wie wir es schaffen sollen, weiß ich noch nicht. Jetzt will ich erst einmal zu Jaro. Dafür gehen wir ein bisschen langsam, finde ich.

„Josef, geht es nicht ein bisschen schneller? Ich bin schon so ungeduldig. Ich halte es fast nicht mehr aus, endlich bei meinem Bruder zu sein. Weißt du, ich habe einen ganz besonderen Bruder! Er hat mit jedem Schwein gesprochen und jedes Schwein gestreichelt und getröstet, hat mir Tom erzählt. Die mögen ihn alle, meinen Bruder. Jetzt haben sie auch wieder etwas Mut, die Schweine. Vielleicht haben sie selbst eine Idee, wie wir sie retten können!"

„Hm. So! Aha!", antwortet Josef wieder so merkwürdig. Er sieht nachdenklich aus.

„Jona, sehr viel schneller kann ich nicht gehen", sagt er dann. „Ich bin schon ein alter Mann. Hoho, hoho, hoho. Und deine Tasche ist auch nicht gerade leicht."

„Das merke ich aber gar nicht, Josef, dass du ein alter Mann bist, der nicht gut laufen kann. Ich merke, dass du gerne Späße machst. Deswegen lachst du auch immer so lustig. Du bist ein Spaßmacher, Josef!"

„Das würde mir gefallen, Jona. Das ist eine glänzende Idee! Ich werde Spaßmacher. Ja, das werde ich!

Und mein Metzgerdasein gebe ich auf."

„Dein Metzgerdasein? Was ist das? Von einem Metzgerdasein habe ich noch nie gehört, Josef."

„Jona, Metzger ist ein Beruf. Den übe ich aus. Aber ich glaube, davon erzähle ich dir ein anderes Mal. Du hast ja gesagt, du möchtest schneller laufen. Das tun wir jetzt eben mal. Damit dein Bruder nicht mehr so lange warten muss."

Oh, und wie wir dann gelaufen sind! Ich bin fast nicht mehr mitgekommen. Josef ist ein richtiger Läufer! Nicht nur ein Spaßmacher! Und hoppla! Das war eine Wurzel. Die läuft über den ganzen Weg. Ich bin gestolpert. Zum Glück hat mich Josef noch am Arm festgehalten. Ich kann mich gerade noch auf den Beinen halten. Der Weg ist wirklich mühselig zu gehen. Sträucher und Steine und Wurzeln, das findet man alles auf dem Weg. Und da es halbdunkel ist, erkenne ich nicht alle Hindernisse. Josef sieht scheinbar alles gut. Er ist kein einziges Mal auch nur ins Wanken geraten. Er hat gesagt, dass er diesen Weg wie seine eigene Hosentasche kenne. Da habe ich wieder gemerkt, dass Josef ein Spaßmacher ist.

Jetzt sind meine Hände ganz feucht. Wenn ich Angst habe oder aufgeregt bin, bekomme ich manchmal feuchte Hände. Aber nicht immer. Aber jetzt habe ich feuchte Hände. Und ich merke auch ganz genau, wie aufgeregt ich bin!

„Josef, wir sind da!"

„Ja, Jona, ich dachte es mir."

„Hier, in dieses erste Gebäude haben die grauen Reiter meinen Bruder Jaro hineingeworfen. Und hier leben auch die unglücklichen Schweine."

„Wie kannst du eigentlich sagen, dass die Schweine unglücklich sind?", fragt Josef. Es hört sich fast ein bisschen wütend an, wie Josef das sagt.

„Josef, ja, gell, du bist jetzt auch wütend, weil es den Schweinen nicht gut geht! Hast du auch schon gesehen, wie schlecht es ihnen geht? Dass sie sich gar nicht bewegen können und dass die Schweinebabys den Mamas weggenommen werden?"

„Ich habe gar nichts gesehen, Jona!" Das hört sich immer noch wütend an. Ich weiß nicht, warum Josef so wütend ist. Er sagt doch, er hat gar nichts gesehen. Aber es kann ja sein, dass er es schon ahnt.

„Josef, ich zeige es dir. Das habe ich dir versprochen. Komm, wir schauen, wie wir in das Gebäude der unglücklichen Schweine hineinkommen."

„Jona, rede doch nicht immer von *unglücklichen* Schweinen. Die sind glücklich! Das ist ihr Leben! Sie kennen nichts anderes als dieses Leben! Also sind sie glücklich!"

Jetzt verstehe ich nichts mehr und ich kann auch nur das sagen, was Josef mir geantwortet hat:

„Hm. So! Aha!" Ich schaue Josef an und bin unendlich traurig. Mein Freund! Was sagt er nur? Ich verstehe es nicht.

„Komm, Jona, wir gehen in den Stall und holen schnell deinen Bruder heraus!"

Josef steckt seine Hand in die Hosentasche und holt einen Schlüssel heraus.

Was ist das für ein Schlüssel, frage ich mich.

Aber ich brauche mir nicht lange Gedanken darüber zu machen. Josef läuft zu dem Gebäude, in dem Jaro mit den Schweinen eingesperrt ist. Er nimmt den Schlüssel, steckt ihn in das Türschloss, dreht ihn nach links herum und schließt die Tür auf. Jetzt verstehe ich gar nichts mehr.

„Josef, warum hast du den Schlüssel zu diesem Gebäude mit den unglücklichen Schweinen?"

„Das erzähle ich dir später, Jona. Jetzt holen wir erst einmal deinen Bruder hier heraus."

Josef öffnet langsam die Tür. Ich mache mich klein und schlüpfe schnell an ihm vorbei.

„Jaro, Jaro!", rufe ich voll Freude und so aufgeregt. „Wo bist du?"

„Jona, Jona!", ruft es zurück. „Mein geliebter Bruder! Bist du zurückgekommen! Ich bin hier. Bei meinem liebsten Schwein, Rudolph, das mich gerettet hat."

Ich schaue nach rechts und nach links und nach vorne und überallhin und suche den riesigen Raum mit meinen Augen ab. Jaros Stimme kam von ziemlich weit hinten. Plötzlich sehe ich meinen Bruder. Er läuft mir ja schon entgegen. Wir laufen uns beide in die Arme. Jetzt drücken wir uns fest, ganz fest und noch fester! Ich weine. Jaro weint auch.

„Jaro, ich liebe dich! Ich habe dich so vermisst!"

„Ich habe dich auch so vermisst, Jona, mein geliebter Bruder Jona!"

„Schau, was ich dir und den Schweinen mitgebracht habe. Vom Hügel der Früchte!" Ich ziehe meinen Beutel ab und öffne ihn. „Und noch viel mehr. Jaro! Schau, auch deinen Beutel habe ich gefüllt. Und eine ganze Tasche voll Feigen habe ich auch noch!"

In diesem Moment fällt mir ein, dass wir ja nicht alleine sind. Josef steht an der Tür und wartet.

„Josef, Josef! – Jaro, schau, das ist Josef! Unser neuer Freund! Er hat mir meine schwere Tasche mit den Feigen getragen."

„Kinder, nun kommt jetzt erst einmal aus dem stinkenden Stall heraus. Hier draußen könnt ihr euch alles in Ruhe erzählen. Hier drin werdet ihr ja noch krank! Riecht ihr diesen beißenden Gestank nicht? Das ist Ammoniak. Dieses Gas ist giftig."

„Josef – und die Schweine? Sollen wir die auch gleich mit rausnehmen? Die können das auch nicht riechen. Die haben schon Husten davon gekriegt."

Ich schaue zu Josef. Er schaut mich so seltsam an. Dann schüttelt er den Kopf. Aber er sagt nichts.

„Zuerst einmal wollen wir den Schweinen die leckeren Früchte zum Essen bringen. Und Jaro hat ja auch Hunger. Ich glaube, dass Jaro am liebsten mit Rudolph zusammen essen würde."

„Und was für einen Hunger ich habe, Jona! Ich habe gedacht, dass ich vor Hunger sterben würde!"

„So schnell stirbst du nicht vor Hunger, mein lieber Bruder!"

„Komm, Jona, setzen wir uns zu Rudolph! Aber erst möchte ich doch den anderen Schweinen etwas von unserem Essen abgeben. Die sollen uns doch nicht nur zugucken müssen."

„Willst du auch mit uns essen, Josef?" Josef schaut wieder so seltsam. Er zuckt mit den Schultern. Warum zuckt er nur mit den Schultern? Das hat er auf dem ganzen Weg kein einziges Mal gemacht. Da hat er immer gewusst, was er wollte.

„Oh, komm doch, Josef! Iss mit uns! Wir freuen uns sehr, wenn du mit uns isst. Und die Schweine freuen sich sicher auch sehr, wenn sie merken, dass sie *noch* einen Freund haben!"

Josef kommt mir etwas entgegen und ich nehme ihm die Tasche mit den Feigen ab. So habe ich Josef den ganzen Weg nicht erlebt. Er weiß irgendwie gar nicht, was er will. Er sieht auch gar nicht mehr wie ein Spaßmacher aus. Auch nicht mehr wie ein Läufer. Er trottet ziemlich langsam daher.

Jaro greift in die Tasche. Er holt eine Feige heraus.

„Hey, Jaro, kannst du es mal wieder nicht abwarten!"

„Wenn du solch einen Hunger hättest wie ich, Jona, dann würdest du dir gleich eine Handvoll Feigen in den Mund stopfen." Ich muss lachen. Jaro ist immer noch derselbe.

„Lass mich gerade diese eine Feige essen, Jona,

oder vielleicht auch noch eine zweite, dann wollen wir sie unter den Tieren verteilen."

Jaro steckt sich die Feige ungeschält in den Mund. Um sie zu schälen, hat er jetzt keine Geduld. Das verstehe ich: bei solch einem Hunger! Dann langt er ein zweites Mal in die Tasche. Jetzt hat er gleich zwei Feigen in der Hand. Die stopft er gleichzeitig in sich hinein.

„Liebes Jarolein, ich glaube, ich muss jetzt flüchten!"

„Warum das, mein Bruder?"

„Weil du gerade dabei bist, der Sieger im Schmatzen zu werden! Haha! So laut hat noch nicht einmal Josef geschmatzt!"

Wir lachen beide. Und dann höre ich Josefs Stimme: „Hoho, hoho, hoho!" Er lacht mit uns. Und dann stellt er sich in unsere Mitte. Wir stehen jetzt zu dritt beieinander.

„Ich bin der Josef", sagt er zu Jaro und reicht ihm seine Hand hin, „ich freue mich, dich kennenzulernen."

Jaro nimmt seine Hand und antwortet: „Ich bin Jaro, Jonas Bruder. Ich freue mich auch, dich kennenzulernen."

„Dann wollen wir mal den Tieren die Feigen austeilen", meint Josef plötzlich.

Wie ich mich da freue! Josef ist wieder der alte, wie ich ihn kennengelernt habe.

17

Josef halbiert die Äpfel und Birnen mit seinem Messer. Es soll ja für alle Tiere reichen. Dann gehen wir von Kasten zu Kasten. Jedes Schwein bekommt eine Feige und einen halben Apfel oder eine halbe Birne oder Banane. Oh, wie die aber schmatzen! Das sind die absoluten Sieger im Schmatzen! Denen schmeckt es! Es ist das reinste Schmatzkonzert hier drinnen! Hihi!

Ich reiche dem Schwein meine Hand hin. Darauf habe ich eine halbe Feige gelegt. Mit seinem Schweinerüssel holt es die Feige aus meiner Hand. Es kitzelt in meiner Hand. Dann schaut mich das Schwein mit seinen lieben Äuglein an. Als ob es danke sagen wollte. Und anschließend geht das Schmatzen los. Ich reiche meine Hand ein zweites Mal hin. Schwupps, ist auch die andere Hälfte im Schnäuzchen des Schweins verschwunden. Ich streichle über seinen Kopf. Und spreche ein paar Worte mit ihm. Das mache ich bei allen Schweinen, denen ich die Feigen bringe. Ich höre auch Jaro, der mit den Schweinen spricht und lacht.

„Na, du altes, dickes Schwein!", höre ich Josef zu einem Schwein sagen. Er sagt es zärtlich und tätschelt es. „Werde nur recht dick, dann gibst du einen guten Schweinebraten ab!" Das hat Josef auch noch zu dem Schwein gesagt. Ich erschrecke und drehe mich nach ihm um. Ich glaube, Josef hat gemerkt, dass da etwas nicht stimmt, was er da gesagt hat. Sein Blick hat es mir verraten. Er schaut wieder ganz seltsam. So, als ob ihn jemand bei etwas ertappt hätte.

Warum sagt Josef so was, überlege ich. Und dann fällt mir ein, dass Josef auf dem Weg was gesagt hat, was ich nicht verstanden habe. Er hat von seinem Metzgerdasein gesprochen. Mir ist, als ob das mit dem etwas zu tun haben müsste. Aber was? Irgendwie beginne ich zu ahnen. Das Wort Schweinebraten habe ich noch nie gehört. Aber dazu fällt mir plötzlich das Wort Fleisch ein. Und langsam dämmert es mir: Josefs Beruf – er hat ja erklärt, Metzger sei ein *Beruf* – hat etwas mit Fleisch und Schweinebraten zu tun. Warum hatte er auch einen Schlüssel zu diesem Gebäude? Er ist der Besitzer dieser Schweine! Er kennt sie also! Und er ist verantwortlich für all ihr Leid! Ich fange augenblicklich an zu zittern und mir wird schlecht. Ich sehe das Elend der Schweine vor mir. Ich höre nicht mehr ihr genüssliches Schmatzen und sehe auch nicht mehr ihre lieben Äuglein, die sich an den Feigen freuen. Das Leid der Schweine überkommt mich. Das Schwein, das ich gerade füttere, hat ein großes Geschwür auf der rechten Bauchseite.

Wahrscheinlich vom ständigen Liegen. Es kann ja nur liegen, immer nur liegen. Wahrscheinlich steht es nur selten. Wie sollte es auch in dieser Enge hochkommen? Es ist so dick.

Das Schwein im Kasten daneben steht. Ich sehe, dass seine Beine wackeln und zittern. Es hat keine Kraft in seinen Beinen. Wie sollte es auch kräftig und stark sein, wenn es meistens nur liegt? Und wer kann schon solch einen riesigen, dicken Körper tragen? Von unseren Schweinen zu Hause ist kein einziges so dick wie diese hier!

Oh, und das klägliche Husten der Schweine! Sie ertragen den beißenden Geruch nicht. Auch ich ertrage ihn nicht mehr! Aber ich kriege ihn nicht mehr los. Ich muss husten und husten. Ich wehre mich gegen dieses beißende Gas. Ich würge. Ich ertrage es nicht mehr!

„Jaro, Jaro!", rufe ich.

Ich öffne meine Augen. Ich liege draußen zwischen zwei riesigen Gebäuden aus Beton auf einer Bank. Es ist noch immer düster. Scheinbar wird es in diesem Reich nie richtig hell. Jaro sitzt bei mir. Josef steht daneben. Ich weiß nur noch, dass ich es bei den Schweinen nicht mehr ausgehalten habe. Und dann habe ich nach Jaro gerufen. Mehr weiß ich nicht mehr. Ich glaube, ich bin ohnmächtig geworden.

„Jona, hier, trinke etwas!" Josef hält mir meine Wasserflasche hin. Sie ist wieder gefüllt. Ich habe riesigen Durst und trinke in großen Zügen die ganze

Flasche leer.

„Geht es dir gut, Jona?", fragt mich Josef. Er spricht gleich weiter, ohne auf eine Antwort von mir zu warten. „Das ist nichts für euch, Jungens!. Das sind Ställe für Schweine, aber nicht für Kinder! Da bleibt mal am besten draußen. Für Kinder gibt es schönere Plätze zum Spielen!"

„Josef!", sage ich ärgerlich. „Wir sind nicht zum Spielen gekommen! Wir sind gekommen, um den Tieren zu helfen! Und du hast gesagt, du bist mein Freund, Josef! Du wolltest mir helfen!"

„Beruhige dich, Jona! Du siehst doch, dass ich euch helfe! Es ist der beste Rat, diese Ställe zu vermeiden. Die sind einfach nichts für euch. Die sind für Tiere gebaut und für Tiere geeignet, aber nicht für Menschen!"

„Aha, Josef! Und du meinst wohl, die Tiere fühlen sich da drinnen wohl?"

„Warum nicht?", antwortet Josef.

Ich stehe abrupt auf.

„Komm, Jaro, wir gehen! Hier haben wir nichts mehr zu suchen. Wir schaffen das schon alleine, wir beide!"

Ich nehme Jaro bei der Hand. Mit der anderen nehme ich meinen Beutel auf. Jaro hat seinen schon auf dem Rücken, die Tasche mit ein paar wenigen Feigen trägt er in der Hand.

„Leb wohl, Josef! Lass es dir gut gehen! Und vor allem, lass es dir schmecken!"

„Aber! …" Mehr hat Josef nicht gesagt. Zumindest habe ich nichts mehr verstanden. Jaro und ich sind schnell davongegangen.

„Jona, du hast doch gesagt, Josef sei unser neuer Freund! Aber das stimmt doch gar nicht oder?"

„Ich dachte, er sei unser Freund. Wir dachten beide, Josef und ich, dass wir Freunde sind. Jetzt haben wir beide gemerkt, dass es nicht stimmt." Ich sage das so, als ob das ganz einfach sei. Aber das ist es nicht. Ich bin traurig. Und es ist mir, als ob ich einen guten Freund verloren hätte.

„Hm. So. Aha!", sagt Jaro nachdenklich. Das bringt mich zum Lachen. Wie kommt mein lieber Bruder jetzt darauf, in derselben seltsamen Weise zu antworten, wie Josef es getan hat? „Hoho, hoho, hoho", ahme ich das Lachen von Josef nach. Irgendwie mag ich ihn doch noch, meinen Freund Josef.

„Oh, Jaro, später erzähle ich dir alles, was ich erlebt habe. Und du erzählst mir deine Geschichte, ja? Aber jetzt musst du erst mal etwas essen!"

„Ja, glaubst du denn, Jona, dass ich gehungert habe, während du dich gemütlich auf der Bank ausgeruht hast? Du hast es dir ja mindestens zwei Stunden bequem gemacht. Da wäre ich ja längst zu einem Häufchen Elend verkommen!"

„Das hätte ich mir ja denken können, mein liebster Bruder! Ist Essen in Reichweite, hält es nicht lange. Mein kleiner Bruder weiß da genau, was zu tun ist! Hoho, hoho, hoho!"

„Warum lachst du eigentlich plötzlich so seltsam, Jona?"

„Ich weiß auch nicht, Jaro, was über mich gekommen ist, dass ich so lache. So hat Josef gelacht und ich habe mich immer daran gefreut. Es war so ein lustiges Lachen. Mit tiefer Stimme. Es hat mir irgendwie gut getan und mich beruhigt."

„Dann magst du ihn doch noch, den Josef! Gell, Jona?"

„Wahrscheinlich schon, Jaro. Aber ich bin traurig! Wie kann er nur sagen, dass sich die Schweine in diesen engen Kästen mit den Spalten und dem Gestank wohl fühlen?"

„Eigentlich hat er das auch gar nicht gesagt, Jona! ‚Warum nicht?', hat er dich gefragt. Mehr nicht."

„Da braucht man doch nicht zu fragen! Das sieht doch jeder, wie schlecht es den Tieren da drinnen geht! So eine dumme Frage, Jaro!"

„Jona, ich glaube, dass Josef da noch nie darüber nachgedacht hat. Das glaube ich!"

„Hm. So. Aha!" Jaro schaut mich an. Seine Augen beginnen zu leuchten und er fängt an zu lachen. Es kitzelt in meinem Bauch und ich muss mit ihm lachen. Wir lachen, bis uns die Tränen kommen.

„Jaro, hast du mir noch ein paar Beeren übrig gelassen? Ich habe jetzt nämlich auch Hunger."

„Aber natürlich, verehrtes Bruderherz! Ich werde immer auch an dich denken!" Dabei macht Jaro eine Verbeugung. Ich muss lächeln. Mein Bruder macht das so galant. Das tut mir einfach gut. Es ist so schön, einen solchen Bruder zu haben. Ich weiß, dass ich das schon ein paar Mal gesagt habe. Aber ich glaube, ich werde das immer wieder sagen. Denn ich bin so froh und dankbar dafür.

„Komm, dann setzen wir uns hier an den Straßenrand und machen es uns ein bisschen gemütlich, Jaro."

„Bist du sicher, dass diese Idee so gut ist, Jona? Wir sind hier nicht geschützt. Denke mal nur an die grauen Reiter. Ich habe sie nicht vergessen. Ich bin mir ziemlich sicher, dass sie auch dich noch schnappen wollen. Und wenn sie mitbekommen haben, dass ich befreit worden bin, dann werden wir erst recht keine Ruhe mehr vor ihnen haben."

„Das stimmt. An was du alles denkst, Jaro! Also, was schlägst du vor?"

„Wir sollten uns zumindest einen geschützten Platz suchen, Jona."

„Gut! Dann laufen wir zuerst zur Gabelung der beiden Straßen zurück, wo es nach rechts und nach links abgeht. Wir nehmen dann den längeren, unwegsamen Weg nach links. Von dort sind Josef und ich auch gekommen. Josef hat mir erklärt, dass auf diesem Weg selten Menschen gehen, da er so unbequem zu gehen ist. Diesen Weg hat mir eigentlich auch Tom empfohlen. Ich habe leider seiner Empfehlung nicht folgen wollen. Das erzähle ich dir aber später. Dieser Weg dürfte also für die grauen Reiter nur schwer zu bereiten sein. Außerdem gibt es dort am Wegrand viele Bäume, Sträucher und große Steine, die uns als Versteck dienen können."

„Das machen wir, Jona."

Wir halten uns an der Hand und marschieren weiter. Hoffentlich schaffen wir es bis dahin, ohne einem grauen Reiter zu begegnen. Aber kaum habe ich das fertig gedacht, sehe ich, dass uns von weitem ein weißes Pferd mit einem grauen Reiter entgegenkommt. Meine Hände werden augenblicklich feucht. Was tun wir jetzt?

Das Pferd scheut. Aber der Reiter brüllt und peitscht es vorwärts. Sein Brüllen höre ich schon sehr gut, obwohl der Reiter noch viele hundert Meter von uns entfernt ist. Jaro schaut mich ängstlich an.

„Jaro, mach dir keine Sorgen. Wir schaffen das!", sage ich zu Jaro, obwohl ich selbst nicht weiß, wie wir das schaffen sollen. Denn der Reiter kommt uns ja direkt entgegen und wir haben überhaupt keine Möglichkeit auszuweichen.

„Komm, Jona, wir rennen zurück!", schlägt Jaro vor.

„Wohin sollen wir denn rennen, Jaro? Die Straße verläuft ganz gerade. Der Reiter verliert uns nicht aus dem Blick. Und mit seinem Pferd ist er schneller, auch wenn es lahmt. Denn darauf nimmt er keine Rücksicht."

Jetzt wird mir das Herz schwer. Ich denke an das weiße Pferd, das von diesem grauen Reiter angetrieben wird. Es hat Schmerzen in seinem Bein. Vielleicht auch in seinem Fuß. Jedenfalls kann es nicht mehr.

„Jaro, schau, das Pferd, es leidet! Es hat Schmerzen!"

Ich fühle mit ganzer Seele mit dem Pferd mit. Ich kann nicht anders. Auch Jaro fühlt mit ihm mit. Ich sehe es an seinen Augen.

Wir halten uns noch fester. Und denken beide an das weiße Pferd. Ich versuche, mich mit dem Pferd zu verbinden. Ich möchte ihm Kraft geben durchzuhalten. Der graue Reiter kommt immer näher. Ich nehme es wahr, aber ich fühle nichts mehr dabei. Es macht mir keine Angst mehr. Mir ist im Augenblick nur das Pferd wichtig. Ich glaube, Jaro geht es auch so. Denn er jammert nicht mehr vor Angst. Er sieht ziemlich tapfer aus.

„Na, habe ich euch, ihr Lumpenpack!", brüllt der Graue uns an. Er steht jetzt nur wenige Meter vor uns. Das Pferd wehrt sich, weiter zu gehen. Mir ist es, als ob ich das schon einmal erlebt hätte. Ja, jetzt fällt es mir ein. Miro! Auch Miro wollte nicht weiter, als Jaro und ich uns hinter dem Hügel versteckt hielten. Dann musste Jaro niesen und wir waren entdeckt. Aber jetzt stehen wir ganz ohne Schutz vor dem grauen Reiter. Der Graue schlägt das Pferd mit seinem Stiefel in die Flanken. Das tut fürchterlich weh. Und trotzdem bleibt es stehen! Ich bewundere dieses Pferd! Der graue Reiter flucht und steigt ab. Er rennt

uns brüllend entgegen.

„Haha! Jetzt entkommt ihr mir nicht!"

Ich spüre auf einmal eine unbändige Kraft in mir. Wir sind zu zweit, denke ich. Wir schaffen das!

Ich drücke noch einmal fest Jaros Hand. Dann renne ich dem Grauen entgegen. Jaro rennt mir hinterher und hat mich schnell eingeholt. Uns verbindet eine starke Kraft. Das weiße Pferd gibt mir Mut! Und auch Tom!

Wir stehen vor dem Grauen. Er schlägt zu. Jaro liegt auf dem Boden. Mein geliebter Bruder! Er hat ihn auf den Kopf getroffen. Der Graue lacht hämisch. Ich hole mit meiner rechten Hand aus. Plötzlich geht der Graue in die Knie. Ich habe noch nichts gemacht. Ich habe nur meine Hand erhoben. Der Graue beginnt jämmerlich zu weinen.

„Ich vergehe! Ich vergehe! Was ist das nur?"

Ich sehe, wie der Graue immer kleiner und kleiner wird. Er zerfällt in Asche.

Mir fällt ein, was die Grauen brüllen, wenn einer von ihnen zugrunde geht: Zu wenig Kraft gehabt, nicht stark genug, zu wenig Wille gehabt! Und dabei lachen sie höhnisch.

Das verstehe ich nicht. Ein grauer Reiter hat doch sicher mehr Kraft als zwei kleine Kinder, wie Jaro und ich es sind. Seltsam! Wofür hatten diese Grauen, die in Asche zerfallen sind, zu wenig Kraft und Wille?

Jetzt will ich mich aber schnell um meinen geliebten Bruder kümmern. Oh, er räkelt sich ja schon wieder. Da bin ich erleichtert. Ich gehe in die Knie und nehme seinen Kopf in meine Hand.

„Jaro, mein Bruderherz, wie geht es dir?" Dass es auch immer meinen Bruder erwischen muss! Erst wird er verschleppt und dann zusammengeschlagen! Mein lieber Bruder!

„Jona, bist du es? Mir geht es gut!" Dann hat Jaro seine Augen wieder geschlossen. Ich lege seinen Kopf vorsichtig auf den Boden. Dann hole ich meine Decke aus dem Beutel. Die lege ich Jaro unter seinen Kopf. Er soll weich liegen und sich gut ausruhen können. Hoffentlich erholt sich Jaro schnell wieder!

18

Ich sitze mitten auf der Straße neben Jaro. Es ist noch nicht richtig hell. Wahrscheinlich wird es hier nie richtig hell. Ich habe es jedenfalls noch nicht erlebt. Aber wie sollte es hier auch hell werden, wenn es in den Herzen der Menschen dunkel ist. Aber Josef? Ist es in Josefs Herz wirklich dunkel? Ich mag ihn. Und er war so freundlich und lustig. Das ist nicht dunkel. Aber wer Tiere so leiden lässt, wer Tiere für immer einsperrt, wer Tieren die Kinder wegnimmt und wer sie dann auch noch tötet, kann der ein helles Herz haben? So denke ich darüber nach. Ich komme aber zu keiner Antwort. Die ist schwierig, finde ich. Wegen Josef! Weil der nett ist! Jedenfalls war er zu mir *sehr nett*!

Ich sitze mit gesenktem Kopf da und halte Jaros rechte Hand. Jaro schläft jetzt schon zwei Stunden. Zum Glück sind bis jetzt keine Menschen vorbeigekommen. Wir befinden uns nämlich auf einer ganz normalen Straße. Wir sind noch nicht an der Gabelung der beiden Straßen angekommen, die uns linker Hand auf den einsamen Weg führt.

Oh, was ist das? Ich hebe meinen Kopf. Das weiße Pferd steht vor mir. Es hat mich mit seinen weichen Lippen an der Hand berührt. Ich hatte es ganz vergessen. Ich hatte Sorge um Jaro. Und dann war ich ganz in Gedanken versunken. Das Pferd hat das gespürt und mich in Ruhe gelassen. So dass ich sogar vergessen habe, dass es da ist. Umso mehr freue ich mich jetzt und begrüße es herzlich. Ella heißt dieses Pferd. Ich weiß es.

„Ella, liebe Ella, wie froh bin ich, dass du durchgehalten hast! Willst du uns begleiten? Wir gehen zurück zu unserer Höhle. Da, wo auch Miro schon mit uns war!"

Ella wiehert freudig. Das soll heißen, dass sie mit uns ziehen möchte. Wie ich mich da freue!

Im selben Augenblick fällt mir ein, dass ich Miro vor der Höhle heilen durfte. Dann hat sich Miro verabschiedet und ist nicht mehr zurückgekommen. Das macht mich traurig. Mir wird klar, dass auch Ella nicht lange bei uns sein wird.

Ich stehe auf und tätschle Ella. Sie dreht sich um und stupst mich sanft beiseite. Will sie nicht, dass ich sie tätschle? Ella geht auf Jaro zu. Sie beugt sich mit ihrem großen, schönen Kopf über Jaros Gesicht. Dann leckt sie Jaro über das ganze Gesicht und über seinen Kopf. Sie beginnt am Kinn und leckt bis über die Stirn und über Jaros Haare. Das macht sie bestimmt sieben Mal.

„Jona, was ist los?", sagt Jaro plötzlich. Er ist aufgewacht. Verstört guckt er auf und macht seine Augen dabei ganz groß.

„Oh, Jona! Da ist ja Ella!", beantwortet Jaro seine

Frage selbst. Dann schlingt er seine Arme um Ellas Hals und lässt sich von ihr hochziehen. Jetzt steht mein lieber Bruder wieder auf seinen Beinen. Und ich hoffe, dass wir gleich weitermarschieren können.

„Aber Jaro, wie kommst du darauf, dass sie Ella heißt?"

„Ich habe von Ella geträumt. Ich habe gesehen, wie sie den Weg mit uns gegangen ist. Und du hast sie vor der Höhle geheilt. Genau wie Miro, Jona! Das habe ich alles gesehen!"

Ich habe es geahnt. Es wird wie bei Miro sein. Ella wird uns wieder verlassen.

Was sagt Mama immer? „Jona, genieße das, was dir im Augenblick geschenkt wird. Und mache dir keine Sorgen darüber, was weiter geschehen könnte!" Das fällt mir gerade ein und das möchte ich jetzt auch tun. Denn ich freue mich ja so, dass Ella bei uns ist!

„Jaro, bist du wohlauf?"

„Ja, Jona! Ich bin bereit. Wir können losmarschieren."

Ich packe alles zusammen und reiche Jaro seinen Beutel. Gegessen haben wir noch nicht. Das müssen wir verschieben. Bis nach der Gabelung.

Wir gehen langsam, da Ella verletzt ist. Von außen ist nichts zu sehen, aber sie hinkt etwas. Und wenn ich Ella an ihrem rechten Bein berühre, zuckt sie zusammen. Die Verletzung muss irgendwie innerlich sein.

Wir haben die Weggabelung erreicht, ohne dass wir

jemandem begegnet sind. Zumindest haben wir nichts bemerkt. Jetzt nehmen wir den Weg nach links. Ich atme auf. Ich bin erleichtert. Wir haben es geschafft – den ersten, gefährlicheren Teil des Weges. Jetzt wollen wir uns einen geschützten Platz suchen, um endlich etwas zu essen. Ich habe ja solchen Hunger!

„Jona, schau, da vorne die große Hecke! Da können wir uns dahinter verstecken und gemütlich essen."

„Ja, das machen wir, Jaro. Das ist ein guter Platz."

Als wir an der Stelle hinter der Hecke ankommen, wundere ich mich. Es sieht so aus, als ob da vor ein paar Minuten schon jemand gesessen wäre. Das bisschen Gras, was da wächst, ist plattgedrückt. Ich fühle mich unsicher. Sollen wir uns da wirklich niederlassen?

Jaro bemerkt es ebenso. Denn er schaut mich ganz entsetzt an.

„Oh je, Jona, ich dachte, wir hätten jetzt eine Weile unsere Ruhe. Aber wenn ich diesen Platz so anschaue, ist es mir, als ob wir hier nicht alleine wären. Was machen wir jetzt bloß?"

Ella wiehert. Anscheinend spürt auch sie etwas. Wir können also nicht bleiben. Nur schnell weg, denke ich.

Ella ist nicht gut zu Fuß. Wir müssen aber schnell weitergehen. Sie tut mir so leid. Wir treiben sie nicht an. Und trotzdem läuft sie uns tapfer voraus, so dass Jaro und ich gar nicht so schnell nachkommen.

Plötzlich bleibt sie stehen. Sie stupst Jaros Popo an und dann meinen. Ich muss lachen. Das fühlt sich so lustig an. Aber ich weiß, was Ella meint. Wir sollen aufsteigen, damit wir schneller vorwärts kommen. Das tun wir dann auch. Ich sitze vorne und halte mich an Ellas Hals fest. Jaro fasst mich um den Bauch. Jetzt kann es losgehen. Und Ella ist schnell, sehr schnell, trotz ihrer Verletzung.

Ich sehe von weitem ein Pünktchen helles Licht. Das Reich der Fülle! Wir haben es nicht mehr allzu weit bis zu unserer Höhle! Mit einer Pause wird es aber wohl nichts mehr werden.

„Jona, von hinten verfolgt uns ein grauer Reiter! Schnell, schnell, wir müssen ihm entkommen!", ruft Jaro plötzlich verzweifelt. Hoffentlich hält Ella durch, denke ich. Sie galoppiert dahin, als ob niemand sie aufhalten könnte.

„Ella, wie dankbar ich dir bin!", sage ich zu ihr. Ich versuche wieder, ihr von meiner Kraft abzugeben. Die brauche ich jetzt nicht. Ich werde ja getragen. Ella legt weiter zu, aber der graue Reiter kommt immer näher. Er peitscht sein Pferd gewaltig und macht ihm Angst. Das weiße Pferd des Grauen gehorcht – und stolpert. Das könnte unsere Rettung sein!

„Verflucht!", höre ich es nur schreien.

„Jona, der Graue liegt auf dem Boden! Wir schaffen es!"

Ich staune, wie Ella jedes Hindernis umgeht und über jede Wurzel springt, die über den Weg läuft. Ich glaube, sie kennt diesen Weg sehr gut. Ich vermute, dass man hier zwar selten Menschen begegnet, aber vor grauen Reitern nicht sicher ist.

Wir sind im Reich der Fülle angekommen. Ich bin erleichtert, aber sicher sind wir noch nicht. Doch die Helle und der Reichtum an Pflanzen und Farben machen mich froh. Jaro kitzelt mich am Bauch. Er ist jetzt auch wieder lustig aufgelegt. Ella trabt nun etwas langsamer. Das macht mir ein bisschen Sorgen. Ob wir es rechtzeitig zur Höhle schaffen?

Wir kommen am Hügel der Früchte vorbei. Wie gerne würde ich uns noch ein paar Früchte pflücken. Unsere Beutel und die Tasche sind fast leer. Aber das ist zu gefährlich. Das müssen wir auf die Nacht verschieben.

Ich streiche Ella über die Mähne. Ich liebe Ella, dieses schöne, weiße Pferd.

„Gleich hast du es geschafft, Ella, nur noch wenige Minuten und wir sind in der Höhle."

Aber Ella findet keinen Schutz in der Höhle, fällt mir plötzlich ein, sie passt doch gar nicht durch den schmalen Eingang. Jetzt wird mir mein Herz schwer. Wir können unsere Retterin doch nicht alleine lassen! Den grauen Reitern ausgeliefert! Mein Kopf ist verwirrt. Ich bekomme keinen klaren Gedanken. Ich sehe keine Lösung.

Wir sind da. Jaro und ich rutschen von Ella herunter.

„Jaro, schnell in die Höhle mit dir. Bitte nimm die

Tasche und unsere beiden Beutel gleich mit!"

„Und du, Jona, was machst du?"

„Ich komme gleich nach. Ich muss erst sehen, was mit Ella geschieht."

Jaro schaut mich unsicher an. Er krault Ella am Hals und legt seinen Kopf an ihren. Ein paar Sekunden verweilen die beiden miteinander. Dann löst sich Ella und drückt ihre weichen Lippen in Jaros Wange. Jaro lacht. Ich glaube, Ella hat gemeint, dass Jaro sich jetzt in Sicherheit bringen soll. Jaro bleibt stehen und genießt die Berührungen von Ella. Ella stößt Jaro jetzt sanft in den Rücken. Das war deutlich. Jaro streicht noch einmal über Ellas Mähne.

„Danke, Ella!", sagt er und dreht sich um.

„Jona, beeile dich bitte! Bleib nicht zu lange hier draußen!" Ich beobachte Jaro. Er drückt die Tasche und die Beutel durch den Spalt der Höhle. Dann verschwindet er selbst dahinter.

Jaro ist jetzt gut aufgehoben. Ich drehe mich zu Ella um. Ella steht nicht mehr da. Ich schaue in alle Richtungen. Ich kann sie nicht sehen. Sie ist verschwunden. Jetzt fließen meine Tränen. Ich kann sie einfach nicht halten.

„Jaro, ich komme", sage ich leise und seufzend.

Ich zwänge mich durch den Spalt. Die warmen und leuchtenden Edelsteine an Wänden und Decke der Höhle, die mich empfangen, trösten mich ein wenig.

„Du bist ja schon da, Jona!", ruft Jaro überglücklich. Er kommt mir entgegen und fasst mich fest um meinen Bauch. Wir drücken uns so fest, als ob wir uns nie wieder loslassen wollten.

19

Wir hatten uns eine Menge zu erzählen, Jaro und ich. Es waren sicher mindestens drei Stunden, in denen wir uns ununterbrochen unsere Geschichten erzählt haben. Jaro findet es auch sehr schade, dass wir unseren Freund Josef verloren haben. Aber vielleicht haben wir ihn gar nicht verloren, meint er. Ich weiß es nicht.

Von dem Mann und dem großen Jungen habe ich Jaro auch erzählt. Die der Schweinemama ihre Babys weggenommen haben.

„Ja, das hat mir, Birgitta, ein anderes Mutterschwein, auch erzählt. Sie werden in einen anderen Stall gebracht, wenn sie ihre Babys bekommen. ‚Aber die Babys gehören uns nicht', hat Birgitta traurig gesagt. ‚Ich kann dort mit meinen Babys nicht schmusen. Der Platz ist dort genauso eng wie hier. Für eine kleine Weile darf ich meinen Babys Milch geben. Dann werden sie abgeholt. Und nie mehr zurückgebracht.'"

„Stell dir mal vor", hat Jaro traurig gesagt, „wenn wir unsere Mama nicht mehr hätten, weil sie uns weggenommen worden wäre!" Dass Jaro immer auf die gleichen Gedanken kommt, die ich auch schon hatte!

Sehr gewundert hat sich Jaro, dass Josef plötzlich stocksteif war und nicht mehr weitergehen konnte, als Josef und ich ins Reich der Fülle kamen. Das konnte ich ja auch nicht verstehen.

Jaro hat mir viel von den Schweinen erzählt. Sie wissen gar nicht, wie es draußen ist. Sie kennen keine frische Luft und keine Sonne. „Was ist Sonne?", haben sie Jaro gefragt. Sie kennen nur den engen Metallkasten. Sie können sich nicht bewegen, haben sie gesagt. Und es ist ihnen so langweilig. Sie liegen oder stehen da, Stunde um Stunde. Tag für Tag. Woche um Woche. Es gibt gar nichts, rein gar nichts, was sie tun können. Deswegen, hat Rudolph Jaro erklärt, beißen sie manchmal auf der Querstange des Metallkastens herum oder reiben ständig ihre Nase an den Stangen. Oder sie wiegen ihren Kopf hin und her. Viele sind so verzweifelt, hat Raphaela, ein anderes Schwein, zu Jaro gemeint, dass sie ganz teilnahmslos sind und nur unter sich schauen – es ist für sie wie in einem bösen Traum. Ein böser Traum, der nie aufhört. „Doch", hat Raphaela dann gesagt, „wenn ein Schwein sehr krank ist oder keine Kinder mehr bekommen kann, dann wird es abgeholt. Aber das heißt nichts Gutes. Wir hören unsere Freunde draußen schreien. Sie wehren sich gegen etwas." Raphaela wusste jedoch nicht zu sagen, was dann geschieht. Aber sie hat große Angst vor dem Tag, an dem sie geholt wird.

Die Schweine liegen in ihrem eigenen Kot und

Urin. Das finden sie sehr schlimm. Denn sie wollen alles reinlich halten. Sie wollen, nachdem sie ihre Exkremente ausgeschieden haben, an einen anderen Platz, der sauber und trocken ist. Das geht aber nicht. Es bleibt ihnen nichts anderes übrig, als sich wieder in ihren Kot hineinzulegen. Das ist so unerträglich für sie. Sie haben Jaro auch erzählt, dass sie feine Spürnasen haben. Sie verwünschen ihre feinen Nasen, denn damit sind sie besonders empfindlich gegenüber dem beißenden Gestank. Sie können es kaum aushalten.

Die meisten der Schweine sind krank. Sie husten und husten. Sie haben offene, blutende Wunden. Sie haben Geschwüre vom Liegen. Und Schmerzen oder Fieber oder alles zusammen. Sie haben schwache Beine. Es ist ihnen auch unerträglich, so dick zu sein. Sie sind sehr traurig und manche weinen.

„Und dann gibt es noch den Stall, in dem wir mit anderen Mutterschweinen zusammen sind", hat Lieselotte, ein anderes Mutterschwein, gesagt. „Dort sind wir, wenn wir bald unsere Ferkelchen bekommen. Aber wir haben auch dort kaum Platz für uns selbst. Wenn ich drei Schritte gemacht habe, stoße ich an ein anderes Schwein. Und der Boden ist genau wie hier mit diesen Spalten. Und weil es so eng ist und wir auch nichts zu tun haben, greifen wir uns gegenseitig an und verletzen uns. Jaro, das wollen wir aber gar nicht!"

„Der Ablauf wiederholt sich immer wieder. Bis wir eines Tages abgeholt werden. Das habe ich beobachtet", hat das Schwein Henriette hinzugefügt.

„Jona, die Mutterschweine haben mir noch viel Schreckliches geschildert. Ich habe aber nicht alles verstanden, was sie gesagt haben."

Das war keine schöne Geschichte, die mir Jaro erzählt hat. Ich sitze da und die Tränen hören gar nicht mehr auf zu fließen.

„Oh, mein Bruder, wie nur können wir diesen Tieren helfen?"

„Jona, jetzt möchte ich dir aber noch den schönen Teil der Geschichte erzählen. Die Tiere haben sich so gefreut, dass ich bei ihnen war. Ich habe mich nach ihnen erkundigt und gefragt, wie es ihnen geht. Da waren sie so froh, dass sie mir ihr Leid klagen konnten. Und sie waren so froh, dass ich sie verstehe. Ich habe mit jedem Schwein gesprochen, wirklich mit jedem. Und ich habe jedes Schwein gekrault. Da haben ihre Äuglein geleuchtet. Und ich habe ihnen versprochen, dass wir ihnen helfen werden. Sie hoffen sehr darauf."

„Danke, Jaro!", sage ich und lege meine Hand auf seine rechte Schulter. Jaro lächelt.

„Jaro, was mir aber aufgefallen ist: Was macht Rudolph in diesem Stall? Ich hatte den Eindruck, dass in diesem Stall nur Mutterschweine sind oder?"

Jaro lacht: „Ja, Rudolph, der ist kein Mutterschwein! Er wollte seine Henriette nicht verlassen, die er bei einem Ebergang kennengelernt hat. Das sei Liebe auf den ersten Blick gewesen, hat er gesagt. Ein

einziges Mal in seinem Leben durfte er zu einer Sau, das war Henriette. So hat sich Rudolph einfach eingeschlichen. Ha, keiner hat's gemerkt! Wie das möglich war, weiß auch keiner. Hihi!"

„Und frag mich jetzt nicht, Jona, was Ebergang ist. Das weiß ich auch nicht und Rudolph konnte mir auch nicht erklären, wozu der gut sein soll."

„Rudolph war deine Rettung, Jaro! Wie gut, dass sich dieser Schlingel eingeschlichen hat! Haha!"

Ich werde wieder nachdenklich.

„Jaro, hatten die Schweine selbst eine Idee, wie wir ihnen helfen könnten?"

„Nein, das hatten sie leider nicht. Denn sie wissen gar nicht, warum sie hier sind. Sie wissen nicht, warum sie eingesperrt sind. Sie verstehen ihren bösen Traum nicht, den sie leben müssen."

„Dann ist es also allein unsere Aufgabe, dahinter zu kommen."

„Vielleicht kann uns das Papier von Großmutter weiterhelfen", meint Jaro darauf. „Und Tom ist ja auch noch da!"

„Wo ist eigentlich Ella, Jona?", fällt es Jaro plötzlich ein.

„Hm, Jaro, ich habe mich nach ihr umgedreht, nachdem du in der Höhle warst. Da war Ella weg."

„Und du hast sie nicht mehr gesehen?"

„Nein."

„Oh", sagt Jaro nur noch.

Ich möchte jetzt entspannen und über nichts mehr nachdenken. Es war alles so viel und schwer. Ich spüre wieder meinen Hunger.

„Jaro, lass uns gemeinsam die restlichen Früchte essen!"

„Ja, Jona, das wollen wir jetzt tun. Und nur noch über Schönes sprechen!"

Ich hole aus der hinteren Ecke der Höhle ein paar Feigenblätter. Die lege ich vor uns aus. Jaro hat schon unsere Decken aus den Beuteln geholt und faltet sie eben zu Sitzkissen zusammen. Darauf setzen wir uns. Dann packen wir die Früchte aus. Wir teilen sie gerecht auf.

„Eins für dich, Jaro, eins für mich. Eins für dich, eins für mich. Eins für dich, eins für mich. Eins für …"

„Willst du das wohl für jede Beere so weiter machen?", unterbricht mich Jaro. „Eins für dich, eins für mich. Eins für dich, eins für mich", äfft Jaro mich nach und beginnt zu lachen. „Oh je, da sterbe ich ja vorher vor Hunger! – Eins für dich, eins für mich. Eins für dich, eins für mich. – Bist du ein bisschen irre geworden, mein lieber Bruder, nach all dem, was du erlebt hast?"

„Ja, das glaube ich auch", antworte ich Jaro lachend, „irgendwas scheint nicht mehr ganz in Ordnung zu sein mit mir. Hoho, hoho, hoho!" Mein tiefes Josef-Gelächter steckt auch Jaro an. Und wir lachen, bis uns unsere Bäuche wehtun. Die haben vor Hunger schon wehgetan. Jetzt ist es ja gar nicht mehr zum Aushalten!

Plötzlich fällt mir ein, dass wir gar nicht wissen, ob der graue Reiter uns weiter verfolgt hat. Es ist so still draußen. Uns ist nichts aufgefallen. Damit will ich mich jetzt aber nicht beschäftigen. Ich lasse den Gedanken einfach an mir vorbeiziehen. Fort mit ihm!

Wie ich jetzt große Lust habe, eine Frucht nach der anderen in mich hineinzustopfen. Nein, stopfen will ich sie nicht. Ich werde jede einzelne Frucht mit ganzer Seele genießen und schmatzend verspeisen. Haha!

Wir hatten noch einige Feigen und etliche Beeren, drei Äpfel und ein paar Pflaumen, zwei Birnen, zwei Orangen und drei Bananen. Und noch eine Menge Nüsse. Wir sind also noch ganz gut satt geworden.

Ich bin neugierig auf das Papier. Es liegt noch da, wo ich es hingelegt hatte, bevor ich mich aufgemacht habe, um Jaro zu befreien. Es ist also niemand in unserer Höhle gewesen. Aber ich bin enttäuscht. Auch jetzt steht hinter keiner Frage eine Antwort.

„Jona, was ist los? Bist du verärgert?"

„Nein, das nicht. Aber ich bin enttäuscht. Schau,

diese Fragen habe ich unserem Papier gestellt und bis jetzt, nach so vielen Stunden, noch keine Antwort bekommen."

„Hm. So. Aha!", antwortet Jaro und lacht wieder.

„Oh, Jaro, bitte jetzt nicht! Ich bin wirklich enttäuscht!"

„Es hat Gründe, warum wir diese Antworten nicht bekommen. Jona, die zweite Frage, was Masthühner sind und die dritte, warum die Ferkel ihren Müttern weggenommen werden, müssen wir für die Rettung der Tiere bestimmt gar nicht wissen."

„Ja, das ist möglich. Aber die erste Frage würde mich schon sehr interessieren, Jaro!"

„Die sollen wir wahrscheinlich nicht wissen, Jona, vermute ich. Wir sollen ja auch nicht wissen, auf welche Weise uns die Grauen immer wieder entdecken. Du, Jona, vielleicht hat beides miteinander zu tun. Ja, Jona, sicher, das ist es! Also, das heißt, wie ich gesagt habe, wir *dürfen* nicht erfahren, warum die Grauen in Asche zerfallen und was das mit ihrer Stärke zu tun hat. Aus demselben Grund nämlich entdecken sie uns! Oh, Jona, das ist aufregend!"

„Ja, das ist es!" Ich bin etwas verwirrt. Denn ich weiß nicht, wie ich mir das vorstellen soll.

„Also wenden wir uns eben etwas anderem zu, Jaro. Wie wollen wir weiter vorgehen?"

„Es ist noch hell, Jona. So ist es ratsam, dass wir vorerst in der Höhle bleiben."

„Ja, Jaro, da würde ich dir fast zustimmen. Ich

denke, wir machen uns nochmals in das Reich der unglücklichen Tiere auf, um auch nach den Kühen zu schauen. Von denen haben wir bislang nur geträumt. Von ihnen sollten wir noch mehr erfahren. Natürlich ohne unsere Körper. Die dürfen es sich hier wieder gemütlich machen."

„Wenn wir ohne unsere Körper unterwegs sind, Jona, dann können wir gleichzeitig schauen, wo der graue Reiter geblieben ist. Oder ob noch weitere Graue nach uns suchen."

Plötzlich höre ich ein Wiehern. Ein Pferdemaul drückt sich durch den Eingangsspalt der Höhle.

„Ella, du bist es!", rufen Jaro und ich gleichzeitig.

Ich gehe sofort an den Eingang und kraule Ellas Kinn. Ich freue mich ja so.

„Ob wir es wagen können, hinauszugehen, Jona?", fragt mich Jaro.

„Ella scheint entspannt zu sein. Sie würde sonst nicht so gelassen bei uns stehen. Ich denke, wir können für kurze Zeit die Höhle verlassen."

„Oh, Jona, ich glaube, Ella wartet vor allem auf dich. Du darfst deinen Auftrag erfüllen."

Ich bin so voller Freude, dass ich Ella helfen darf.

20

„Ella, warte draußen auf mich!", sage ich zu ihr. Aber das hätte sie sowieso getan. Sie wusste schon, dass ich sie jetzt heil machen werde. Die Pferde sind miteinander in Verbindung. Es ist mein Auftrag, ihnen zu helfen, so wie es Jaro gesagt hat.

„Jona, ich gehe schon mal hinaus zu Ella, während du dich auftankst. Hihi!", macht sich Jaro ein bisschen lustig über mich. Aber ich weiß, dass er sich selbst sehr darauf freut, dass es Ella bald wieder gut gehen wird. Bis ich aus der Höhle komme, kann er die Zeit mit Ella noch ein bisschen genießen. Sie wird nur noch kurze Zeit bei uns sein.

Ich atme ruhig und tief durch. Dann lege ich, wie schon einmal, meine rechte Hand auf den Onyx. Ich bin beeindruckt, als ich wieder die Kraft spüre, die zuerst meine Hand und dann meinen Arm durchfließt. Eine große Freude überkommt mich. Ich darf Ella helfen!

Jetzt verlasse ich die Höhle. Ich gehe geradewegs zu Ella. Sie wiehert leise. Sie ist entspannt. Ich sehe es an ihren Ohren. Die hängen locker herunter. Das ist gut. Ich muss mich nicht eilen. Jaro tritt zur Seite und macht mir Platz. Ich knie mich vor Ella hin. Alles wiederholt sich wie bei Miro. Ich lege meine Hand auf Ellas verletzten Fuß. Sie zuckt ein wenig zusammen. Die Kraft fließt nun von meinem Arm herunter in meine Hand und durchströmt Ellas Fuß. Der ist jetzt ganz heiß. Ich lasse meine Hand noch eine Weile an dieser Stelle, bis die Wärme etwas abklingt. Sachte nehme ich meine Hand weg und schüttle sie aus. Ich schaue in Ellas Augen. Die leuchten wieder. Es ist schon fast eine Zeremonie. Ich streiche Ella über ihre Nüstern und gebe ihr einen Kuss auf ihre weichen Lippen.

„Ella, mein gutes Pferd, dein Fuß ist wieder in Ordnung! Ich durfte dich heil machen! Danke!"

Ella beginnt, sich zu bewegen. Dann beginnt sie zu laufen und macht ausgelassene Sprünge.

„Jona, jetzt weiß ich schon, was kommen wird. Ella wird immer schneller laufen und Kreise ziehen, die immer größer werden. Bis wir sie nicht mehr sehen werden. Dann ist Ella fort, wie Miro."

Und so geschieht es auch. Ella nickt uns zum Schluss noch mit dem Kopf zu, als wolle sie danke sagen. Dann schert sie aus und galoppiert davon.

„Leb wohl, leb wohl!", rufen Jaro und ich ihr hinterher.

„Ich habe so einen Durst, Jona, dass ich es kaum aushalte! Wo kriegen wir nur etwas zu trinken her? Hast du schon irgendwo eine Quelle entdeckt?"

„Ja, Jaro, du hast sehr Durst. Wir haben schon lange unseren Trinkvorrat verbraucht."

„Welch ein Glück, dass wir nicht verdursten, Jona!

Wir haben ja so viele saftige Früchte gegessen."

„Das stimmt, Jaro. Aber etwas zu trinken brauchen wir jetzt doch. Sollen wir gleich losziehen und nach einer Quelle suchen? Hier im Reich der Fülle dürfte es eigentlich nicht schwierig sein, Quellen aufzufinden."

Ohne auf eine Antwort von Jaro zu warten, verschwinde ich gleich in der Höhle und komme mit unseren Beuteln zurück. Wir brauchen die Flaschen, um sie mit Wasser zu füllen.

„Jona, hast du keine Angst, dass uns ein grauer Reiter begegnet?"

„Warum sollte ich Angst haben, Jaro, ich habe doch dich!"

„Ach, mein lieber, großer Bruder! Und du meinst, dass dich ein so kleiner Pimpf wie ich retten kann, wenn uns so ein Grauer überfällt?"

„Mach keine Scherze, Jaro. Wir gehen jetzt einfach tapfer los. Uns wird schon nichts geschehen. Wir haben nämlich nur die Wahl – überfallen zu werden oder zu verdursten. Also, Jaro, was willst du lieber?"

„Oh je, Jona, da kann ich mich nicht entscheiden. Das eine ist so toll wie das andere."

Jetzt kann ich mich nicht mehr halten vor Lachen. Jaro prustet auch schon vor Lachen. Wir halten uns an der Hand und rennen los. Jaro lässt sich fallen. Er ist ganz übermütig. Und lacht und lacht und hält sich seinen Bauch fest. Ich lasse mich auf ihn plumpsen.

„Au! Du dicker, großer Bruder!", brüllt Jaro.

„Psst! Nicht so laut! Du lockst ja die Grauen an, mein kleiner Bruder!"

Dann umfasse ich seinen Körper. Jaro umfasst mich ebenfalls und wir kullern die Wiese entlang. Mit den Beuteln auf dem Rücken ist das gar nicht so einfach! Aber das hindert uns nicht am Kullern und am Lachen. Das Lachen will dabei kein Ende nehmen.

Ein Strauch beendet unsere Kullerei. Wir liegen nebeneinander und schauen in den Himmel. Der ist so schön blau. Ich atme tief ein. Die Luft riecht gut und stark. Es ist Flieder, der so duftet. Wir liegen an einem Fliederstrauch.

„Jaro, kleiner Bruder, ich liebe dich!", flüstere ich meinem Bruder ins Ohr. Er lächelt.

Ich stehe auf. Jaro folgt mir. Wir gehen weiter und schauen ständig nach rechts und nach links, ob wir irgendwo eine Quelle entdecken. Nichts zu sehen. Ella hätte uns da helfen können. Pferde können Wasserstellen nämlich schon von weitem wittern. Leider ist Ella nicht mehr bei uns. Und Miro auch nicht. Mir wird es ein bisschen schwer ums Herz. Doch als ich nach vorne schaue, ist alle Traurigkeit augenblicklich verschwunden.

„Jaro, schau mal da vorne!" Ich traue meinen Augen nicht. In einigen Metern Entfernung sprudelt es nur so von Quellen. Wasserfontänen schießen in die Luft. Kleinere Quellen sprudeln gemächlich vor sich hin. Viele Seen breiten sich aus.

„Das ist der Hügel des Wassers und der Quellen",

höre ich Tom sagen.

„Oh, Tom, bist du wieder bei uns! Das ist ja ein herrlicher Anblick!"

„Das ist eben das Reich der Fülle! Hier findet ihr alles, was euch gut tut!"

Jaro und ich stürmen den Quellen entgegen. Übermütig springe ich über jede kleinere Quelle. Dann ziehe ich schnell meine Kleider aus und lege sie auf einem kleinen Felsen ab. Jaro tut es mir gleich. Wir hüpfen beide in den kleinen See, der sich vor uns ausbreitet. Wir schwimmen und spritzen und tauchen und hüpfen. Ich liebe Wasser. Jaro auch. Wir toben uns im Wasser aus.

Und beinahe hätten wir unseren Durst vergessen. Aber wir haben beim Toben ja auch ziemlich viel Wasser geschluckt.

Ich steige aus dem Wasser und setze mich auf den kleinen Felsen, auf dem meine Kleider liegen. Daneben entspringt eine kleine Quelle. Ich lege meine Hände zu einer Schale zusammen und halte sie darunter. Das Wasser fließt in meine Hände. Die führe ich zu meinem Mund und schlürfe das Wasser aus. Es ist so erfrischend und gut! Das mache ich noch ein zweites und ein drittes Mal.

Jaro sitzt an einer anderen Quelle, ein kleines Stückchen von mir entfernt. Wir sitzen uns gegenüber. Auch er genießt das gute Wasser.

Meine Haut wird warm. Die Sonne hat sie getrocknet. Ich strecke mich und lege mich dann auf den Felsen. Ich schließe meine Augen. Ein paar Augenblicke denke ich an nichts. Ich spüre nur meinen Atem und die Sonne auf meiner Haut. Es ist so schön!

Bald habe ich keine Ruhe mehr, da mir die grauen Reiter wieder einfallen. Ich stehe auf und hole die Wasserflaschen aus unseren Beuteln. Die möchte ich füllen. Jaro kommt und nimmt sich seine beiden Flaschen. Nachdem die Flaschen gefüllt sind, stecken wir sie in unsere Beutel zurück. Meine Kleider sind noch ein bisschen feucht. Jaros auch. Er jammert ein bisschen vor sich hin, während er sie anzieht.

„Das ist so eklig, nasse Kleider anzuziehen, Jona!"

Wir haben vergessen, sie in der Sonne auszubreiten. Aber was macht das schon. Es ist doch warm!

Nachdem wir beide fertig angezogen sind, nehme ich Jaro bei der Hand und ziehe ihn ziemlich schnell mit mir. Mich hat plötzlich eine unbeschreibliche Angst überkommen. Als ob uns schon jemand hinterher wäre.

„Jona, warum ziehst du mich so? Ich kann alleine gehen! Und warum hast du es plötzlich so eilig?"

„Schnell, Jaro!", sage ich nur. Ich kann es ja selbst nicht sagen, warum ich mich plötzlich so beeile.

Aber es dauert nicht lange und wir wissen beide, warum. Ich höre ein Pferdegetrampel. Und schaue mich um. Schon wieder ein grauer Reiter! Ich bin verzweifelt! Jaro schaut mich flehentlich an. Er vertraut darauf, dass ich uns helfe. Aber wie? Mir ist im

Augenblick, als ob mich meine ganze Kraft verlassen hätte.

„Tom, Tom!", rufe ich laut in meiner Verzweiflung. Tom ist ja gar nicht wirklich da. Also, ich meine, nicht mit seinem Körper. Was rufe ich da so laut?

Es war ein Verzweiflungsruf! Und was geschieht? Ich drehe mich um und sehe, dass der graue Reiter kehrt macht. Er ist umgedreht! Juhuu! Er ist umgedreht! Das hat gewirkt. Ich habe nach Tom gerufen. Und der Graue ist umgedreht.

„Jona, du bist der Beste!", jubelt Jaro glücklich. „Du hast den Grauen schnell und einfach verscheucht. Haha! Du bist der Beste!"

Den Rest des Weges hüpfen wir zusammen. Aber manchmal schauen wir nach hinten, ob wir auch nicht verfolgt werden.

21

Gut angekommen! Puh! Das wäre geschafft! Schnell schlüpfen wir in unsere Höhle zurück.

Wir setzen uns erst einmal auf unsere Decken. Ich möchte einfach mal nur dasitzen, ohne wieder etwas denken oder planen zu müssen. Ich will jetzt eigentlich gar nichts mehr von all den Problemen hören. Ich will einfach in Ruhe gelassen werden. Es ist mir alles viel zu viel, viel zu anstrengend, viel zu traurig. Ich schließe meine Augen und achte nur auf meinen Atem. Ich atme aus, ich atme ein. Ich atme tief aus, ich atme tief ein. Mein Unterleib zieht sich zusammen und er wölbt sich wieder hoch auf. Ich atme tief aus und ich beobachte, wie sich mein Unterleib zusammenzieht. Ich atme tief ein und ich beobachte, wie er sich hoch aufwölbt. Das mache ich viele Male. Dann atme ich, ohne weiter darauf zu achten. Ich stelle mir das Meer vor. Wie ich am Strand sitze und den Wellen zuschaue. Die Wellen brechen kurz vor dem Strand. Das Wasser schäumt. Die kleinen Wasserperlchen, die in die Luft gestoßen werden, glitzern. Die Luft riecht nach Salz. Ich fühle mich wohl. Ans Meer möchte ich gerne mal wieder, ist mein Gedanke. Aber denken möchte ich jetzt nicht. So lasse ich ihn einfach vorbeiziehen. Ich genieße das, was ich sehe und spüre.

Plötzlich stupft mich jemand in meinen linken Oberarm.

„Jona, träumst du?", fragt mich Jaro.

„Jaro, ja, ich habe vom Meer geträumt. Leider ist jetzt mein Traum zu Ende. Du hast mich herausgeholt."

„Oh, das tut mir leid, Jona. Ich habe auf dich gewartet, bestimmt eine Ewigkeit! Ich glaube, es ist an der Zeit, dass wir planen und unseren Weg weitergehen. Du weißt, die Tiere warten auf uns."

„Ja, ich möchte sie auch nicht länger warten lassen."

„Haben wir eine Frage an das Papier, Jona?"

„Hm. Ich überlege. Weißt du, wir werden voraussichtlich nur noch einmal das Reich der unglücklichen Tiere besuchen, um es zu erkunden. Also noch einmal ohne unsere Körper. Das heißt, wenn wir zurückkommen, sollten wir wissen, wie wir die Tiere retten können. Diese Frage stellen wir jetzt dem Papier. Was meinst du, Jaro?"

„Ja, ich glaube auch, dass diese Frage jetzt an der Reihe ist."

Ich hole also das Papier und lege es auf meinen Schoß. Die drei Fragen vom letzten Mal sind noch immer nicht beantwortet. Aber ich bin nicht enttäuscht, denn ich habe es auch nicht mehr erwartet.

Ich schreibe: *Liebes Papier, jetzt kommt unsere wichtigste Frage. Wie können wir die Tiere retten?*

Ich verstaue das Papier auf die gleiche Weise wie immer. Dann setzen Jaro und ich uns nebeneinander und führen unsere Zeremonie durch, um unseren Körper zu verlassen. Das klappt schnell und gut. Ich atme auf, als ich in der Luft schwebe. Es ist so herrlich! Ich bin so leicht!

Ich möchte Jaro nochmals ganz nah spüren, bevor wir uns auf den Weg machen. Wir spüren reine Liebe. Sie ist in uns und sie umschließt uns. Warme, leuchtende Farben umgeben uns. Ich bin glücklich. Jaro auch.

Wir fliegen durch die Höhlendecke davon. Es ist wieder ein Leichtes vorwärtszukommen. Bald schon sind wir angekommen. Aber es ist nicht so still und leise, wie es bei den letzten Malen war, als wir hier waren. Kinder springen herum. Sie spielen mit einem Ball. Er ist schön bunt. Aber die Luft ist schwer und grau. Ich erschrecke. Wer ist das? Das ist ja Josef! Josef sitzt auf einem großen, grauen Stein und schaut unter sich.

„Josef, Josef, komm mit uns spielen!", rufen ein paar kleine Kinder nach ihm. Josef gibt keine Antwort.

„Was ist mit dir, Josef?", fragt ihn ein kleines Mädchen. Es trägt lustige, geflochtene Zöpfe. Es geht zu Josef heran und setzt sich einfach auf seinen Schoß. „Hast du uns nicht gehört, lieber Josef?", fragt es nach. Josef schaut das Kind an. Seine Augen sind traurig. Dann schaut er wieder unter sich. „Josef, sei wieder lustig! Du bist doch unser Spaßmacher!"

Ja, Josef, er ist ein Spaßmacher! Ich kenne ihn auch so. Ich weiß noch genau, was er darauf geantwortet hat, als ich zu ihm sagte, dass er ein Spaßmacher sei. Er hat gesagt, dass ihm das gefallen würde. „Ich werde Spaßmacher", hat er dann gemeint. „Und mein Metzgerdasein gebe ich auf:"

„Jaro, siehst du Josef? Josef ist traurig. Eigentlich ist er ja ein Spaßmacher. Das kleine Mädchen hat es auch gesagt, Jaro."

„Und warum schaut er jetzt so traurig, Jona?"

„Hm, ich weiß nicht. Vielleicht ahne ich es, Jaro."

„Was ahnst du denn, Jona?"

„Ich glaube, er ist wegen der Tiere traurig. Weil die Tiere so leiden müssen."

„Aber Jona, das hat Josef doch schon immer gewusst. Ihm gehören doch die Tiere. Er hat doch auch den Schlüssel für den Stall gehabt."

„Ja, Jaro, das stimmt. Aber er hat es trotzdem nicht gemerkt. Er hatte die Augen verschlossen. Jetzt wurden sie ihm geöffnet. Jetzt kann Josef nicht mehr wegschauen."

„Aber was sollen wir denn da machen, Jona? Josef soll auch nicht traurig sein und leiden müssen!"

„Jaro, ich glaube, wir können Josef nicht sofort helfen. Du kannst es ja mal probieren! Haha!"

Und was macht mein kleiner Bruder Jaro? Er lässt sich tatsächlich auf die Erde gleiten und beginnt, Josef zu trösten. Hihi! Das klappt nicht so richtig. Jaro streicht über Josefs Wange. Jedenfalls hatte er das vor. Aber seine Hand kann ihn nicht streicheln. Sie geht durch Josef hindurch. Ich muss kichern.

„Jona, lach mich nicht aus! Ich sehe auch, dass es nicht geht. Der arme Josef!"

Ich denke jetzt mit ganzer Hingabe und Liebe an Josef. „Ich mag dich so sehr!", flüstere ich ihm zu. Plötzlich schaut Josef nach oben. Er lächelt. Seine Augen strahlen.

„Bist du das, Jona? Du hast es mir ja versprochen. Und ich habe dich jetzt wirklich gespürt! Bist du da? Mit deinem Bruder? So unsichtbar wie Tom, von dem du mir erzählt hast? Ich glaube es nicht! Das ist ja wie ein Wunder!"

Ich freue mich sehr, dass Josef mich gehört hat. Josef steht auf. Ich muss lachen. Er fängt an zu tanzen. Die Kinder kommen zurück und umringen ihn. Sie halten sich an der Hand und tanzen einen Reigen. Josef steht in der Mitte und tanzt und lacht. Dann beginnt er zu singen: „Mein Beruf, mein Beruf ist Spaß-ma-cher! Mein Beruf, mein Beruf ist Spaß-ma-cher! Nein, nein, nein, es ist Schluss, es ist Schluss, mit dem Metz-ger-da-sein! Nein, nein, nein, es ist Schluss, es ist Schluss mit dem Metz-ger-da-sein!"

„Ja, ja, ja, du bist Spaß-ma-cher! Ja, ja, ja, du bist Spaß-ma-cher!", antworten die Kinder singend. „Es ist Schluss, Schluss, Schluss mit dem Metz-ger-da-sein! Josef trinkt Wein und liebt je-des Schwein!", reimen die Kinder weiter.

Josef bleibt abrupt stehen. „Und liebt jedes Schwein", sagt er leise vor sich hin. „Und liebt jedes Schwein", sagt er noch ein zweites Mal leise. „Und liebt jedes Schwein", sagt er plötzlich lauter. „Und liebt je-des Schwein", ruft Josef dann lachend und singend. Er beginnt wieder zu tanzen. „Ich bin ein Spaß-ma-cher! Ich bin ein Spaß-ma-cher! Ich trinke Wein und liebe je-des Schwein! Ich trinke Wein und liebe je-des Schwein! Hoho! Hoho! Hoho!", lacht Josef zum Schluss. Josef lacht und lacht und hört gar nicht mehr auf. Und jetzt sehe ich, dass er Tränen in den Augen hat.

„Josef, du weinst ja!", sagt das kleine Mädchen mit den Zöpfen zu ihm. Josef setzt sich wieder auf den großen, grauen Stein. Das Mädchen setzt sich auf seinen Schoß.

„Liebe Magdalena, ja, ich weine", antwortet Josef.

„Bist du traurig, Josef?", fragt das Mädchen.

„Magdalena, ich bin traurig und glücklich zugleich!"

„Das verstehe ich nicht", sagt das Mädchen. Dann gibt es Josef einen Kuss auf die Wange und rutscht von seinem Schoß herunter.

Josef schaut nach oben. Ich glaube, er vermutet, dass Jaro und ich uns irgendwo da oben befinden. Das stimmt ja auch.

„Jona und Jaro, ihr tapferen Jungs! Ich halte, was ich Jona versprochen habe. Ich helfe euch!"

„Wir kommen bald wieder, Josef!", sage ich mit

meiner inneren Stimme zu Josef. Im selben Augenblick nickt Josef. Ich glaube, er hat mich verstanden.

Ich winke Josef zum Abschied zu. Er blinzelt mit den Augen. Dann hält er seine Hand vor die Augen und schaut nach oben. Josef lächelt. Oh, Josef, jetzt sagst du bestimmt nicht mehr, dass ich träume, wenn ich dir von Tom erzähle. Das denke ich und dann drehe ich mich wieder zu Jaro um.

„Jaro, schau, da ist das Gebäude, in dem die Schweine leben, die du liebst. Und Rudolph, der dich aus dem Sack befreit hat. Und daneben ist das Gebäude, in dem die Mamaschweine ihre Babys bekommen. Da war ich drin, als der Mann und der große Junge kamen und die sieben Babyschweine mitgenommen haben."

„Hier drüben ist ein drittes Gebäude. Da möchte ich hinein, Jona."

Jaro und ich schweben auf das Gebäude zu. Ohne uns nochmals abzusprechen, durchdringen wir das flache Dach. Eigentlich wollten wir jetzt sehen, wie es den Kühen geht. Aber da sind nochmals Schweine. Hunderte Schweine in unzähligen Buchten, eine neben der anderen. Vielleicht fünfzehn, zwanzig, fünfundzwanzig Schweine zusammen in einer Bucht. Die Schweine sind blutig. Ich kann nicht mehr hinschauen.

„Jona, wie viele Schweine auf einem Platz! Schau, und viele davon sind verletzt und voll Blut!"

Ein lautes Geschrei erschreckt mich. Auch Jaro

zuckt zusammen. Was ist passiert? Dann sehe ich es. Ein Schwein attackiert ein anderes Schwein. Es beißt immer wieder zu. Wie durchgedreht kommt es mir vor."

„Es kommt nicht weg, es kommt nicht weg!", ruft Jaro verzweifelt.

Ich weiß nicht genau, was Jaro meint. Aber ich glaube, er ist verzweifelt, weil sich das angegriffene Schwein nicht schützen kann. Es hat keinen Platz, um wegzulaufen.

Mir wird schlecht. Und dann sehe ich, dass die Schweine gar keine richtigen Ringelschwänze mehr haben. Nur noch so etwas wie einen Schwanzstumpf. Und der ist blutig. Ich muss hier raus!

Ich verschwinde einfach durch die Decke nach draußen. Ich habe nicht überlegt, ob Jaro mitkommt oder nicht. Ich kann nicht mehr!

22

Ich lasse mich durch die Luft gleiten. Mein Kopf lässt kein Denken mehr zu. Das Denken ist abgestellt. Zum Glück! Hin und her gleite ich und immer wieder hin und her. Immer im selben Rhythmus. Immer und immer wieder. Es ist so schön, einfach so dahinzuschweben.

„Jona, was machst du?"

Ich kann Jaro noch keine Antwort geben. Er ist für mich noch weit weg. Ich schwebe immer noch hin und her.

Dann spüre ich Ruhe in mir. Ich gleite zu Jaro und verschmelze mit ihm.

Einen kurzen Augenblick nur und dann bewegen wir uns weiter. Wir schauen von oben hinab. Unzählige Gebäude stehen da, eins wie das andere. Unzählige Gebäude mit Tausenden von Schweinen, die eingepfercht dahinvegetieren. Wir fliegen über die Gebäude hinweg. Wir wollen zu den Kühen. Nein, eigentlich stimmt das nicht. Ich möchte nicht zu den Kühen. Ich möchte kein Leid mehr sehen. Und trotzdem suchen wir nach ihnen. Warum nur? Was für einen Sinn soll es haben, wenn ich weiß, wie schlecht es auch den Kühen geht und wie traurig sie sind?

„Jona, du hast es selbst gesagt: Wir müssen es mit eigenen Augen gesehen haben, damit wir keine falschen Bilder im Kopf haben."

Ich nicke Jaro zu. Ja, das habe ich gesagt.

Wir fliegen weiter ohne genaues Ziel. Wir wissen ja nicht, wo die Kühe untergebracht sind.

„Ihr seid angekommen. Hier geht hinunter!", höre ich Tom sagen. Jaro ist schon auf dem Weg nach unten. Er hat wohl auch gehört, was Tom gesagt hat.

Es kostet mich Überwindung. Hoffentlich ist dies das letzte Mal, dass wir einen Stall besichtigen.

Im Inneren angekommen, sehe ich rechts und links Metallstangen, die einen Gang bilden. Vor den Stangen liegt das Futter der Kühe. Ich sehe viele Kühe, die ihre Köpfe durch die Metallstangen stecken. Nur so kommen sie an das Futter. Ein kleines Stück von diesen Futterplätzen entfernt liegen Kühe in Boxen – auf Gummimatten. Ich gleite etwas weiter, um auch die anderen Bereiche des Stalles besser zu sehen. Da sind einige Kühe, die im Stall umhergehen. Der Boden ist aus Beton mit Spalten. Er ist schmutzig, mit Kot und Urin verunreinigt.

„Jona, richtig laufen kann da keine Kuh. Hier ist doch alles rutschig durch den Mist!"

„Siehst du die Kuh da vorne, Jaro? Die versperrt der anderen den Weg durch den Gang. Sie kommt nicht durch und kann auch nicht ausweichen! – Und schau mal, Jaro, was kommt denn da? Ein großer Schieber, der den Mist wegschiebt!"

„Und die Kühe laufen hinterher und die eine steigt sogar drüber!"

„Ich sehe niemanden, der diesen Schieber bedient. Der läuft wohl automatisch!" Ich staune.

„Und wenn da mal eine Kuh herumsitzt, Jona, und plötzlich dieser Schieber kommt! Hoffentlich merkt sie das dann rechtzeitig!"

„Ja, und wenn die Kuh den Schieber noch gar nicht kennt und von ihm überrascht wird?" Ich möchte mir gar nicht ausdenken, was da passieren kann.

„Und schau mal, Jona, da sind die Kühe in einem Karussell. Was passiert denn da? Dürfen die Kühe Karussell fahren? Das ist bestimmt lustig für sie!"

Ich schaue in die Richtung, die mir Jaro zeigt. Es sieht wirklich wie ein Karussell aus und bewegt sich auch im Kreis wie ein Karussell, aber ganz langsam. Rundherum im gesamten Karussell stehen Kühe, jede in einem eigenen, schmalen Abteil. Ich beobachte, was da geschieht. Ich brauche eine Weile, bis ich verstanden habe, was die Kühe da machen. Das heißt, die Kühe machen darin eigentlich gar nichts. Es wird mit ihnen was gemacht. Von der Mitte her des Karussells bewegen sich Maschinenteile wie Arme auf die Kühe zu, bis zu ihren Eutern. Ich höre Geräusche wie ein Sprühen. Ich glaube, die reinigen die Zitzen der Kühe. Ein anderer Arm setzt den Kühen auf jede Zitze einen schmalen, hohlen Zapfen auf. Die Milch wird dann aus dem Euter der Kuh gesaugt. Die fließt dann in einen großen Schlauch. Aber was wird mit dieser Milch gemacht? Die gehört doch den Kälbern!

Jaro schaut genauso gespannt diesem Geschehen zu.

„Jona, wird die Milch dann den Kälbern gebracht? Aber die können doch selbst bei ihrer Mama trinken! Die muss doch nicht für sie abgepumpt werden!"

Jaro und ich sind ratlos. Wir können uns kein richtiges Bild davon machen, was hier geschieht. Also sollten wir noch schauen, wo die Kinder der Kühe sind und was die machen.

Wir schweben wieder durch die Decke nach draußen. Im selben Augenblick sehe ich noch einen Mann, der sich gerade um eine Kuh kümmert. Es ist Josef! Die Kuh muht jämmerlich.

Ich sage nichts zu Jaro. Er war schon draußen. Er hat Josef nicht gesehen, sonst hätte er etwas gesagt. Ich möchte ihn nicht beunruhigen. Was macht Josef in diesem Stall? Gehören ihm auch die Kühe? Und wollte Josef nicht Spaßmacher werden?

Später will ich darüber nachdenken. Jetzt suchen wir erst einmal nach den Kälbern.

Nicht weit von hier entfernt, am Rande eines der nächsten Gebäude, fallen mir kleine, weiße Hütten auf, die zu Dutzenden nebeneinander stehen. Ich gleite nach unten, um zu sehen, was es mit diesen Hütten auf sich hat. Da steht ein Kälbchen. Es schaut aus einer Plastikhütte heraus. Davor ist noch ein bisschen Platz. Ein Metallzaun ist drum herum gebaut. Es ist also, wie ich geträumt habe. Nur waren in meinem Traum viele Kälber zusammen in einem Stall. Hier ist jedes allein in einer Hütte. Jedenfalls ist es wahr, sie werden ihren Müttern weggenommen.

„Weißt du noch, Jaro, als unsere Kuh Mirielle ihr Kalb gesucht hat?"

„Ja, daran kann ich mich noch sehr gut erinnern! Denn Mirielle hat kläglich geschrien, immer wieder. Bis sie ihren Kleinen dann gefunden hatte. Er hatte sich verletzt und konnte deswegen nicht zur Mutter zurücklaufen."

„Ja, so war es. Und wir waren alle so froh, dass die beiden wieder zusammen waren. Und dann hat Gregor, das Kälbchen, sofort bei seiner Mutter getrunken."

Ich habe kaum ausgesprochen, fängt das kleine Kälbchen, das aus seiner weißen Hütte herausschaut, an zu schreien. Es dreht sich um sich selbst, einmal, zweimal, als suche es etwas. Ich bin mir sicher, es sucht nach seiner Mutter.

Ich möchte zurück, zurück in unsere Höhle. Ich möchte nichts mehr erfahren. Es ist genug!

„Da müssen sie sein. Ich spüre es!", schreit es plötzlich. Drei graue Reiter bringen ihre weißen Pferde zum Stehen und befinden sich jetzt genau unter uns. Den einen davon kenne ich. Er hat uns noch verfolgt, als wir mit Ella geflohen sind. Die anderen beiden Grauen müssen neu dazugekommen sein.

„Ich sehe niemanden", sagt einer der beiden anderen.

„Aber ich spüre sie, du Dummkopf!", brüllt der erste wieder.

Im gleichen Moment, als er dies sagt, fällt er von seinem Pferd. Die beiden anderen lachen hämisch: „Wer von uns ist hier der Dummkopf? Der bist wohl du! Hast es wohl zu gut gespürt! Du Schnepfe! Du Schwachkopf!"

„Was für ein Schwächling! Haha! Es ist aus mit ihm!" Auf dem Boden liegt nur noch ein Häufchen Asche.

Jaro und ich beeilen uns jetzt. Nichts wie weg hier!

„Wir kommen wieder", rufe ich den Kälbchen noch zu, „versprochen, wir helfen euch. Wir bringen euch zu euren Müttern zurück. Versprochen!" Dann schweben wir eilig davon. Die Grauen stehen wie erstarrt. Haben sie mich rufen hören?

„Da ist ja Josef!", ruft Jaro begeistert. „Er hat eine Kuh bei sich. Was er wohl mit der Kuh macht, Jona?"

Hm, was macht Josef wohl mit der Kuh, denke ich. Um die hat er sich eben gekümmert. Und sie war es, die so geschrien hat.

Josef läuft die Straße entlang und bleibt vor einem Haus stehen. Er klingelt an der Tür und wartet. Die Tür geht auf. Eine Frau steht am Hauseingang. Sie guckt ganz verdutzt.

„Aber Josef, was machst du denn da?", sagt sie. „Du wolltest doch Milch vorbei bringen. Jetzt stehst du mit einer ganzen Kuh da!"

„Bist du Mutter?", fragt Josef die Frau.

„Aber Josef, das weißt du doch!"

„Dieses Tier, die Kuh, ist auch Mutter!", fährt Josef fort. Dann beginnt er zu singen, wie ein Barde. Er erzählt in seinem Lied die ganze Geschichte der Kuh. Und als er dann von ihrem Kind singt, das ihr entrissen wurde, fängt die Frau an zu weinen. Und die Kuh weint mit. Weil sie ihr Kind vermisst.

Das Kind der Frau kommt aus der Tür gelaufen. Es ist das Mädchen mit den Zöpfen. Es wird von seiner Mama in die Arme genommen.

„Mama", sagt das Kind, „ich möchte nicht mehr die Milch von der Kuh trinken. Die gehört dem Kälbchen! Und das Kälbchen soll wieder seine Mama haben!"

„Ja, Magdalena, das soll es!", antwortet die Mutter.

„Danke, Josef!", sagt sie und trägt ihr Kind ins Haus zurück.

Josef geht mit der Kuh zum nächsten Haus.

23

Wie ich mich freue, was Josef da macht! Er ist schon dabei, uns zu helfen! Die Frau war sehr traurig, als sie erfahren hat, dass man der Kuhmutter das Kind weggenommen hat. Das kleine Mädchen hat es auch sofort verstanden.

„Jona, Josef hat so gut gesungen! Ich habe auch fast weinen müssen."

„Ja, Jaro, mir ging es auch so. Ich freue mich sehr, wenn wir Josef wieder treffen. Wir haben uns nicht getäuscht, Jaro, er ist unser Freund!"

„Ja, er ist unser Freund! Komm, mein Bruder, wir fliegen jetzt nach Hause, in unsere Höhle. Dort feiern wir unseren Freund Josef!"

„Haha, Jaro. Was haben wir denn zum Feiern? Unser Wasser in der Trinkflasche?"

„Jona! Wir können tanzen! Und singen! Das ist eine schöne Feier!"

„Das stimmt, Jaro! Das ist eine schöne Feier! Dann auf, schnell nach Hause!"

Die Sonne ist gerade dabei, unterzugehen. Ich glaube, sie möchte mit uns feiern. Denn sie leuchtet in roten und gelben Farben. Und der Mond ist auch schon da. Er ist rund und schön. Mein Herz jubelt.

Wir retten die Tiere! Und Josef hat schon damit

begonnen!

Ich öffne meine Augen und sehe die leuchtenden Farben der Edelsteine an der Decke. Die Höhle feiert auch mit.

Jaro ist auch wieder zurück und aufgewacht. Ich spüre seine Hand. Er hat sie unter meine Decke gekuschelt und hält mich jetzt fest. Wir schauen uns an und freuen uns beide.

Jaro macht plötzlich einen Sprung aus seiner Decke und fängt an zu tanzen und zu singen. Ich setze mich auf und klatsche und trommle mit meinen Händen den Rhythmus dazu. Ich habe zwar keine Trommel, aber meinen Körper. Der hat viele Stellen, auf dem ich trommeln kann. Ich finde, das hört sich richtig gut an. Dann stehe ich auf und nehme Jaro an beiden Händen. Wir tanzen und singen zusammen. Dann löst sich Jaro von mir und begleitet mein Singen und Tanzen, mit Händen und Füßen. Das machen wir immer wieder abwechselnd. Manchmal singen wir ganz leise, dann werden wir lauter und manchmal summen wir nur. Dieses leise Summen mag ich besonders. Jaro mag wohl lieber das kräftige Singen. Dabei leuchten seine Augen am meisten. Wir können auch im Kanon singen. Das hat uns unsere Großmutter gelehrt. Mir macht das viel Spaß. Der eine fängt an zu singen und der andere setzt etwas später ein. Das ist lustig. Und manchmal kommen wir auch durcheinander. Dann ist es besonders lustig. Zu Hause singen wir oft mit mehreren Stimmen, wenn unsere Großmutter da ist. Vier verschiedene Einsätze sind das dann. Und wenn Freunde bei uns sind, singen wir sogar mit sechs oder sieben oder acht verschiedenen Stimmen. Und danach folgt meistens eine Kissenschlacht. Ich weiß nicht, warum das so ist. Es ist halt so.

Zack, jetzt liegt Jaros Decke auf meinem Kopf. Das Singen und Tanzen geht also gerade in die Kissenschlacht über. Ich nehme seine Decke von meinem Kopf, knülle sie kräftig zusammen und werfe sie Jaro entgegen. Währenddessen hat Jaro schon wieder meine Decke in der Hand, macht dasselbe und wirft sie mir vor die Brust. Na ja, so gut wie daheim ist hier die Kissenschlacht nicht. Wir haben hier halt nur unsere zwei Decken. Zu Hause haben wir mindestens zehn Kissen. Ich halte die Decke an meine Brust und renne damit Jaro entgegen. Plumps, sitzt er auf seinem Hosenboden. Dieses Spiel gefällt Jaro. Er nimmt meine Decke und knüllt sie sich auch vor die Brust. Und plumps, sitze ich auf meinem Hosenboden. So geht es eine Weile hin und her. Bis wir beide erschöpft auf dem Boden sitzen. Das war schön!

Ich hole uns die Trinkflaschen aus unseren Beuteln. Ich trinke eine halbe Flasche leer. Auch Jaro hat viel Durst. Seine Flasche ist fast leer.

„Unser Wunderpapier!", rufe ich. Das ist mir gerade eingefallen. Oh, ob wir dieses Mal eine Antwort bekommen haben?

Jaro springt auf. Er kann es auch kaum abwarten.

„Ich hole das Papier, Jona!"

Wir legen es vor uns hin und ich ziehe das beschriebene Papier unter den anderen Blättern hervor. Gespannt schauen wir beide auf das beschriebene Blatt. Wie können wir die Tiere retten, war unsere Frage. Und dahinter steht eine Antwort. Bin ich jetzt aber aufgeregt!

„Lernt die Menschen im Reich der unglücklichen Tiere kennen. Schaut, wie sie leben und wie sie sich fühlen. Schaut auch die Gegend an, in der sie leben. Dann vergleicht ihr Leben mit eurem. So könnt ihr herausfinden, was die Menschen dort brauchen und was ihnen fehlt und was sie vielleicht vermissen, ohne es zu wissen", lesen wir beide leise vor uns hin.

„Mit so einer Antwort habe ich nicht gerechnet, Jaro.

Eigentlich bin ich ein bisschen enttäuscht. Ich dachte, wir können sofort loslegen und die Tiere befreien."

„Jona, ja, die Antwort ist etwas seltsam."

„Das Papier wird es schon wissen, Jaro. Es ist ja das besondere Papier von unserer Großmutter. Es hat uns schon sehr geholfen."

„Ja, Jona, dann lass uns darüber nachdenken, wie wir die Menschen im Reich der unglücklichen Tiere kennenlernen können. Aber zuerst hätte ich gerne etwas zu essen. Soll ich uns Früchte besorgen? Es ist ja Vollmond."

„Ich gehe mit, Jaro. Ich lasse dich nicht mehr alleine fortziehen. Aber wenn ein grauer Reiter uns auflauert?"

„Hm. Da kann ich dir keinen Tipp geben."

„Ich weiß, was wir tun können, Jaro. Das habe ich schon einmal gemacht. Ich habe den Lapislazuli noch in meiner Hosentasche. Den werfe ich zur Höhle hinaus. Sollte da ein grauer Reiter sein und sein Pferd, dann erschrecken beide, wenn da plötzlich ein Stein aus der Höhle fliegt. Und das bekommen wir dann mit. Denn wem kann es schon gelingen, sich *leise* zu erschrecken!"

„Mein Bruder, ich habe die Ehre", sagt Jaro und verneigt sich vor mir, „das ist eine glänzende Idee! Nur frage ich mich, warum du dafür einen schönen Edelstein verwendest."

„Den habe ich beim letzten Mal, als ich die Höhle verlassen wollte, um dich zu befreien, für diesen Zweck gefunden. Also war es wohl das Richtige, ihn auch dafür zu verwenden. Und jetzt mache ich das Gleiche einfach nochmals, Bruderherz."

„Da kann ich nichts entgegensetzen, mein lieber Bruder. Es wird richtig sein." Jaro lächelt mich an und ich zwinkere ihm zu.

Und schon fliegt der schöne Stein nach draußen. „Klack", macht es wieder wie beim letzten Mal, obwohl der Stein ja vermutlich wieder ins Gras gefallen ist. Das leise Rascheln fehlt. Seltsam! Jaro und ich lauschen. Wir hören nichts, was auf Besucher vor unserer Höhle hindeuten könnte, keinen einzigen Laut. Die Luft dürfte rein sein. Also, los geht's!

Wir holen unsere Beutel und zwängen uns durch den Höhlenspalt. Der Mond leuchtet uns entgegen. Dann suche ich nach meinem Lapislazuli. Er liegt, wie ich vermutet habe, ein paar Meter vom Höhleneingang entfernt im Gras. Ich hebe ihn auf und streiche über ihn. Er gefällt mir. „Danke für deinen Dienst!", sage ich zu ihm. Dann stecke ich ihn wieder in meine Hosentasche.

Ich bin guter Dinge. Jaro auch. Wir hüpfen zusammen. Es dauert nur ein paar Minuten und wir sind am Hügel der Früchte angekommen. Jetzt kann die Schlemmerei beginnen! Ach nein! Das dürfen wir nicht. Das wäre zu leichtsinnig! Wir pflücken also von Sträuchern und Bäumen alle möglichen Beeren, Früchte und Nüsse. Wir reden nicht miteinander, sondern packen nur eifrig unsere Taschen und Beutel voll. Wir wollen keine Zeit verlieren. Wer weiß, wo sich der nächste graue Reiter aufhält! Als wir unsere Taschen kaum mehr tragen können, machen wir uns wieder auf den Rückweg.

Ich erschrecke. Ein grauer Reiter steht vor unserem Höhleneingang. Wir lassen schnell unsere Taschen fallen und rennen den Weg wieder zurück. Wir rennen und rennen! Aber wissen gar nicht, wohin. Nur weg! Nein, welch schreckliche Vorstellung, dass mir mein Bruder wieder genommen wird! Schnell davon mit ihm! Ich halte ihn fest an der Hand.

Nach einiger Zeit sind wir etwas langsamer. Wir laufen mitten durch einen Wald. Den haben wir zuvor noch nicht gesehen. Wir müssen vorsichtig gehen. Viele Sträucher und Wurzeln versperren uns den Weg. Ich schaue gut auf Jaro, dass ich ihn nicht verliere. Aber einen großen Teil unserer guten Früchte und Nüsse haben wir zurücklassen müssen. Oh, wie hungrig und durstig ich bin! Vor allem, wenn ich daran denke, dass wir kein Wasser bei uns haben. Und nirgends dürfen wir uns aufhalten. Wenn uns der Reiter nachstellt und unsere Spuren findet, könnte er uns einholen. Aber einen Vorteil haben wir, denke ich. Jaro und ich haben flinke Beine. Das weiße Pferd aber lahmt. Und ich weiß, auch wenn der Graue es antreibt, es ist auf unserer Seite und wird alles tun, um den Grauen aufzuhalten.

Obwohl Jaro und ich geübte Läufer sind, vor allem auch Jaro, schnauben wir jetzt wieder wie die Rösser.

„Wo laufen wir eigentlich hin, Jona?"

„Ich weiß es auch nicht. Aber mir kommt eine Idee! Wir laufen zu Josef. Er ist unser Freund. Bei ihm finden wir Schutz."

„Ja, das machen wir!", ruft Jaro begeistert. Er hat Josef auch schon sehr liebgewonnen. „Aber der Weg ist weit, Jona!"

„Ja, das ist er. Aber wir schaffen das. Wir kennen ihn ja schon gut. Nein, das stimmt nicht. Von hier aus müssen wir erst wieder den alten Weg finden. Durch diesen Wald sind wir ja noch nie gegangen."

„Also müssen wir uns erst einmal orientieren", antwortet mein lieber, schlauer Bruder. Hihi!

„Oder wir haben Glück, Jaro, und wenn wir den Wald verlassen, sind wir wieder auf unserem gewohnten Weg."

„Das können wir nur hoffen, Jona. Aber der gewohnte Weg ist auch den Grauen bekannt."

„Weißt du was, Jaro, ich vertraue jetzt einfach darauf, dass alles gut geht. Alles andere ist mir jetzt zu kompliziert. Es ist dunkel. Und auch der Graue kann jetzt nicht besonders viel sehen."

„Aber es ist Vollmond, Jona, siehst du unseren lieben Gefährten am Himmel nicht?"

„Doch, natürlich sehe ich den Mond. Wenn der nicht für uns leuchten würde, wären wir nicht so schnell vorwärts gekommen. Ja, ich weiß ja, was du meinst, Jaro, er leuchtet ja auch dem grauen Reiter."

„Also gut, Jona, ich vertraue dir einfach und du vertraust dem Mond und den Sternen. Oder? Es wird alles gut werden!"

„Tom, bist du bei uns? Kannst du uns bitte ein Zeichen geben, falls wir in Gefahr sind?"

Wie schön es ist, Tom zu spüren. Ja, er ist bei uns und wir können uns auf ihn verlassen. Jaro schaut jetzt auch zufrieden.

Wir fühlen uns jetzt sicherer. So machen wir langsamer, um etwas zur Ruhe zu kommen.

„Jona, meinst du, Mama geht es gut?"

„Ich glaube schon, Jaro. Aber ein bisschen traurig wird sie schon sein. Sie weiß ja gar nicht, wie es uns geht."

„Manchmal denke ich ganz fest an sie, Jona. Ich glaube, dass sie das schon merkt. Dann weiß sie, dass es uns gut geht."

„Ja, das mache ich auch. Ich kann Mama spüren. Und dann spürt sie mich."

Ein bisschen tut mir mein Herz schon weh, wenn ich an Mama denke. Aber irgendwann, und sicher dauert es nicht mehr allzu lange, sind wir wieder zu Hause.

„Jaro, dieses Mal würde ich sagen, dass wir an der Gabelung den linken, kürzeren und bequemeren Weg gehen. Ich glaube auch, dass uns die grauen Reiter eher auf dem beschwerlichen Weg vermuten. Dort hat uns ja der letzte Graue erwischt."

„Ja, das denke ich auch, aber nur, falls wir uns nicht selbst verraten, Jona."

„Das stimmt!"

24

Auf dem Weg ist alles gut verlaufen. Wir sind keinem grauen Reiter begegnet. Jetzt stehen wir im Reich der unglücklichen Tiere und wissen nicht, wohin. Es ist noch nicht hell. Aber hier wird es ja sowieso nie so richtig hell. Daran muss ich mich erst gewöhnen. Das drückt meine Stimmung. Ich liebe es, wenn die Sonne aufgeht und wenn es dann langsam immer heller wird. Jaro und ich stehen zu Hause manchmal vor dem Sonnenaufgang auf. Wir setzen uns dann auf unsere große Wiese Richtung Osten. Ich mag es besonders, wenn noch ein paar Wolken am Himmel sind. Die Sonne sucht sich dann den Weg durch die Wolken. Sie strahlt dann durch die Wolken in alle Richtungen. Und in mein Herz strahlt sie dann auch, gelb und orange und rot. Das stelle ich mir so vor. Weil es so schön ist. Hier im Reich der unglücklichen Tiere sehe ich kein Licht strahlen, nicht einmal einen Schimmer. Alles ist grau.

„Oh, Josef! Wo kommst du her?", ruft Jaro. Ich war ganz in meine Gedanken versunken und habe nicht bemerkt, dass Josef kommt. Es stimmt also doch nicht ganz, dass hier alles grau ist. Josef, unser Freund, leuchtet. Er freut sich, dass wir da sind!

„Hallo, Jona, hallo, Jaro, meine beiden kleinen

Freunde! Wie ich mich freue, euch zu sehen!"

Wir laufen uns entgegen und fassen uns alle drei an den Händen. Die drücken wir ganz fest. Dann lasse ich Josef und Jaro los und stürze mich in die Arme von Josef. Josef drückt mich. Und ich drücke ihn auch ganz fest. Das soll gar nicht mehr aufhören! Mit seinem anderen Arm nimmt Josef jetzt auch Jaro zu sich. Jaro kuschelt sich an ihn.

„Josef, wir haben dich gesehen und gehört, als du mit der Kuh vor dem Haus mit dem Mädchen mit den Zöpfen das Lied über die Kuh gesungen hast! Oh, das war ja so schön! Und die Mutter hat geweint! Und jetzt wollen sie keine Milch mehr trinken. Und das Mädchen möchte, dass das Kälbchen wieder seine Mama bekommt! Josef, das war die beste Idee!" Das sage ich zu Josef und Jaro nickt ganz eifrig dazu.

„Ja, Kinder, das war ein wunderbares Erlebnis, auch für mich!"

„Und wie ging es dann weiter, Josef? Du bist ja zum nächsten Haus, haben wir gesehen."

„Oh, es war nicht immer so wunderbar. Einmal hat mich ein Mann davongejagt. Und einmal hat mir einer Kartoffeln nachgeworfen. Es gab auch Frauen und Männer, die mich angeschrien haben, ich solle sofort verschwinden. Am schönsten war es mit den Kindern. Wenn ein Kind dabei war, dann ging alles gut. Die Kinder haben sofort verstanden, was ich ihnen erzähle. Und die Kinder waren sofort entschlossen, der Kuh das zurückzugeben, was ihr gehört! Ja, die

Kinder haben mich verstanden!"

„Und was machst du jetzt, Josef?" Jaro schaut Josef gespannt an.

„Jetzt bin ich mir unsicher, wie ich weitermachen soll. Manche Väter haben mit ihrem Kind geschimpft, als ich dabei war wegzugehen. Ich habe es aber noch gehört. Ich weiß nicht, ob es diese Kinder geschafft haben, bei ihrem Willen zu bleiben."

„Josef! Wie viele Kinder hat dieses Reich?" Mir fällt plötzlich eine glänzende Idee ein.

„Oh, Jona, wir haben Tausende von Kindern hier!"

„Josef, mit *Tausenden* von Kindern können wir den Tieren helfen! Kinder haben viel Kraft. Hast du das gewusst, Josef?"

„Oh ja, das habe ich schon manchmal gespürt. Hoho, hoho, hoho!", lacht Josef wieder. Wie schön das ist, Josef wieder lachen zu hören.

„Aber, Kinder, was hat euch hierhergeführt? Und was habt ihr hier vor?"

„Wir konnten nicht mehr in unsere Höhle zurück. Weil da ein grauer Reiter davorstand."

„Ein grauer Reiter? Von solch einem hast du mir schon einmal erzählt, Jona. Also, ich kenne keinen grauen Reiter. Das hört sich schon ein bisschen abenteuerlich und unwirklich an."

„Josef, du weißt, ich erzähle dir keine Märchen! Das ist Wirklichkeit! Glaube es mir! Weißt du noch, dass du mir nicht glauben wolltest, dass Tom mich begleitet und innerlich zu mir spricht?"

„Oh ja, mein Lieber! Das habe ich sehr seltsam gefunden. Aber jetzt weiß ich es selbst besser! Es stimmt doch, dass du mit mir gesprochen hast, als ich so traurig auf dem großen Stein saß, oder?"

„Ja, Josef, und du hast mich gespürt und gehört!"

„Das war wie ein Wunder, Jona! Aber ich weiß jetzt, dass es geht!"

„Wir können dir auch alles erzählen, was du gemacht hast! Du hast mit den Kindern getanzt und gesungen. ‚Es ist aus mit dem Metzgerdasein', hast du gesungen. ‚Ich liebe jedes Schwein', so ging dein Lied dann weiter."

„Ja, ja, das war lustig mit den Kindern. Und was ich gesungen habe, meine ich ganz ernst. Ach so, und deswegen kennt ihr auch das Lied von der Kuh! Ihr wart auch da dabei."

„Ja, Josef, du hast viel erzählt, was wir nicht gewusst haben. Dass das Kälbchen von seiner Mama *sofort* weggenommen wird, wenn es auf die Welt kommt. Die Mama darf es gerade noch ablecken. Manchmal. Und die Kuh muss jedes Jahr ein Kälbchen bekommen, weil die Menschen die Milch von der Kuh haben wollen. Und alle möglichen Dinge, die aus Milch gemacht werden. Zum Beispiel Käse, hast du gesagt. Obwohl die Milch doch für das Kälbchen ist und nicht für die Menschen. Das bekommt dann nur eine Ersatzmilch, irgendwas Künstliches, was es gar nicht will. Und es darf nie bei seiner Mama trinken."

„Und jedes Mal freut sich die Mamakuh auf ihr Kälbchen, wenn sie wieder eines bekommt. Und jedes Mal wird ihr das Baby weggenommen. Immer wieder wird es ihr weggenommen." Jaro hat sich auch alles gut gemerkt. Er spricht jetzt sehr traurig.

„Jetzt kommt erst einmal, Kinder. Ich nehme euch mit nach Hause zu mir. Dort dürft ihr euch erst einmal ausruhen, wenn ihr wollt. Später haben wir dann noch viel Zeit, alles zu besprechen."

„Bekommen wir auch etwas zu essen, Josef? Und etwas zu trinken? Ich habe ja solchen Hunger und solchen Durst!" Jaro schaut Josef mit großen Augen an.

„Aber selbstverständlich, Jaro, du kleiner Nimmersatt! Iss so viel bei uns, wie du kannst!"

„Oh, besser nicht, Josef! Du kennst Jaro nicht. Er ist unersättlich. Er merkt erst dann, dass er zu viel gegessen hat, wenn es zu spät ist."

„Hoho, hoho, hoho!", lacht Josef da wieder. „Dann kommt mal mit! Ich freue mich riesig über euren Besuch!"

Hüpfend begleiten wir Josef. Wie schön es ist, einmal in Sicherheit zu sein und keine Angst haben zu müssen. Aber ein bisschen aufgeregt bin ich schon. Ich weiß ja nicht, was uns bei Josef erwartet.

„Josef, wohnst du alleine?"

„Oh, nein, Jona, ich habe eine Frau und zwei große Enkelkinder, die bei uns wohnen. Aber die Enkelkinder, die schon groß sind, haben eine eigene kleine

Wohnung in unserem Haus."

„Sind die schon erwachsen, Josef?", fragt Jaro.

„Ja, das kann man so sagen, Jaro. Aber sie sind noch sehr jung. Sie studieren beide noch. Und da die Universität nicht weit weg von uns zu Hause ist, wohnen sie bei uns."

„Sind sie nett?", frage ich weiter. Wir werden jetzt ja auch Menschen treffen, die wir noch nicht kennen. Und das finde ich schon aufregend. Jaro lacht vor sich hin. Ich glaube, er denkt da nicht darüber nach.

„Aber, Jona, natürlich sind meine Enkelkinder nett! Ich bin doch auch nett! Hoho, hoho, hoho!"

„Dann bin ich ja froh!" Ein bisschen bin ich erleichtert. Aber so ganz ist meine Aufregung nicht weg.

„Ihr werdet meine beiden Enkeltöchter sehr mögen. Und sie werden euch schnell ins Herz schließen. Das kann ich mir gar nicht anders vorstellen."

„Und deine Frau, Josef, lacht die auch so lustig wie du?", fragt Jaro.

„Meine Frau Mathilde lacht noch lustiger als ich. Und wenn sie lacht, dann wackelt ihr Bauch mit. Ja, ihr ganzer Körper wackelt dann. Das sieht auch noch lustig aus."

„Ihr seid aber eine lustige Familie, Josef!" Jaro nimmt Josef bei der Hand und lacht. Dann streckt er ihm die Zunge entgegen. Jaro ist ein bisschen übermütig. Ich glaube, das liegt daran, dass er auch ein bisschen aufgeregt ist.

„Hoho, hoho, hoho", lacht Josef da mit, „was du für eine schöne Zunge hast, Jaro!"

„Wir sind angekommen!", verkündet Josef. Meine Hände sind ein wenig feucht. Und jetzt bemerke ich auch wieder, wie neblig und grau es im Reich der unglücklichen Tiere ist. Aber ich komme gar nicht dazu, darüber nachzudenken. Denn plötzlich geht die Haustür von innen auf. Und da steht eine Frau, die uns zulacht und zuwinkt.

„Seid ihr die netten Brüder Jona und Jaro, von denen mir mein Mann schon so viel erzählt hat?", fragt sie uns. Aber sie wartet auf keine Antwort. Sie redet einfach weiter und sagt: „Das habe ich mir doch gleich gedacht. Ja, ja, ich habe doch gewusst, dass ihr eines Tages hier erscheinen werdet."

„Warum hast du das gewusst, gnädige Frau?", fragt Jaro. Jaro ist immer ein bisschen neugierig. Aber mich würde es schon auch interessieren, warum die gnädige Frau das schon gewusst haben sollte.

„Das erzähle ich euch drinnen, ihr lieben Jungs. Es ist nämlich ein großes Geheimnis!"

Oh, Geheimnisse mag ich. Ich bin schon ganz gespannt, was uns die gnädige Frau erzählen wird. Ich kann es mir gar nicht vorstellen, was das sein könnte.

„Mathilde, darf ich vorstellen: Das ist mein lieber Freund Jona. Du weißt, das ist der Junge, der mir die dicke, leckere Feige zu essen gegeben hat. Und das ist sein Bruder Jaro. Er ist auch zu meinem Freund geworden. Du weißt, das ist der Junge, der die Schweine getröstet hat."

Ich gebe der Dame die Hand. Sie lacht mich mit ihren runden Äuglein freundlich an, wirklich sehr freundlich. Mein Herz wird richtig warm davon. Jona gibt ihr anschließend die Hand. Er schaut sie mit großen Augen an. Die Dame streicht Jaro über sein Haar. Dann stelle ich mich auch nochmals neben Jaro. Ich war nämlich schon an der Dame ein Stückchen vorbeigegangen. Aber ich hätte auch so gerne, dass sie mir über mein Haar streicht. Ich schaue die Dame an. Mir fallen wieder ihre Augen auf. Die mich so sanft anschauen. Mir ist, als ob ich diese Augen schon einmal gesehen hätte. Dann streicht die Dame mir über mein Haar. Ich genieße es. Es tut mir gut. Ich glaube, die Dame hat es gemerkt, dass ich mir das auch wünsche.

Josef folgt uns. Als wir alle in der Wohnung angekommen sind, schließt Josef die Tür hinter sich.

Wir setzen uns alle an den Küchentisch. Josefs Frau hat uns da Plätze angeboten. Und sie hat gesagt, dass wir nicht immer gnädige Frau sagen sollten. Das würde sie zwar sehr freundlich und höflich finden, aber wir seien doch Freunde und zu Freunden würde man nicht gnädiger Herr und auch nicht gnädige Frau sagen. Da haben Jaro und ich uns sehr gefreut, dass Josefs Frau jetzt auch unser Freund ist. „Es ist eure *Freundin*", würde jetzt Mama sagen, denn es ist doch kein Mann, sondern eine Frau. Das stimmt. Mama hat da schon Recht, denke ich. Aber ich glaube, es ist nicht so wichtig.

Oh, wie der Tisch so reichlich gedeckt ist! Hat Mathilde auch gewusst, dass wir *heute* kommen?

„Darf ich da nehmen, was ich möchte?", fragt Jaro Mathilde. Jaro leckt sich seine Lippen ab. Ich sehe ihm an, wie er es gar nicht mehr abwarten kann, loszulegen. Oh, mein Bruder, iss bitte nicht zu viel, denke ich.

„Selbstverständlich darfst du hier alles nehmen, was du möchtest, Jaro. Und du natürlich auch, Jona! Lasst es euch schmecken! Ihr habt sicher schon lange nichts mehr gegessen und habt großen Hunger!"

„Ja, gnädige Frau, wir haben einen Riesenhunger!", antwortet Jaro. Jetzt hat Jaro wieder gnädige Frau gesagt. Wahrscheinlich hat er vor Hunger vergessen, dass er doch Mathilde sagen soll. Mathilde sagt aber nichts. Sie lächelt Jaro an.

„Dann legt los, Jungs!", sagt Josef.

„Danke, Josef und Mathilde!", sage ich. Dann lege ich meine Handflächen aneinander, bedanke mich beim großen Geist für all das Leckere und verneige mich. Das mache ich ganz leise und ganz kurz.

Und plötzlich fängt Jaro ganz laut und deutlich an zu sprechen:

„Erde, die uns dies gebracht,
Sonne, die es reif gemacht:
Liebe Sonne, liebe Erde,
Euer nie vergessen werde."

Jaro schaut uns alle an. Seine Augen strahlen. Dann beginnt er zu essen. Und Mathilde und Josef lächeln.

25

Wir sind alle satt. Das Essen hat mir gut geschmeckt. Jaro hält sich seinen Bauch, aber er sagt nichts. Ich frage ihn auch nicht, wie es ihm geht, damit er nicht wieder jammern muss. Das macht er ja ganz gerne. Aber es fällt mir doch ein bisschen schwer, mich ganz zurückzuhalten. Ich pikse ihm mit meinem Zeigefinger in den Bauch und sage: „Oh, Jaro, der ist aber dick!" Ich muss schmunzeln. Jaro antwortet nicht und ich lasse ihn in Ruhe. Wir haben jetzt ja Wichtigeres zu tun, als uns gegenseitig zu necken.

Mathilde räumt den Tisch ab. Ich springe gleich auf und helfe ihr. Jaro fragt, ob Mathilde auch seine Hilfe brauche. Mathilde verneint und Jaro ist froh. Er ist jetzt mit seinem Bauch beschäftigt. Das ist selten, dass ich der Schnellere von uns beiden bin. Hihi!

Wir sitzen jetzt wieder zu viert um den Tisch. Jeder hat noch ein Glas mit Wasser vor sich stehen. Keiner sagt etwas. Es ist mucksmäuschenstill. Wahrscheinlich würde man jetzt eine Nadel auf den Boden fallen hören, so still ist es. Ich höre meinen Atem. Und ich höre, wie Jaro atmet. Er atmet schwer. Er hat zu viel gegessen. Ich höre auch Mathilde atmen. Sie atmet langsam und ruhig. Josef beginnt zu sprechen.

„Jona und Jaro, wollt ihr uns eure ganze Geschichte erzählen?"

Ich schaue Jaro an. Er nickt mir zu. Ich bin auch einverstanden. Wir können Josef und Mathilde vertrauen. So beginne ich zu erzählen.

„Ja, unsere Aufgabe ist es, die Tiere zu retten!", schließe ich meine Erzählung. Jaro hat Tränen in den Augen. Auch Mathilde und Josef sind sehr berührt. Sie fühlten sich am Leid der Tiere mitschuldig, haben sie gesagt. Auch bei mir ist alles wieder hochgekommen. Das ganze Leid der Tiere! Mir kullern die Tränen die Wangen herunter. Ich leide mit den Tieren mit und kann mich gar nicht richtig beruhigen.

Plötzlich klopft es mit fester Hand an die Tür. Wir erschrecken. Mathilde geht an die Tür, um nachzuschauen, wer da ist.

„Nein", sagt sie, „wer soll bei uns sein? Zwei Jungen?" Das brüllt Mathilde fast. Wahrscheinlich, dass wir es mithören können. Die Küchentür hat Mathilde nämlich geschlossen, bevor sie an die Haustür ging.

„Schnell!", flüstert Josef. „Schnell nach oben! Ich gehe mit euch." Jaro und ich laufen schnell und auf Zehenspitzen die Treppen hoch. Josef läuft hinter uns hinauf. „Jetzt rechts! Hier hinein!" Josef stellt ein großes Bild, das dort neben dem Bett steht, auf die Seite. Ich kenne es. Es ist von Van Gogh. Es heißt Sternennacht. Ich liebe das Gemälde. Dahinter ist eine kleine Tür. Josef öffnet sie und wir schlüpfen hinein. Gekauert verharren wir dort. Ich höre, wie Josef das Gemälde wieder vor die Tür stellt.

Ich halte meinen Atem an. Jemand stapft die Treppen hoch. Aber das kann nicht nur einer sein. Es ist ein richtiges Getrampel.

„Wehe euch, wenn ihr uns angelogen habt, ihr Gesindel! Wo sollen die Jungen denn sonst sein? Ich weiß es genau, dass sie in diesem Haus sind. Das haben die beiden Tollpatsche mit ihrem Geplärre doch selbst verraten. Wehe euch!", droht eine Stimme. Das können nur die grauen Reiter sein, denke ich. Die fluchen ja immer! Oder sie gehen elendig zugrunde. Scheinbar können sie nur das eine oder das andere.

Die Tür zum Schlafzimmer wird aufgestoßen. Mit

einem Fußtritt. So hört es sich jedenfalls an. Dann höre ich ein Schlurfen. Die Grauen können wohl auch nicht ihre Beine heben, um zu gehen. Das alles fällt mir ein, obwohl ich unheimlich Angst habe, dass sie unser Versteck entdecken.

„Schmeißt mal das Kissenzeug vom Bett herunter!", befiehlt einer der Grauen. „Keiner drunter! Das Lumpenpack! Wo hat es sich versteckt?"

„Was ist denn das für ein Gefunkel! Haha! Dass ich nicht lache!", kreischt einer der Grauen. Dann kracht es. Genau vor unserer Tür, hinter der wir uns versteckt halten. Das schöne Gemälde! Der Graue hat es kaputt getreten.

Hoffentlich macht er jetzt keinen Schritt weiter! Jaro kommt mit seiner Hand und umfasst meinen Arm. Er drückt immer fester zu. „Au, Jaro!", flüstere ich. „Drück nicht so fest! Das tut mir weh!"

„Habe ich da nicht etwas gehört? Ein Au oder so ähnlich?", schreit der Graue.

Meine Hände werden augenblicklich feucht. Jaro klammert sich an mich. Nein, nein, es darf nicht passieren!

„Tom, hilf uns irgendwie!", flehe ich ihn an.

„Denke nicht an dich! Denke an die Tiere, denen ihr helfen wollt! Fühle mit ihnen! Stark! Mit ganzer Kraft! Du darfst auch weinen!" Tom hat mir blitzschnell geantwortet. Aber in so einem Augenblick nicht an sich selbst zu denken, ist fast unmöglich. Mir erscheint das verletzte Küken mit nackter roter Haut vor meinen Augen, das Wasser trinken wollte. Es stürzt um und bleibt liegen. Es ist tot. Es schnürt mir den Magen zu. Ich weine. Jaro weint auch. Er schluchzt laut. Wir sind verraten, denke ich.

Im selben Augenblick reißt jemand die Tür auf. Jaro und ich sitzen da wie verängstigte, aufgescheuchte Hühner. Mit großen Augen schauen wir in die Augen des grauen Reiters. Ich bin wie starr. Jaro und ich rühren uns nicht von der Stelle.

„Habe ich euch, ihr Dummköpfe!", brüllt der Graue.

„Jona, Jaro, es geht nicht um euch. Ihr seid für die Tiere da!", ruft uns Tom zu. Ich höre es richtig laut.

Der Graue zerrt uns aus der Kammer heraus. Ich sehe Mathilde, die ihre Hände vors Gesicht schlägt. Josef kommt von hinten. Er schlägt dem Grauen so fest auf die rechte Schulter, dass er in die Knie geht. Es stehen aber vier weitere graue Reiter um ihn herum. Die packen jetzt Josef und werfen ihn auf den Boden. Der eine stellt seinen Fuß auf ihn, damit er nicht wieder aufstehen kann.

„Jona, Jaro!", ruft uns Tom zu. In meinen Gedanken überschlägt sich jetzt alles. Ich sehe das tote Küken. Ich sehe das Kälbchen, das gerade von seiner Mutter weggetragen wird. Ich sehe die Mutter, die nach ihrem Kälbchen schreit. Ich sehe ein Schwein, das sich wehrt, weil ihm ein anderes sein Ringelschwänzchen anknabbert. Ich kann nicht mehr. Ich lasse mich fallen und weine und weine.

„Josef, Josef!", höre ich jetzt Mathilde rufen. „Schau, was passiert! Hat einer so etwas schon einmal gesehen?"

Von Mathildes Schreien aufgeschreckt, schaue ich nach oben. Keiner hält mich mehr fest. Jaro liegt neben mir. Er weint noch. Ich berühre ihn und wiege ihn ein bisschen mit meiner Hand hin und her.

„Schau mal, Jaro, du musst keine Angst mehr haben!" Jaro hebt seinen Kopf.

Einzig der Graue, der den Fuß auf Josef gestellt hat, scheint noch bei Sinnen zu sein. „Schnell davon!", brüllt er und rast die Treppen hinunter. „Ihr Laschen!", ruft er noch zurück und lacht. Dann höre ich die Tür, wie sie zuknallt.

Der Graue, der uns aus der Kammer gezogen hat, liegt jetzt neben uns. Das ist unheimlich! Ein Häufchen Asche.

Die anderen drei sacken gerade auf den Boden. Sie jammern: „Helft uns! Helft uns doch! Wir wollen leben!"

Aber selbst wenn wir ihnen helfen wollten, wüssten wir gar nicht, was wir tun sollten. Also überlassen wir sie ihrem Schicksal.

Wir gehen mit Mathilde nach unten. Sie hält Jaro und mich rechts und links an der Hand. Sie ist jetzt ein bisschen wie unsere Mutter. Josef bleibt noch im Schlafzimmer. Er hat gesagt, dass er hier oben alles wieder in Ordnung bringen will.

„Jetzt sind wir auch hier nicht mehr in Sicherheit",

sage ich zu Jaro und Mathilde.

„Jona, das kriegen wir schon hin!", antwortet Mathilde und drückt dabei meine Hand. „Jetzt wollen wir erst einmal wieder ein bisschen zur Ruhe kommen. Der Graue wird nicht sofort wieder zurückkommen. Er hat Angst, dass es ihm genauso ergehen wird wie seinen Kumpanen."

Mathilde führt uns in ihr Wohnzimmer. Dort stehen drei Sessel und ein breites Sofa. Ich setze mich mit Jaro und Mathilde aufs Sofa. Ist das bequem! So knautschig weich!

„Jona, Tom hat mir zugerufen, dass ich nicht an mich denken sollte, sondern an die Tiere, die wir retten wollen. Ich sollte an ihr Leid denken und mit ihnen mitfühlen."

„Ja, Jaro, das hat mir Tom auch gesagt. – Ich glaube, langsam ahne ich etwas, Jaro. Ich traue mich noch gar nicht, das auszusprechen. Jedenfalls sind sie alle in Asche zerfallen. Und der fünfte ist mit Grauen davongeeilt."

„Und kannst du dich auch erinnern, was einer der grauen Reiter gesagt hat? Es fällt mir gerade ein. Ich habe es von der Kammer aus gehört. Aber ich habe nicht darüber nachgedacht, was es bedeuten könnte."

„Ja, Jaro, wir hätten uns mit unserem Geplärre selbst verraten. Meinst du das?"

„Ja, das meine ich. Hm. Was meint er damit? Ich komme noch nicht darauf."

„Jetzt denkt mal nicht so viel!", unterbricht uns

Mathilde. „Trinken wir lieber was Feines zusammen! Wollt ihr gerne einen warmen Tee oder lieber einen Holundersaft?"

„Ich mag am liebsten zuerst einen Tee, dann einen leckeren Holundersaft. Geht das, Mathilde?"

„Ich auch, Mathilde! Geht das?"

„Natürlich geht das, ihr zwei Lieben! – Und für heute ist dieses Thema abgeschlossen! Versprecht ihr mir das? Wie wär's, wenn wir zusammen etwas spielten?"

„Oh ja!", rufen Jaro und ich wieder einmal wie aus einem Munde. Wir spielen halt gerne. Zu Hause haben wir einen Spieleabend, einmal in der Woche. Dazu laden wir manchmal auch Freunde ein. Lustig ist es auch, wenn unsere Großmutter dabei ist. Sie spielt auch gerne. Sie ist dann immer sehr vergnügt. Und wir sind auch vergnügt.

„Mathilde, hast du das Spiel mit den Bildkarten? Das mag ich besonders. Derjenige, der gerade dran ist, sagt irgendetwas, was zu seiner Karte passt. Das kann auch ein Lied sein, das er singt. Oder ein Gedicht. Oder auch nur ein Wort. Mir fällt gerade nicht mehr ein, wie das Spiel heißt. Und die anderen müssen dann unter mehreren Bildkarten erraten, welches die Karte ist, zu der das Gesagte gehört."

„Ich glaube, ich weiß, welches Spiel du meinst, Jona. Ja, dieses Spiel habe ich da. Ich mag es auch. Dann kann es ja losgehen. Aber zuerst schlürft ihr noch euren warmen Tee. Der tut euch gut!"

26

Das war ein schöner Abend. Josef hat auch mitgespielt. Wir haben nur gespielt und gelacht. Und Josef hat Recht gehabt. Wenn Mathilde lacht, wackelt alles bei ihr mit. Das haben Jaro und ich sehr lustig gefunden. Und dann hat uns Mathilde unser Zimmer gezeigt. Zwei Betten stehen darin. Nebeneinander. Jaro und ich haben uns ins Bett gelegt und an der Hand gehalten. So sind wir eingeschlafen.

Wir sitzen gerade am Frühstückstisch. Gefrühstückt haben wir schon. Und jetzt planen wir den Tag. Ich würde am liebsten gleich losziehen und die Tiere retten. Aber wie sollte das geschehen? Einfach die Stalltüren öffnen und die Tiere herausspazieren lassen? Josef lacht darüber.

„Damit würdest du niemandem helfen, Jona. Die Tiere würden hier in diesem Land keine Nahrung finden. Und sie würden von den Bauern und Metzgern und vielen anderen Helfern einfach wieder eingefangen werden. Und wir würden den größten Ärger bekommen. Ja, mich würde man ins Gefängnis stecken. Euch könnte man weniger anhaben, aber dafür euren Eltern. Die müssten das alles bezahlen. Nein, nein, Jona, das wollen wir mal lieber nicht tun!"

„Jona! Wir haben ja ganz vergessen, was unser

Zauberpapier uns geantwortet hat!"

„Stimmt, Jaro! Dann wissen wir ja, wie der Tag heute und auch die nächsten Tage aussehen werden."

„Da bin ich jetzt aber neugierig!", sagt Mathilde. „Was hat euer Papier denn gesagt? Ist das denn das besondere Papier von eurer Großmutter, von dem ihr erzählt habt?"

„Ja, Mathilde, das ist es", antwortet Jaro. „Und es hat gesagt, dass wir die Menschen in eurem Reich kennenlernen sollen. Wir sollen schauen, wie ihr lebt und fühlt."

„Ja, Mathilde, und dann sollen wir herausfinden, was ihr braucht und was ihr vielleicht vermisst. Auch die Gegend sollen wir anschauen. Und dann sollen wir unser Leben mit eurem vergleichen."

„Gut, Jona und Jaro, dann werden wir hier einfach mal ein paar Spaziergänge unternehmen. Ihr könnt dabei die Gegend erleben und die Menschen beobachten. Außerdem werde ich euch einigen Menschen vorstellen. Mit denen könnt ihr dann sprechen. Dann erfahrt ihr noch mehr von den Menschen."

„Oh ja, das machen wir!", antworte ich Josef. Darauf freue ich mich jetzt richtig. Mit Josef umherspazieren und eine neue Welt kennenlernen. Das finde ich spannend.

„Oh ja!", sagt auch Jaro.

„Wann gehen wir los, Josef? Gehst du auch mit, Mathilde?" Ich kann es gar nicht mehr abwarten. Da sind ja auch Kinder. Einige haben wir schon gesehen.

Die mit Josef getanzt und gesungen haben. Ich bin so aufgeregt.

„Ich bleibe zu Hause und koche uns was Gutes zu Mittag", sagt Mathilde.

„Schade, Mathilde, dass du nicht mitgehst. Mit dir ist es immer so lustig." Jaro nimmt Mathilde an der Hand und zieht sie mit sich. „Komm, liebe Mathilde, du willst doch auch mit uns mitgehen!" Mathilde lacht und streicht Jaro über sein Haar.

„Du Lausebengel! Lass mich mal lieber hier sein! Ihr seht und hört sonst auf dem ganzen Weg nichts als mein Lachen." Das sagt Mathilde und sie fängt an zu lachen. Und ihr ganzer Körper wackelt dazu. Mathildes Lachen steckt uns an und jetzt lachen wir alle. Auch Josef.

Das kann ich jetzt einsehen, dass es besser ist, wenn Mathilde zu Hause bleibt.

Mathilde schaut plötzlich auf meine Füße. „Du hast ja gar keine Schuhe an! Das fällt mir jetzt erst auf. Wo hast du die gelassen?" Mathilde lässt mir gar keine Zeit, ihr eine Antwort zu geben. Sie ist davongelaufen und kommt schon wieder mit einem Paar Schuhe zurück.

„Zieh die mal an!", sagt Mathilde zu mir. „die habe ich noch von unserem eigenen Sohn, als er ungefähr so alt war, wie du jetzt bist, Jona. Die halten lange, solche Schuhe. Es sind gute Lederschuhe! Warte, ich bringe dir noch ein Paar Strümpfe."

„Mathilde, was sind Lederschuhe?" Ich habe dieses

Wort noch nie gehört und wundere mich deswegen.

„Das ist die Haut von Tieren – oh ja, daran habe ich jetzt nicht gedacht, Jona. Ja, es ist Tierhaut. Hm. Was soll ich da noch sagen? Wenn du die Schuhe nicht magst, dann nehme ich sie wieder mit."

„Jona, pass mal auf", sagt jetzt Josef und schaut mir ernst in die Augen, „dieses Tier, von dem diese Haut genommen wurde, lebt nicht mehr. Und wir können es auch nicht mehr zum Leben erwecken. Wenn wir diese Schuhe jetzt auch noch wegwerfen, dann hat es seine Haut vergebens hergegeben. Ich möchte nochmals betonen, Jona, es wird nicht wieder leben, auch wenn wir diese Schuhe wegwerfen würden."

Da hat Josef Recht, finde ich. Aber mir ist doch unwohl dabei, wenn ich sie jetzt anziehen würde. Ich kann es nicht! Und ich will es nicht!

„Josef, du sollst die Schuhe nicht wegwerfen. Ich verstehe, was du meinst. Aber verzeihe mir, gnädiger Herr, ich möchte sie trotzdem nicht an meinen Füßen haben."

„Ja, das ist in Ordnung.", antwortet Josef. Mathilde nimmt die Schuhe und stellt sie wieder weg.

„Gnädiger Herr, ich finde es schön, barfuß zu laufen.", sage ich zu Josef.

„Hoho, hoho, hoho!", lacht Josef jetzt und ich weiß gar nicht, warum.

Jaro stupst mich an. „Was ist, Jaro?"

„Du hast zu Josef ‚gnädiger Herr' gesagt. Aber er ist doch unser Freund!", flüstert er mir zu. Ah, jetzt verstehe ich, warum Josef so lacht. Ich habe das gar nicht bemerkt, dass ich „gnädiger Herr" gesagt habe. Aber es ging ja auch um eine ernste Sache. Da kann man schon mal „gnädiger Herr" sagen, finde ich.

Josef ist wieder still und schaut mich an.

„Es tut mir leid, dass ich gelacht habe, Jona!", sagt er zu mir. „Eigentlich gab es keinen Grund zum Lachen!"

„Oh ja, Josef! Da kann einem schon das Lachen kommen! Wir sind ja Freunde und keine gnädigen Herren und Damen!" Jetzt beginnt Mathilde wieder zu lachen. Und es dauert kaum eine Sekunde und es lachen auch Jaro und Josef und ich.

Josef beruhigt sich zuerst wieder. „Meine Jungen", sagt er ganz feierlich, „wir werden jetzt zusammen die Welt erkunden! Seid ihr bereit?"

„Ja!", ruft Jaro. „Ja!", rufe auch ich.

Josef nimmt uns rechts und links bei der Hand und wir marschieren aus dem Haus. Mathilde winkt uns noch hinterher.

Es ist alles grau. Das fällt mir sofort wieder auf. Wenn ich noch lachen würde, würde es mir im Hals stecken bleiben. Kann Lachen im Hals stecken bleiben, überlege ich. Was passiert dann? Ich kann es mir nicht richtig vorstellen.

„Mir gefällt es hier nicht", sagt Jaro, „es ist alles so grau und schwer. Es gibt hier nichts Schönes. Ich sehe jedenfalls nichts. Jona, siehst du was Schönes?"

„Nein, ich sehe auch nichts!", antworte ich Jaro.

„Josef, habt ihr nichts Schönes hier?" Josef kennt sicher die schönen Orte. Die kann er uns ja zeigen.

„Schaut, hier, seht ihr das kleine Gänseblümchen aus der Erde hervordringen?" Ja, das habe ich wirklich übersehen. Auch Jaro hat es nicht entdeckt. Aber es ist sicher, hier gibt es nur wenig Schönes.

Die armen Menschen hier, denke ich. Sie haben nicht viel Schönes. Und das wenige Schöne, was es hier gibt, dürfen sie nicht übersehen. Denn sonst haben sie gar nichts Schönes!

„Wo sind denn eure Bienen und Hummeln und Käfer, Josef?" Ich habe noch kein einziges Tier gesehen, nicht mal eine winzige Ameise.

„Ja, diese Tiere kenne ich auch, Jona. Bienen, Wespen, Hummeln, Käfer aller Arten und diese fleißigen Ameisen, die ein Vielfaches ihres eigenen Körpergewichts tragen können. Ich habe schon viel darüber gelesen. Aber diese Tiere gibt es bei uns nicht mehr. Das ist sehr schade!"

Ich bin entrüstet und verstehe gar nicht, was Josef da meint. Diese Tiere gibt es hier nicht? Die kleinen Tiere gibt es nicht mehr! Und die großen? Die haben sie eingesperrt. Also ist das Leben hier ein Leben ohne Tiere! Ich bin wütend und denke, die Leute hier sind selbst schuld. Was für eine Freude könnten sie an den Tieren haben, den Schweinen, Kühen, Hühnern, Ziegen, Schafen und den vielen, vielen anderen Tieren, die es bei uns zu Hause gibt! Die Menschen schaden sich hier selbst, denke ich, wenn sie die Tiere einsperren.

„Grüß Gott!", ruft es von der anderen Seite zu uns herüber und ich wache aus meinen Gedanken auf. Da steht ein kräftiger Herr. Er lächelt uns zu. „Na, Josef, wo hast du denn diese Kinder aufgegabelt? Die habe ich ja noch nie gesehen!" Dann wendet er sich an uns und fragt: „Sagt mal, woher kommt ihr denn?"

„Wir, wir …", sage ich nur und schaue Josef an. Ich weiß nicht, was ich jetzt sagen soll. „Sag es nur!", flüstert mir Josef zu.

„Na, hat es dir die Sprache verschlagen, Junge? Oder weißt du selbst nicht, woher ihr kommt?"

„Nein, gnädiger Herr, ich weiß wohl, woher wir sind. Wir kommen aus dem Reich der Achtung und des Respekts."

„Haha. Dass ich nicht lache! Meinst du, bei uns gibt es keine Achtung und keinen Respekt? Das muss doch nicht extra betont werden. Das sollte selbstverständlich sein!"

„Ja, gnädiger Herr, ich finde auch, dass das selbstverständlich ist", sage ich zu dem Herrn.

„So, und jetzt freue ich mich auf einen saftigen

Schweinebraten! – Ade! Wünsche noch einen schönen Tag!"

„Das wünschen wir Ihnen auch, gnädiger Herr!", sagen Jaro und ich. Josef hebt seine Hand und winkt ihm zum Abschied zu.

Ich kneife meine Augen zusammen. Ich bin mir nicht sicher, ob ich richtig sehe. Hinter dem Herrn, der mit uns gesprochen hat, verschwindet eine graue Gestalt. Auf einem weißen Pferd.

27

Den Rest des Weges waren wir sehr still. Josef hat uns niemandem mehr vorgestellt. Wir sind aber auch niemandem mehr begegnet. Ich hätte gerne noch ein paar Kinder getroffen. Aber Josef hat gemeint, dass wir das verschieben. Wir hätten noch genug Gelegenheiten, andere Kinder zu treffen. Wir sollten jetzt erst einmal unsere Begegnung mit diesem Herrn wirken lassen. Ich weiß nicht so genau, was Josef mit wirken lassen gemeint hat. Aber wir sind einfach still weitergegangen und dann sind mir viele Gedanken zu unserer Begegnung mit diesem Herrn gekommen. Und dann habe ich mich gefragt, ob dieser Herr etwas mit den grauen Reitern zu tun hat. Es könnte ja sein. Dann habe ich mich entschlossen, nichts mehr zu denken. Einfach nur zu gehen. Lange sind wir so gegangen. Keiner hat etwas gesprochen. Wir haben jedes Geräusch gehört. Oh nein, wir *hätten* jedes Geräusch hören *können*. Aber da waren gar keine Geräusche. Das ist mir aber erst später aufgefallen, nachdem wir schon zu Hause bei Josef waren. Denn Mathilde hat uns gefragt, wie es denn gewesen sei, was wir alles gesehen und gehört hätten. Nichts haben wir gehört, ist mir da eingefallen. Die Stimme des Herrn, dem wir begegnet sind, haben wir natürlich schon gehört und unsere Stimmen. Aber wir haben kein Summen von Bienen, kein Vogelgezwitscher und kein Grillenzirpen gehört und nicht einmal ein Grasrascheln. Absolut nichts haben wir gehört. Kannst du dir das vorstellen?

Gesehen haben wir das Grau des Himmels, das Grau der Luft und das Grau des Bodens. Wenn wir uns nicht gegenseitig gesehen hätten, dann hätte ich weinen müssen. Weil alles so traurig grau war. Ich bin sehr froh, meinen kleinen Bruder zu haben. Und der mag es auch noch, sich bunt anzuziehen. Manchmal verkleiden wir uns zu Hause. Jaro sucht sich dann meistens ganz farbige Kleider aus. Und dann verstellen wir unsere Stimmen. Das macht uns riesigen Spaß. Weil unsere Kleider und unsere Stimmen farbig sind. Ja, ich finde, Stimmen können auch farbig sein. Mathilde, zum Beispiel, hat auch eine farbige Stimme, finde ich. Auch Josef. Seine Stimme ist aber tief, nicht so hell und glockig wie Mathildes Stimme. Die Stimme des Herrn aber, den wir getroffen haben, war grau. Und seine Kleider waren auch gräulich. Das ist mir alles später aufgefallen, als wir schon zu Hause bei Josef waren.

„Jetzt kommt schnell herein!", ruft uns Mathilde schon an der Eingangstür entgegen. „Ich habe leckeres Essen für euch!" Und dann haben wir über all das geredet, was ich eben schon erzählt habe.

„Was machen wir heute Mittag?", frage ich Josef.

„Jetzt mache ich erst mal ein kleines Nickerchen",

antwortet Josef. „Nach dem Mittagessen bin ich immer müde. Ihr könnt gerne zusammen draußen spielen, bis ich wieder wach bin."

„Oh ja, das machen wir!", meint da Jaro. „Wir können ja mit Kindern von der Nachbarschaft spielen! Wohnen hier nebenan Kinder, Josef?"

„Ja", antwortet Mathilde, „rechts in der Nachbarschaft wohnt eine Familie mit drei Kindern und links von uns wohnt eine Familie mit zwei Kindern."

„Meinst du, wir können da einfach klingeln und fragen, ob die Kinder mit uns spielen?"

„Warum nicht?", meint Mathilde. „Die freuen sich sicherlich. Tut es einfach!"

Ich nehme Jaro bei der Hand und wir hüpfen beide aus dem Haus die Treppen hinunter. Jaro zieht mich nach rechts. Wir gehen also zuerst zur Familie mit den drei Kindern. Ich bin ein bisschen aufgeregt.

Jaro läuft schnell zur Haustür und schon drückt er auf den Klingelknopf. Es dauert nicht lange und die Tür öffnet sich. Ein großer Junge steht an der Tür.

„Willst du mit uns spielen?", fragt Jaro ihn. Da lacht der Junge und sagt, dass er lernen müsse und nicht mit uns spielen könne. „Aber vielleicht können deine zwei Geschwister mit uns spielen", sagt da Jaro gleich, „du hast doch noch Geschwister oder?"

„Ja, ich habe noch einen kleinen Bruder und eine kleine Schwester. Ich frage sie mal, ob sie mit den Hausaufgaben fertig sind."

„Hausaufgaben? Was ist das?", fragt Jaro den Jungen. Aber der ist schon wieder verschwunden, um seine Geschwister zu fragen, ob sie mit uns spielen.

Ein Mädchen kommt aus der Tür gesprungen. Es ist ein bisschen kleiner als Jaro. „Ich kann mit euch spielen", sagt es. „Wer seid ihr eigentlich?", fragt es gleich hinterher.

„Ich bin Jaro und das ist mein großer Bruder Jona", antwortet Jaro ganz schnell.

„Das sehe ich auch, dass dein Bruder größer ist als du!", sagt das Mädchen und verdreht seine Augen. Ich finde, dass das komisch aussieht.

„Warum verdrehst du deine Augen?", frage ich. „Ich finde, die sind viel schöner, wenn du sie nicht verdrehst."

„Ja, das finde ich auch", sagt Jaro. „Und wie heißt du?", fragt er dann.

„Ich heiße Maria. Wie die heilige Maria. Aber ich bin nicht heilig."

„Das stimmt", sagt da ihr Bruder, „Maria ist eine wilde Göre und bestimmt nicht heilig."

Plötzlich steht noch ein Junge an der Tür. Das ist der kleine Bruder. Er ist ungefähr so groß wie ich. Das finde ich lustig. Er ist der kleine Bruder seines Bruders und ich bin der große Bruder meines Bruders. Und doch sind wir vielleicht gleich alt. Hihi.

„Ich kann auch mit euch spielen!", ruft er uns zu. Da freue ich mich. Jetzt sind wir schon zu viert. Vielleicht spielen ja noch die beiden anderen Nachbarskinder mit uns, dann wären wir sogar zu sechst.

„Wie heißt du?", frage ich den Jungen. Jetzt war ich ein bisschen schneller als Jaro. Aber jetzt habe ich mich auch getraut. Denn jetzt habe ich die Kinder auch schon ein bisschen kennengelernt.

„Ich bin der Anton. Wer ihr seid, habe ich schon gehört. Ich war nämlich hinter der Tür gestanden und habe gelauscht. Und dann, als ich wusste, wer ihr seid, bin ich aus meinem Versteck herausgekommen."

Ich glaube, Anton ist auch ein bisschen schüchtern. Ich freue mich, dass ich Anton getroffen habe. Jetzt springt er die Treppen hinunter. Seine kleine Schwester springt ihm hinterher. Der große Bruder schließt die Tür und ruft noch: „Seid achtsam miteinander und kommt nicht so spät nach Hause!"

Wir fassen uns alle vier an den Händen. Ich halte Anton an meiner linken Hand, an meiner rechten Hand halte ich meinen Bruder und Jaro hält Maria. So laufen wir nun zum Haus des anderen Nachbarn.

Jaro springt vor und klingelt auch hier. Ihm macht das nichts aus. Er traut sich das. Ich glaube, Jaro denkt einfach nicht darüber nach, dass er jetzt Menschen begegnet, die er nicht kennt. Er denkt nicht darüber nach, wie die jetzt sein könnten. Ob er sich mit ihnen wohl fühlt oder nicht. Ich finde, das ist gut so. Er ist nicht aufgeregt. Jedenfalls merke ich nichts davon.

Die Tür öffnet sich und es stehen zwei Kinder an der Tür, die völlig gleich aussehen – Zwillinge. Es sind Mädchen. Sie sind ein bisschen größer als ich. Sie lachen beide. Ich mag sie gleich.

„Wer seid ihr?", fragen sie uns. „Woher kommt ihr und wieso seid ihr hier?" So viele Fragen auf einmal. Die sprudeln richtig aus ihrem Mund und das auch noch gleichzeitig. Ja, es sind halt auch Zwillinge. Vielleicht ist das bei Zwillingen immer so. Ich kenne von uns zu Hause keine Zwillinge. Das sind die ersten, die ich kennenlerne. Sie sind sehr nett, finde ich. Ich weiß nicht, warum ich das finde, denn ich kenne sie ja noch gar nicht richtig. Ich weiß es aber einfach.

„Kommt ihr mit uns spielen?", fragt Jaro, ohne die Fragen der Zwillinge zu beantworten.

„Wir müssen erst unsere Mama fragen", antworten sie. Plötzlich streckt die Mutter ihren Kopf aus dem Fenster neben der Tür. „Oh, ich wollte mal nachschauen, was das für Stimmen sind. Die habe ich noch nie gehört. Seid ihr neu in der Straße?" Jetzt ist alles still. Die Mutter wartet auf eine Antwort. Die anderen Kinder sagen jetzt auch nichts.

„Wir sind nicht von hier", sage ich einfach mal. Aber die Mutter möchte mehr wissen.

„Und woher kommt ihr, wenn ich fragen darf?"

Es ist einen Moment wieder ganz still, weil ich mir überlege, ob ich es sagen soll. Aber Josef hat mich ja heute Morgen schon dazu ermuntert, es zu sagen. Jaro schaut mich an und wartet, dass ich antworte.

„Wir kommen aus einem anderen Reich. Aus dem Reich der Achtung und des Respekts", sage ich dann doch. Die Mutter sagt erstmal nichts. Sie schaut mich und Jaro ganz genau an.

„Ich verstehe das nicht so richtig", antwortet sie nach einer Weile. „Warum nennt ihr euer Reich so? Ist euer Reich ein besonderes? Wir haben doch auch Achtung voreinander!"

„Ja, die Menschen hier haben auch Achtung voreinander", sage ich da nur.

„Kommt, wir gehen spielen!", ruft nun Maria. „Warum redet ihr so viel? Wir wollten doch miteinander spielen gehen!" Das stimmt. Wir wollten doch spielen gehen und jetzt stehen wir da und sollen so schwierige Fragen beantworten.

„Gnädige Frau, ich weiß es auch nicht", sage ich da nur noch. Ich kann es mir vielleicht schon denken, zumindest mittlerweile, nachdem ich die unglücklichen Tiere in diesem Reich kennengelernt habe.

„Gut, dann geht mal zusammen spielen. Vielleicht können wir ein anderes Mal darüber sprechen. Liese und Lotte, seid achtsam miteinander und kommt nicht so spät nach Hause." Komisch, denke ich, hat nicht auch der große Bruder von Anton und Maria gesagt, dass sie achtsam miteinander sein und nicht spät nach Hause kommen sollten? Das hat sich genau gleich angehört.

„Wo gehen wir hin?", fragt Anton. Maria gibt ihm sofort die Antwort: „Auf die große Wiese hinter der Scheune." Welche Scheune das ist, hat sie nicht gesagt. Aber die anderen Kinder waren gleich einverstanden. Sie wissen also, welche Wiese und welche

Scheune Maria meint.

Wir halten uns jetzt alle an der Hand. Und so hüpfen wir zusammen. Die ganze Straße ist durch uns gesperrt. Weil wir jetzt sechs Kinder in einer Reihe sind.

Anton fängt plötzlich an zu singen: „Ja, ja, ja, du bist Spaß-ma-cher! Ja, ja, ja, du bist Spaß-ma-cher! Es ist Schluss, Schluss, Schluss mit dem Metz-ger-da-sein! Josef trinkt Wein und liebt je-des Schwein!"

„Was singst du denn da, Anton? Das ist doch das Lied von Josef! Das kenne ich doch!", sage ich ganz überrascht.

„Woher kennst *du* das?", fragt Anton zurück.

Oh, wie soll ich das jetzt beantworten, denke ich. Ich kann Anton doch nicht sagen, dass wir wie unsichtbare Engel in der Luft umhergeschwebt sind und alles von oben gesehen und gehört haben. Oder doch?

„Anton, ich kenne es eben", sage ich erst einmal.

„Das ist aber eine komische Antwort, Jona. Du musst es ja irgendwoher kennen. Und ihr seid doch das erste Mal hier oder?"

„Wir waren schon einmal hier, Anton. Eigentlich schon viele Male. Du, aber das erzähle ich dir später. Lass uns nun einfach das schöne Joseflied singen."

28

Alle hatten wir es nun irgendwie eilig. Wir haben uns losgelassen und sind losgesprungen. Maria war die erste, hinterher lief mein kleiner, schneller Bruder. Drei Straßen weiter lag dann die Wiese vor uns.

Ich erschrecke. Das soll eine Wiese sein? Es ist eine große Fläche. Es könnte darauf viel Gras wachsen und wir haben dort viel Platz zum Spielen. Aber es ist keine Wiese. Es wachsen ein paar Büschel verdorrtes Gras aus dem Boden. Alles andere ist trockener, grauer Boden. Oh, ein Gänseblümchen entdecke ich am Rande des Feldes. Das ist schön. Es ist aber das Einzige, was hier schön ist.

Aber es stört uns jetzt nicht weiter. Wir fassen uns an den Händen und bilden einen Kreis. Anton beginnt wieder mit dem Joseflied und wir stimmen alle mit ein. Dazu tanzen wir.

„Ich habe eine Idee", sage ich. „Ich spiele jetzt den Josef und tanze in der Mitte." Die anderen Kinder sind damit einverstanden. Sie beginnen zu singen und hören plötzlich auf. Denn jetzt bin ich an der Reihe. Ich bin ja jetzt der Josef, der die Solostrophen singt.

„Ich bin ein Schwein, ich bin ein Schwein!", singe ich und alle lachen. Ich muss selbst lachen, denn ich hatte nicht vor, das zu singen. Aber es kam halt plötzlich so aus mir heraus. Dann singe ich aber weiter: „Ich bin so traurig, traurig, traurig!"

„Warum bist du traurig, traurig, traurig?", singen die anderen Kinder.

„Meine Kin-der, meine Kin-der, weg-genommen hat man sie. Oh! Wie ich wei-ne! Weg-genommen hat man sie!"

„Wie wir wei-nen! Wie wir wei-nen! Keine Ma-ma! Keine Ma-ma! Wo ist sie geblie-ben? Keine Ma-ma! Keine Ma-ma! Wo ist sie geblie-ben?"

„Aber warum haben die Ferkelchen keine Mama?", unterbricht Maria den Gesang. „Jedes Kind hat eine Mama, auch die Tierkinder!"

„Ja, das stimmt", sagt Jaro, „aber die Schweinebabys und die Kuhbabys werden ihren Mamas ganz schnell nach der Geburt weggenommen. Und die Hühnerküken müssen auch ohne ihre Mamas leben."

„Woher wisst ihr das? Erzählt es uns bitte! Wir wollen das alles ganz genau wissen!", sagt jetzt Liese.

„Ja, wir wollen alles ganz genau wissen!", sagt auch Lotte.

Gerade da, wo wir stehen, setzen wir uns auf den Boden. Ich beginne zu erzählen. Erst erzähle ich alles von den Küken und Hühnern. Das, was wir erlebt haben, als wir in den großen Betonställen waren, wo die vielen verletzten Hühner auf den Böden mit den Spalten leben. Maria fragt viel nach und auch Lotte und Liese. Anton hört uns ganz ruhig zu.

„Und wie seid ihr da hingekommen? Und wie habt ihr davon erfahren?", fragt Maria.

Jetzt beginne ich die ganze Geschichte von vorne zu erzählen. Von Tom, dem Landstreicher, der eines Tages zu Hause vor unserer Tür stand und uns die traurige Geschichte vom Reich der unglücklichen Tiere erzählt hat. Von unserer Aufgabe, die Tiere zu retten. Von unserem Leben zu Hause mit den Tieren, die wir so lieben. Von unseren Träumen über die traurigen Kälbchen und Küken, die nach ihrer Mama rufen. Von den grauen Reitern und ihren weißen Pferden. Von unserer Reise und unseren Abenteuern und von Josef, den wir kennengelernt haben und der unser Freund wurde.

„Ich bin auch euer Freund!", sagt Anton, der bis jetzt kein einziges Wort gesagt hat.

„Wir sind auch deine Freunde!", sagen Maria, Liese und Lotte. „Wir retten die Tiere zusammen! Wir helfen euch!", sagt Lotte. „Dann lasst uns jetzt zu den Ställen gehen und alle Stalltüren öffnen!" Das schlägt Maria vor.

„So einfach ist das nicht, du kleine Gurke!", sagt Jaro lachend und stupst Maria um. Jetzt liegt Maria auf der Erde und lacht und lacht. „Das gibt Rache!", droht sie Jaro und lacht weiter. Sie packt Jaros rechten Arm und zieht ihn nach hinten. Jetzt liegt auch Jaro auf der Erde. Liese und Lotte lassen sich auch nach hinten fallen. Jaro rollt sich über Maria, dann über Liese und Lotte. „Achtung!", ruft er, „alle schön liegen bleiben! Ich rolle zurück!" Und schon kugelt er sich über Liese und Lotte hinweg. Maria rollt schnell auf die Seite und Jaro liegt wieder auf der Erde. „Du kleine Gurke!", kichert Jaro. „Du solltest liegen bleiben!" „Ich wollte aber nicht! Aufgepasst! Jetzt komme ich!", ruft Maria.

Während die vier hin und her rollen, sitzen Anton und ich ruhig nebeneinander. Er legt seinen Arm um meine Schultern und ich lege meinen Arm um seine Schultern.

„Du, Jona, das hat mich sehr traurig gemacht, was du erzählt hast. Wie schrecklich es für die Tiere sein muss, Stunde für Stunde, Tag für Tag, Woche für Woche sich nicht bewegen zu können! Ihr ganzes Leben lang! Keine Beschäftigung zu haben! Dass ihnen ihre Kinder jedes Mal aufs Neue weggenommen werden! Eine Kuh leckt ihr Kälbchen vielleicht gerade noch ab und dann ist es plötzlich verschwunden. Oh nein, Jona, das tut mir so weh!"

„Ja, Anton."

„Jona, was können wir tun? Wann kann es losgehen? Ich halte es so nicht mehr aus!"

„Anton, wir besprechen das mit Josef. Aber ich glaube, die Kinder verstehen uns am besten. Irgendwie sollte unser Weg bei den Kindern beginnen.

Viele, viele Kinder, tausende Kinder, vielleicht zehntausende Kinder und noch mehr! Wir schaffen es! Anton, wir sagen euch Bescheid, wenn wir uns mit Josef und Mathilde besprochen haben."

„Gut, Jona, dann lass uns zurückgehen. Ich möchte auch darüber nachdenken, was wir tun könnten. – Oh, Jona, es ist ja schon dunkel! Das habe ich gar nicht bemerkt! Wir sollten doch nicht spät nach Hause kommen, hat mein großer Bruder gesagt. Maria, Liese, Lotte, auf, wir müssen schnell nach Hause gehen! Es ist schon dunkel geworden! Es ist schon viel zu spät!"

Anton hört sich jetzt sehr aufgeregt an. Warum sollte es schlimm sein, dass es schon dunkel ist?

„Anton, ich verstehe dich nicht! Es ist doch einfach nur dunkel."

„Oh, nein, Jona, es sind in der Dunkelheit schon Kinder verschwunden und nicht mehr zurückgekommen. Manche Leute behaupten, graue Gestalten gesehen zu haben. Andere Leute sagen über diese, sie seien Spinner, dass sie so etwas sagten. Aber wenn unser großer Bruder Angst um uns hat, dann gehe ich nach Hause."

„Ja, unsere Mama hat auch Angst um uns", sagt Lotte, „wir wollen auch schnell nach Hause gehen."

Doch es ist zu spät. Vor uns steht plötzlich ein grauer Reiter. Hinter ihm kommen drei weitere herangeschlurft. Die weißen Pferde werden angepeitscht, aber sie gehen nur langsam weiter.

„Hab ich euch! Ha, und noch gleich vier weitere Gören! Jetzt entwischt ihr mir nicht mehr. Auf, kommt her!", ruft er jetzt den drei Reitern hinter ihm zu.

Liese und Lotte verstecken sich schnell hinter mir. Maria schlüpft hinter Anton. Am liebsten würde ich mich auch irgendwo verkriechen. Aber das geht nicht. Jetzt bin ich für alle verantwortlich.

„Tom, Tom!", ist mein innerer Hilfeschrei. Gleich weiß ich, was zu tun ist. „Die Tiere! Die Tiere! Kein Platz für sie! Keine Sonne! Verletzt! Angst! Trauer um ihre Kinder!" Das rufe ich den anderen Kindern zu. Und sie beginnen zu weinen und um die Tiere zu trauern. Auch in mir kommt alles wieder hoch. Anton schießen die Tränen aus den Augen.

„Jona, warum sagst du jetzt so was? Jetzt fehlt uns die Kraft, um uns zu wehren!"

Alle sind wir sehr aufgewühlt. Die Geschichte von den Tieren, die in diesem Reich so unglücklich sind, ist noch ganz frisch für Anton, Maria, Liese und Lotte. Wir sacken fast in die Knie und können uns vor Schmerz und Mitgefühl für die Tiere fast nicht mehr auf den Beinen halten.

Plötzlich erstarre ich. Auch Anton reißt seine Augen weit auf. Die Kinder hinter uns sind im selben Augenblick still. Durch den Schleier von Tränen sehe ich, was passiert ist. Vier weiße Pferde stehen da. Allein. Ohne ihre Reiter. Vor uns liegen, hintereinander, vier große Haufen Asche.

Wir Kinder nehmen uns in die Arme und weinen und lachen jetzt durcheinander.

In meinem Nacken kitzelt es. Oh, es ist Petra, eines der weißen Pferde.

„Hu, es kitzelt in meinem Nacken", lacht Maria. Sie will sich kratzen und erschrickt: „Wer ist denn das?" Maria dreht sich um und ihre Augen leuchten, als sie das weiße Pferd hinter sich sieht. Jetzt bemerken auch Jaro, Liese, Lotte und Anton die Pferde, die sich um uns herum gestellt haben. Alle sind wir jetzt sehr aufgeregt. Aber wir sind *sehr freudig* aufgeregt. Die Pferde stupsen uns mit ihren weichen Mäulern an und alle von uns legen ihren Kopf an eines der Pferde. Anton und ich teilen uns ein Pferd. Und Maria und Jaro teilen sich auch eines. Liese hat ein eigenes und auch Lotte hat ein eigenes. Aber die beiden teilen sich ja sonst immer alles.

„Jona! Jaro!", hören wir es jetzt sehr laut rufen. Ich glaube, das war Josefs Stimme. „Maria! Anton!", hören wir wieder eine Stimme rufen. „Unser großer

Bruder ruft uns!", sagt Anton. „Liese und Lotte! Wo seid ihr?", hören wir nochmals eine Stimme. „Unsere Mama! Sie ruft uns!", sagen Liese und Lotte. Und plötzlich sind wir Kinder nicht mehr alleine. Eine kleine Menschenschar steht vor uns. Mathilde und Josef. Antons und Marias großer Bruder und ihre Mutter. Und Vater und Mutter von Liese und Lotte. Und zwei junge Frauen, die ich gar nicht kenne. Sie stehen bei Mathilde und Josef.

„Oh, ich sehe schon, was hier passiert ist!", sagt Josef. „Da habt ihr mal wieder Glück gehabt, Jona und Jaro!"

„Warum seid ihr nicht rechtzeitig nach Hause gekommen?", fragt der große Bruder von Anton und Maria.

„Das ist eine lange Geschichte, Tilo!", sagt Anton zu seinem Bruder. „Wir erzählen sie euch zu Hause."

„Und woher kommen die schönen Pferde?", fragt die Mutter von Liese und Lotte.

„Mama, Mama, dürfen wir die mit nach Hause nehmen?", rufen Liese und Lotte sogleich.

„Wir haben doch keinen Stall und zu essen haben wir auch nichts für sie", antwortet die Mutter.

„Ich kann euch anbieten, dass ich sie alle vier erst einmal in unserem Stall unterbringe. Ist das in Ordnung für euch? Ihr dürft gleich mitkommen und sehen, wie gut es ihnen dort geht. Und morgen schauen wir zusammen nach ihnen."

„Oh ja, das machen wir!", rufen die Zwillinge. Und Maria ruft: „Ja, ich bin einverstanden. Aber gleich morgen in aller Frühe komme ich in den Stall. Ich möchte mein Pferd nicht so lange alleine lassen!"

„Maria, ist das dein Pferd?", flüstert Anton seiner Schwester zu. Maria schaut ihren Bruder mit großen Augen an und sagt nichts. Dann gehen wir los.

„Jona, die Pferde sind ja verletzt!", bemerkt Anton.

„Ja, Anton, ich weiß, das waren Miro und Ella auch, wie ihr ja schon wisst. Die weißen Pferde der grauen Reiter sind alle verletzt."

„Wirst du sie heilen können. Jona? Und werden sie dann von uns gehen?"

Ich schaue Anton an, aber ich zucke nur mit meinen Schultern. Denn ich weiß es nicht. Ich habe den Onyx-Stein nicht hier. Er ist in der Höhle.

29

Ich mache mir Gedanken. Wie können die vier weissen Pferde geheilt werden? Da müssten wir den ganzen Weg zurückgehen, in das Reich der Fülle. Aber die grauen Reiter sind auf der Hut. In der letzten Zeit haben sie uns schon mehrere Male entdeckt. Und immer nur im letzten Augenblick konnten wir entkommen. Oder gibt es eine andere Möglichkeit? Mir fällt der Lapislazuli-Stein ein. Könnte dieser Stein vielleicht auch helfen? Ich werde es ausprobieren.

Wir sind am Stall angekommen. Maria hüpft auf und ab. Ich glaube, sie ist aufgeregt.

„Eigentlich will ich mein schönes, weisses Pferd gar nicht hier allein zurücklassen, Tilo", sagt sie zu ihrem grossen Bruder.

„Maria, es ist nicht dein Pferd!", antwortet er.

Da fängt Maria an zu weinen. „Doch, es ist mein Pferd! Ich weiss sogar, wie es heisst. Es heisst Paulina. Und ich sage dir, es ist mein Pferd!" Maria besteht darauf, dass es ihr Pferd ist und ihren Bruder schaut sie jetzt ganz still und ernst an. „Es ist meins!", wiederholt sie noch einmal.

„Ja, Maria", sage ich zu ihr, „ich glaube es dir, dass es dein Pferd ist."

„Danke, Jona!"

„Maria, hast du gesehen, dass dein Pferd verletzt ist?", frage ich sie.

„Ja, Jona, das habe ich gesehen. Ich mache mir Sorgen. Wie kann es geheilt werden? Ich möchte nicht, dass Paulina Schmerzen hat."

„Ich habe euch erzählt, wie ich Miro und auch Ella helfen durfte. Kannst du dich erinnern, Maria?"

„Ja, Jona. Du hast sie geheilt. Durch die Kraft des Onyx in der Höhle. Dann sind sie davongelaufen. Und nicht wiedergekommen." Maria beginnt zu schluchzen.

„Maria, sie werden wiederkommen. Bald!", sage ich zu ihr. Ich bin mir plötzlich ganz sicher, dass das so sein wird. Und deswegen kann ich jetzt auch Maria trösten. Auch Paulina wird wiederkommen.

„Maria, wenn Paulina gesund ist, wird sie ihre Freiheit suchen. Ich weiß nicht, wohin sie gehen wird und was ihre weitere Aufgabe ist. Aber ich weiß, auch sie wird wiederkommen."

Maria nickt: „Ja, Jona. Ich möchte, dass es Paulina gut geht. Und wenn sie ihre Freiheit möchte, dann nehme ich es so an." Maria laufen die Tränen über die Wangen. Mit ihrer Hand wischt sie sie schnell weg. Die anderen stehen um uns herum und hören uns still zu. Maria schaut jeden einzelnen an, mit festem Blick. „Auf, bringen wir unsere schönen Pferde in den Stall. Dort können sie sich ausruhen. Ich bleibe über Nacht hier und wache über sie."

Keiner widerspricht ihr. Auch Tilo und Marias

Mutter nicht.

„Wir bleiben auch hier,", rufen Liese und Lotte, „bei Gregor und Melchior!"

„Und ich bleibe bei Petra!", ruft Anton.

„Wo ist hier Petra?", lacht Tilo. „Ich sehe hier kein Mädchen, das Petra heißt!"

„Doch, Tilo! Ich sehe ein Mädchen, das Petra heißt. Ein schönes, weißes Pferdemädchen." Alle lachen. Dann sagt Anton noch ganz leise: „Und Petra ist *mein* Pferd!"

Alle sind damit einverstanden, dass Anton, Maria, Liese und Lotte über Nacht bei den Pferden bleiben.

Jaro und ich gehen mit Josef und Mathilde nach Hause. Ich wäre jetzt zu unruhig, auch im Stall zu bleiben.

„Schiebt den Riegel vor die Tür!", sagt Josef noch zu den Kindern, die im Stall bei den weißen Pferden bleiben. Ich höre ein Knarren und Rütteln. „Jetzt sind wir sicher", höre ich Anton noch sagen, „die Tür ist verschlossen."

„Jaro, Jona", sagt plötzlich eine der jungen Frauen zu uns. Wir sind gerade auf dem Heimweg zu Josefs und Mathildes Haus. „Ich bin Isolde. Ich freue mich, dass ich euch kennenlernen darf. Mein Großvater hat uns schon viel von euch erzählt." Dann gibt sie mir und Jaro die Hand. Sie schaut mich lieb an und streicht mir über meinen Kopf. Das tut sie auch bei Jaro. Ich finde sie sehr nett, mindestens genauso nett wie Mathilde.

„Ich freue mich auch, Isolde, dass du da bist", sage ich zu ihr. Es war so schön, dass sie mir über meinen Kopf gestrichen hat. Jaro sagt nichts. Aber er leuchtet Isolde mit seinen großen Augen an. Ich finde, das reicht auch.

„Und ich bin Laura. Grüß Gott, ihr lieben Buben!" Sie reicht uns auch die Hand. Und lächelt uns an. Laura gefällt mir auch. Ich gehe jetzt neben ihr und sie hält mich an der Hand. Ich weiß nicht, ob sie mir ihre Hand zuerst hingereicht hat oder ich ihr meine. Vielleicht haben wir sie uns gleichzeitig gegeben. Jedenfalls finde ich es schön, gemeinsam so zu gehen.

Ich schaue in den Himmel. Er ist dunkelgrau. Bei uns zu Hause ist der Himmel in der Nacht kohlrabenschwarz. Und er leuchtet und strahlt durch die vielen tausend Sterne, die am Himmel stehen. Hier sehe ich keinen einzigen Stern. Kein Leuchten und kein Strahlen. Aber mein Herz leuchtet jetzt. Weil es mir mit Laura so gut geht.

„Laura, bei uns zu Hause haben wir nachts einen leuchtenden Sternenhimmel. Warum ist der Himmel hier so grau?"

„Jona, ich weiß es nicht. Wir sind es gewohnt, dass der Himmel in der Nacht dunkelgrau ist. Das ist nichts Besonderes. Das ist ganz normal."

„Ich finde es nicht normal", antwortet Jaro. „Bei euch ist alles grau, auch am Tag. Ich finde es gar nicht schön, Laura. Isolde, wie findest du das?"

„Laura hat es schon gesagt, Jaro, wir kennen es nur

so."

„Oh, dann wollen wir euch einladen zu uns nach Hause. Ihr sollt erleben, wie schön unser Nachthimmel leuchtet und wie am Tage die Sonne strahlt. Wir haben bunte Blumen und Tiere, die froh im Gras und Feld herumspringen. Oh, wie ich mich nach Hause sehne!" Ich sehe, wie Jaros Augen feucht werden. Meine werden jetzt auch feucht. Obwohl Laura und Isolde so nett sind.

Wir sind in unserer Straße angekommen. Ich meine, in Josefs und Mathildes Straße und in der Straße von Tilo und den anderen Kindern, die jetzt im Stall sind. Keiner hat auf dem Weg gesprochen, außer Laura und Isolde, Jaro und ich.

Jetzt wünschen sich alle eine gute Nacht. Wir haben abgesprochen, dass Jaro und ich morgen früh um sieben Uhr mit Mathilde und Josef zurück in den Stall gehen und nach den Kindern und den Pferden schauen.

Eigentlich bin ich jetzt sehr müde. Aber ich möchte noch nicht schlafen gehen. Ich meine, dass wir unbedingt unseren weiteren Weg besprechen sollten. Mathilde ist da anderer Meinung. Sie sagt, es wäre jetzt wichtig, dass wir uns schlafen legten, um zur Ruhe zu kommen und neue Kraft zu schöpfen. Josef ist einverstanden, dass wir uns noch kurz zusammensetzen, um zu schauen, was wir uns für morgen vornehmen wollen.

„Jona und Jaro", sagt er mit tiefer Stimme und

ganz feierlich. Als ob er eine Festrede beginnen wollte. „Morgen feiert unser Reich ein großes Fest. Das Fest der Entstehung des Reiches. Es wird getrunken und vor allem geschmaust. Die Tiere stehen im Mittelpunkt dieses Festes."

„Ja?", sage ich und schaue Josef erstaunt an. Ich kann mir nicht vorstellen, auf welche Art die Tiere in diesem Reich im Mittelpunkt stehen sollten.

„Ja, Jona, das war immer ein besonderes Fest für meine Familie. Daran habe ich gerade gedacht. Weißt du, beim letzten Mal haben wir noch richtig mitgefeiert und …" Josef hört mitten im Satz auf zu sprechen. „Jetzt schäme ich mich für dieses Fest."

„Oh, ich glaube zu verstehen, was du meinst, Josef."

„Die Leute essen die Tiere", ruft Jaro erschrocken, „deswegen sind sie die Hauptsache. Und da sollen wir dabei sein? Oh nein, Josef, da kriegst du uns nicht hin!"

„Habt ihr nicht erzählt, dass es eure Aufgabe sei, die Menschen in unserem Reich zu beobachten? Oder habe ich das falsch verstanden?"

Jaro und ich sind jetzt ganz still. Ja, das stimmt, was Josef sagt. Aber bei so einem Fest? Müssen wir da wirklich dabei sein? Davor habe ich Angst. Da kann ich nicht zuschauen.

„Jona, das geht doch nicht! Wir können doch nicht zuschauen, wie die Leute ein Kälbchen essen oder ein Schwein und nichts dagegen tun!"

„Jaro, ich glaube, das gehört zu unserer Aufgabe. Wir wollen die Menschen hier kennenlernen. Nur dann wissen wir, was in ihnen vorgeht und was sie brauchen und was ihnen fehlt. Und nur dann können wir einen guten Weg finden, die Tiere zu retten."

„Ich verstehe das nicht, was das mit der Rettung der Tiere zu tun haben soll. Aber ich lasse dich nicht allein, Jona. Ich werde dich begleiten. Mein lieber Bruder!"

„Josef, wir gehen dann schlafen. Der morgige Tag ist geplant. Oh, aber mir fällt gerade ein: die weißen Pferde. Sie sind verletzt. Ich möchte ihnen helfen."

„Das Fest beginnt erst um elf Uhr, Jona. Bis dahin hast du für die Pferde Zeit. Gute Nacht!" Jaro und ich stehen vom Tisch auf. Josef legt seine rechte Hand auf meine Schulter und seine linke Hand auf Jaros Schulter. Isolde und Laura, die mit am Tisch sitzen, stehen jetzt auch auf. Isolde nimmt mich in den Arm und dann Laura. Jaro nehmen sie auch in den Arm.

Mathilde geht mit uns in unser Zimmer. Wie kuschelig ist es im Bett! Sie singt für uns noch ein Gutenachtlied. Ich denke dabei an unsere Mama. Dann fasse ich Jaro an der Hand. Ich drücke sie fest. Jaro drückt meine Hand auch ganz fest.

„Schlaf gut, mein kleiner Bruder!"

„Schlaf gut, mein großer Bruder!"

30

Wie gut ich geschlafen habe! Ich habe nur Schönes geträumt! Von Kühen und ihren Kälbchen, wie sie im Gras herumtollen. Von Hühnern, die eifrig nach Essbarem suchen und ihren Küken, die ihnen piepend hinterherlaufen. Oh, und den stolzen Hahn habe ich auch gesehen. Wie er seinen Hals in die Höhe reckt und dann hat er lauthals gekräht. Davon bin ich aufgewacht.

Jaro schläft noch. Ich schaue ihn an, meinen lieben Bruder. Er sieht friedlich aus. Das ist gut. Dann werden wir beide genug Kraft haben, den heutigen Tag zu überstehen.

Ich denke an unsere weißen Pferde – Melchior, Petra, Paulina und Gregor. Jetzt hält mich nichts mehr im Bett. Ich möchte ihnen helfen. Soll ich Jaro wecken? Ich entscheide mich, ihn noch schlafen zu lassen. Es ist besser, er wacht von selbst auf.

Im oberen Stockwerk, wo auch unser Zimmer ist, befindet sich ein zweites Bad. Das dürfen Jaro und ich für uns alleine benützen. Ich mache ganz gemütlich. Ich genieße es, dass es noch so ruhig ist und ich das Badezimmer für mich alleine habe. Ich liebe Wasser und strecke unter der Dusche meine Arme weit in die Höhe. Das Wasser prickelt auf meinem Körper. Das mag ich sehr. Ich singe dazu mein Lieblingslied: „Die Gedanken sind frei …"

„Jona, wo bist du?", höre ich plötzlich meinen Bruder rufen. Ich mag aber nicht zurückrufen. Das ist mir jetzt zu laut. Noch einmal ruft Jaro. Dann geht die Tür auf und Jaro kommt hereingestürmt.

„Hast du mich nicht rufen hören, Jona? Ich bin aufgewacht, weil der Hahn krähte. Er ließ mich einfach nicht in Ruhe. Immer und immer wieder hat er gekräht. Ich habe versucht, nicht hinzuhören. Aber er hat gar nicht aufgehört. Bis ich schließlich aufgestanden bin. Und dann warst du nicht mehr da. Da habe ich Angst bekommen."

„Hier bin ich, Jaro! Komm, steig zu mir in die Dusche!"

Jetzt lacht Jaro. Er freut sich. Schnell zieht er sein Schlafhemd aus und lässt es einfach hinter sich fallen. Schon ist er bei mir. Wir schrubben uns gegenseitig ab. Ganz fest. Mir macht das viel Spaß. Und Jaro auch. Oh, jetzt sind wir ganz besonders sauber und rein!

Nachdem wir mit unserer Morgenwäsche fertig

sind, gehen wir nach unten in die Küche. Mathilde und Josef sitzen schon am Esstisch. Dann stehen da noch zwei leere Teller. Das sind die von Laura und Isolde. Die Teller sind benützt. Also sind sie schon weg. Schade!

„Guten Morgen, ihr beiden Lieben!", sagen Mathilde und Josef gleichzeitig.

„Guten Morgen, Mathilde! Guten Morgen, Josef!", antworten Jaro und ich.

„Habt ihr gut geschlafen?", fragt uns Mathilde.

„Ja, aber der Hahn hat nicht aufgehört zu krähen, obwohl ich noch schlafen wollte. Dann konnte ich nicht mehr schlafen", beklagt sich Jaro. „Habt ihr etwa einen Hahn im Garten?"

„Oh nein, Jaro, es gibt hier keine Tiere, die frei herumlaufen. Diese Zeiten sind längst vorbei."

„Ach, stimmt", sagt Jaro.

„Josef, könnten wir nicht einmal die Tiere in ihren Ställen besuchen und ihr Leid etwas lindern? Bis zur Rettung dauert es ja noch. Wir können sie doch nicht einfach weiter so dahinvegetieren lassen, wenn wir doch wissen, wie schlecht es ihnen geht."

„Ja, Jona", antwortet Josef.

„Wir könnten ihnen etwas Feines zu essen mitbringen. Und ihnen Mut machen. Sie trösten! Und ihnen sagen, dass bald die Zeit da ist, in der wir kommen und sie retten werden", ruft Jaro ganz aufgeregt. „Und wir könnten ihnen etwas zum Spielen mitbringen, damit es ihnen nicht so unendlich langweilig ist!"

„Jaro, das machen wir!", antwortet Josef.

Jaro schaut zufrieden. Und ich bin auch beruhigt. Ich freue mich auf die Tiere.

„Kinder, setzt euch an den Tisch! Jetzt gibt es erst einmal Frühstück. Wir haben heute einen langen und anstrengenden Tag vor uns. Da soll es auch unserem Körper gut gehen! Den brauchen wir, damit wir auch durchhalten!" Das sagt Mathilde. Denn sie möchte, dass es uns gut geht. Sie sagt auch, wenn es uns nicht gut geht, dann können wir auch nichts tun, damit es anderen gut geht. Bestimmt hat sie damit Recht, denke ich.

Nach dem Frühstück gehen wir erst einmal alle zusammen zum Stall, wo Liese und Lotte, Anton und Maria mit den Pferden übernachtet haben.

Es ist wie immer grau draußen. Ich kann mich immer noch nicht daran gewöhnen. Nur das Gänseblümchen ist noch da. Das tröstet mich irgendwie.

„Schau, Jona, ein Gänseblümchen! Wenigstens ein Gänseblümchen! Oh, wie schön!", ruft Jaro.

„Der Lapislazuli!", fällt mir plötzlich ein. „Ich habe ihn vergessen! Ich bin gleich wieder da!" Mathilde reicht mir den Hausschlüssel. Sie hat uns erzählt, dass sie die Tür immer abschließen, seitdem sie von den grauen Gestalten gehört haben. Sie hätten es zwar nicht glauben können, aber sicher sei sicher, dachten sie. Jetzt wissen es auch Josef und Mathilde, dass es die grauen Reiter gibt. Und die beiden Nachbarsfamilien wissen es auch. Aber keiner weiß noch, warum sie da sind und woher sie kommen. Ja, das fällt mir gerade ein, als ich zum Haus zurücklaufe. Woher kommen die grauen Reiter und was wollen sie eigentlich?

Der Lapislazuli liegt noch auf dem Bett, wo ich ihn mir heute Morgen bereitgelegt habe. Dann habe ich doch nicht mehr an ihn gedacht.

Ich nehme ihn in meine Hand und streiche über den glatten Stein. Ich mag diesen Stein sehr. Auch die Farbe. Mein lieber Stein, denke ich, schenke uns deine Kraft, damit die weißen Pferde, Gregor, Melchior, Petra und Paulina, heil werden.

Die Tür schließe ich hinter mir ab und laufe schnell zu den anderen zurück.

Sie stehen da und warten auf mich. „Hast du den Stein?", fragt Mathilde. „Darf ich ihn mal sehen?"

„Ja, natürlich. Hier, bitte, Mathilde!"

Mathilde nimmt den Stein vorsichtig in ihre linke Hand. Mit ihrer rechten streicht sie über ihn. „Er ist kraftvoll, der Stein", sagt sie. „Ich bin zuversichtlich. Er wird den Pferden helfen."

Das macht mich sicherer, wenn Mathilde das sagt. Ich vertraue Mathilde. Sie gibt mir den Stein wieder und ich stecke ihn in meine Hosentasche.

Noch ein paar Schritte und wir erreichen den Stall. Es ist still dort. Schlafen noch alle, frage ich mich. Ich gehe an die Tür und klopfe. Wir warten. Wir hören nichts. Und die Tür bleibt zu. Was ist los?

„Maria!", ruft Jaro. „Mach uns bitte die Stalltür auf. Wir sind da – Josef, Mathilde, Jona und ich." Doch keiner rührt sich. Die Stalltür bleibt zu.

„Hm. Was ist los?", fragt sich Josef laut. „Anton! Liese und Lotte! Maria!", ruft er auch noch einmal. Doch es rührt sich auch jetzt nichts.

Wir gehen um den Stall herum. Da! Das Fenster steht ein wenig offen. Ich habe es sofort entdeckt. Oh je! Josef stellt sich auf die Zehenspitzen und schaut zum Fenster hinein.

„Kinder, hier ist niemand mehr!", sagt er. Josef dreht sich zu uns um und schaut uns erschrocken an.

„Lass mich auch schauen", bittet Jaro. Jaro zittert jetzt am ganzen Leib. Josef hebt ihn zum Fenster hoch. „Maria! Maria! Wo bist du?", ruft er verzweifelt nach ihr. „Jona, es ist wirklich keiner mehr da! Auch die Pferde sind verschwunden! Wo sind sie nur?"

Wir sind ratlos. Auch Mathilde und Josef wissen nicht weiter.

„Lasst uns einen Moment hier sitzen. Einfach nur sitzen und nichts denken. Nur atmen. Nur atmen", sagt Josef bedrückt. Das machen wir dann. Wir setzen uns neben den Stall in einen kleinen Kreis. Ich spüre nur mich und achte nicht auf die anderen. Ich beobachte meinen Atem. Wie ich aus- und einatme. Erst noch ganz schnell. Dann immer langsamer und ruhiger. Und plötzlich kommt mir ein Gedanke. Ich habe nicht nachgedacht. Es ist, als ob er vom Himmel gefallen wäre.

„Die Kinder sind mit den Pferden zu unserer Höhle gelaufen. Da bin ich mir sicher. Denn es wird für die Pferde Zeit zu gehen. Zu lange hätten sie auf uns warten müssen. Und ob der Lapislazuli-Stein ihnen geholfen hätte, wäre nicht sicher gewesen."

„Aber die anderen Kinder wissen doch gar nicht, wo sich unsere Höhle befindet, Jona!", widerspricht Jaro.

„Aber die Pferde wissen es genau. Sie sind in Verbindung mit allen anderen weißen Pferden. Und also auch mit Miro und Ella."

„Aber sie kennen doch den Heilstein nicht, Jona. Und wie sollen sie denn die Pferde heilen? Sie wissen doch gar nicht, wie das geht!"

„Anton weiß es. Ich habe ihm ganz genau erklärt, wie ich Miro und Ella heilen durfte. Ich traue ihm das ebenso zu. Anton kann die Pferde ebenso heilen. Da bin ich mir sicher."

„Na gut, Jona. Aber warum steht das Fenster offen? Warum sind sie nicht durch die Tür gegangen?"

„Hm, Jaro", antwortet jetzt Josef, „woran könnte das nur liegen?"

„Die Tür sollte wahrscheinlich abgeschlossen bleiben", beantwortet Jaro selbst seine Frage. „Ja, damit niemand dort eindringen und sich verstecken kann! – Aber die Pferde können doch nicht durchs Fenster steigen!"

„Hm", sagt Josef nur.

„Ich habe eine Idee! Passt auf! Anton, Liese und Lotte sind mit den Pferden durch die Tür gegangen. Ja! Passt auf! Die flinke Maria hat dann die Tür wieder von innen verriegelt und ist durchs Fenster gekrabbelt. Ja, so war es! Was haltet ihr davon?"

„Hm. Möglich. Kann sein", antwortet Josef. Manchmal antwortet Josef nur ganz kurz. Ich weiß nicht, warum er manchmal nur so kurz antwortet.

Jaro steht aber noch da und strahlt Josef an. Mathilde nimmt ihn dann in ihre Arme und sagt: „Jaro, ja, sicher. Das ist eine glänzende Idee! Die passt!"

„Was tun wir jetzt?", frage ich.

„Einfach weiteratmen", sagt Josef und lacht, „hoho, hoho, hoho!" Wie gut mir das tut. Josef lacht mal wieder sein tiefes Lachen. Er lacht und lacht und steckt uns mit seinem Lachen an. Und das Schönste ist, dass auch Mathildes Körper wieder mitlacht.

31

„Josef, sollen wir den Kindern zur Höhle folgen?", frage ich ihn.

„Was meinst du, Jona?"

„Hm. Ich glaube, die schaffen das alleine. Und wir könnten die Zeit nutzen, um einige Tiere zu besuchen. Die Tiere, die wir schon kennen."

„Und die Tiere, die wir noch nicht kennen!", ruft Jaro. „Ihnen wollen wir auch die frohe Botschaft bringen, dass sie bald erlöst sein werden."

„In alle Ställe können wir wohl nicht gehen. Das sind so unendlich viele. Aber wir können schauen, was wir zusammen schaffen."

„Wir könnten uns doch aufteilen! Dann schaffen wir mehr", erwidert Jaro aufgeregt.

„Ja, das stimmt. Wir sind schon zu viert und sicher beteiligen sich auch Isolde und Laura an unserer Aktion", meint Josef.

„Also, gehen wir erst einmal zurück und bitten Laura und Isolde um Hilfe. Ein kleines zweites Frühstück tut uns auch allen gut. Wir wollen ja durchhalten. Ihr wisst ja! Ein schwacher Körper …"

„Ja, ja, wir wissen es, Mathilde. Du hast es uns erklärt. Und wir haben dir gut zugehört!", lachen Jaro und ich. Dann hüpfe ich zu Mathildes rechter Seite und gebe ihr meine Hand. Jaro macht es mir nach. Er hüpft genauso, nur etwas höher und wilder, und kommt auf der anderen Seite Mathildes an. Er schmiegt seinen Kopf an ihre Seite, kuschelt sich kurz an sie und hüpft an ihrer Seite, Hand in Hand, weiter. Da Mathilde aber nicht mithüpft, ist Jaro immer etwas schneller und zieht Mathilde mit sich. Das sieht lustig aus. Ich hüpfe jetzt auch und Mathilde wird von uns beiden gezogen. Sie lacht wieder und Jaro und ich lachen auch.

„Was macht ihr mit mir, ihr beiden Lausebengel? Ich bin nicht so schnell wie ihr!"

„Das macht nichts, Mathilde", sagt Jaro lachend, „wir helfen dir, schnell zu sein. Merkst du's?"

„Oh ja, das merke ich wohl!"

Oh, das war so ein lustiger Nachhausespaziergang! Ich habe an gar nichts anderes gedacht als an die schnelle Mathilde. Hihi! Mathilde wurde wirklich immer schneller. Jaro und ich haben sie gut festgehalten, damit sie nicht hinfällt. Und Mathilde hat gut durchgehalten. Das hat sie selbst gesagt, als wir schließlich daheim angekommen sind. Aber dann hat sie sehr laut geschnauft. Und dann hat Josef wieder angefangen zu lachen. Weil er es so lustig gefunden hat, wie Mathilde schnauft. Wie ein Walross, hat er gemeint. Das hat wirklich gestimmt.

„Liebe Kinder", sagt plötzlich Mathilde ganz ernst, „wir haben etwas sehr Wichtiges vergessen!"

„Oh, was denn?", fragen Jaro und ich erstaunt.

„Die Familien von Anton und Maria, Liese und Lotte wissen nicht Bescheid, dass ihre Kinder fortgegangen sind. Wenn sie sie jetzt im Stall aufsuchen, werden sie einen großen Schrecken bekommen und sich große Sorgen machen."

„Wenn wir ihnen aber erzählen, was wir vermuten, werden sie sich noch größere Sorgen machen oder?", frage ich.

„Das nehme ich auch an", antwortet Josef.

„Das ist jetzt aber nicht leicht zu lösen, finde ich."

„Ja, Jona, das finde ich auch", sagt Josef.

„Also sollten wir wieder nur schnaufen", sagt Jaro und grinst über sein ganzes Gesicht. „Schnaufen, schnaufen! Dann habt ihr bestimmt wieder die besten Ideen!"

„Na, also, wenn du meinst, Jaro, dann fange du mal an. Du setzt dich jetzt mal hin, am besten alleine ins Wohnzimmer und schnaufst vor dich hin. Wir frühstücken dann mal währenddessen." Ich kann mich gar nicht mehr halten und beginne herauszuprusten. Jaro zieht eine Grimasse. Wenn ich mir vorstelle, wie Jaro da alleine auf der Couch im Wohnzimmer sitzt, die Augen geschlossen und ruhig atmend. Ich glaube, das geht gar nicht. Ich sehe ihn, wie er dabei immer mehr hin und her rutscht. Er schlägt sein rechtes Auge auf und schielt zur Tür. Er hält es kaum aus, denn er weiß ja, dass wir frühstücken. Das stelle ich mir so vor. Und ich glaube, das würde genauso passieren.

„Haha, mein Bruder! Meinst du, ich lasse mir das Früh-stück entgehen!"

„Vielleicht kommt uns ja beim Frühstück der richtige Gedanke", meint Josef.

„Oh, nein, Josef, damit bin ich nicht einverstanden. Was ist, wenn die beiden Familien währenddessen zum Stall laufen?"

„Das stimmt, Mathilde. Das habe ich eben nicht bedacht. Was haltet ihr davon, wenn ich die Sache übernehme? Mir wird schon das Richtige einfallen."

Damit waren wir alle einverstanden. Besonders Jaro, der es jetzt nicht mehr abwarten kann, bis es das zweite Frühstück gibt.

„Ich schaue mal nach Isolde und Laura, Mathilde. Darf ich das?"

„Selbstverständlich darfst du das! Gehe einfach die Stufen nach oben, Jona, und klopfe an der Tür. Dort oben haben die beiden ihr Zimmer."

„Oh, ich gehe auch mit, Jona!"

Wir fassen uns an der Hand und hüpfen die Stufen nach oben. Ein Kopf schaut aus der rechten Tür. Das ist Laura.

„Wer kommt denn da angesprungen?", sagt sie. Sie lächelt. Ich glaube, Laura freut sich.

„Wir sind das!", antwortet Jaro. „Wo ist Isolde?"

„Im Zimmer nebenan, Jaro!"

Und schon schaut ein zweiter Kopf aus der linken Tür. Das ist jetzt Isolde. Sie freut sich auch. Jedenfalls lächelt sie uns auch an.

„Isolde, Laura, kommt ihr mit nach unten? Es gibt ein zweites Frühstück. Und wir haben eine wichtige Nachricht für euch!" Jaro schaut dabei sehr ernst.

„Da bin ich aber gespannt!", sagt Laura.

„Ja, gerne kommen wir mit euch nach unten", antwortet Isolde. „Ich habe tatsächlich schon wieder ein bisschen Hunger."

„Ich habe einen Bärenhunger!", sagt Jaro.

Wir setzen uns an den Tisch. Gerade möchte ich anfangen, alles zu erzählen, da sagt Mathilde, wir sollten jetzt zuerst gemütlich frühstücken und dann erst über alles berichten. Das fällt mir schwer, alles noch für mich zu behalten. Es war doch schon sehr aufregend, dass unsere Freunde mit den weißen Pferden verschwunden sind. Jaro ist jetzt so mit dem Essen beschäftigt, dass ihm das nichts ausmacht. Er denkt jetzt nur ans Essen. Vielleicht ist das ja auch gut. Jedenfalls scheint es Jaro dabei sehr gut zu gehen. Er genießt das Essen wie immer.

„Jetzt werde ich doch allmählich neugierig", sagt Isolde. „Was habt ihr denn zu berichten?"

Da lege ich sofort los. Isolde und Laura schauen sehr besorgt. Sie hätten große Angst um die Nachbarskinder, sagen sie. Sie seien noch nie auf Abenteuer gewesen. Immer nur zu Hause, im eigenen Ort. Ob sie sich alleine zurechtfinden würden, fragen sich beide.

„Sie haben doch die Pferde dabei!", antwortet Jaro darauf. Und das stimmt. Die kennen sich aus und beschützen die Kinder auch. Aber auf dem Heimweg? Da könnte es schon gefährlicher werden. Vielleicht sollten wir ihnen entgegengehen?

Josef steht plötzlich wieder im Zimmer. Er schnauft ein bisschen schwer.

„Es war nicht so leicht, unseren Nachbarn zu erklären, dass ihre Kinder weg sind", sagt er. „Sie machen sich Sorgen und wollen ihnen entgegengehen."

„Das ist doch gut, dass sie ihnen entgegengehen wollen. Gerade habe ich mich gefragt, ob das nicht besser wäre. Denn auf dem Heimweg sind unsere vier Freunde ganz auf sich allein gestellt. Und wir sechs können dann beruhigt die Tiere besuchen."

„Jona, aber ich fürchte, dass unsere Nachbarn nicht über die Grenze zum Reich der Fülle kommen werden. Du weißt, wie es mir erging. Ich möchte dich deshalb bitten, unsere Nachbarn zu begleiten." Da wurde es mir schwer ums Herz, als Josef das sagte. Ich habe mich so sehr auf die Tiere gefreut. Ich wollte ihnen Mut machen. Oh, das ist mir so wichtig!

Josef streicht mir über den Kopf und schaut mir in die Augen. „Bist du traurig, Jona?", fragt er mich.

„Ja, Josef, weil ich mich auf die Tiere gefreut habe. Ich wollte ihnen Mut machen."

„Hm, Jona. Das verstehe ich. Es ist auch deine Entscheidung, ob du mit den Nachbarn gehst oder zu den Tieren."

Ich brauche nicht lange zu überlegen. Meine neuen Freunde möchte ich nicht im Stich lassen. Wenn wir wieder alle beisammen sind, dann setzen wir uns *zusammen* für die Tiere ein. Ich bin ja auch so froh, dass wir Freunde gewonnen haben!

„Jona, ich möchte bei dir bleiben!" Jaro sagt das richtig flehend. Ich glaube, er hat Angst, dass wir wieder getrennt würden. Ich möchte ihn auch am liebsten mitnehmen.

„Geht ruhig zu zweit", sagt da Mathilde. „Sind wir wieder alle zusammen, dann geben wir Gas! Im Nu werden wir ein ganz großer Trupp sein, der sich für die Tiere einsetzt. Und alles wird gut werden!" Wie Mathilde so locker spricht, als ob alles so leicht wäre.

„Es wird nicht leicht werden", sagt da Josef, „aber ich glaube schon, was Mathilde sagt. Wir schaffen es. Wir werden bald ganz viele sein!"

„Werdet ihr auch ohne uns zu den Tieren gehen?", frage ich Josef. Josef schüttelt nur den Kopf. Ich frage nicht weiter nach. Er wird schon seinen Grund haben. Aber es macht mich traurig. Die Tiere müssen weiterhin ausharren.

Jaro und ich verabschieden uns jetzt. Die Nachbarn stehen vor unserer Tür. Haben sie gewusst, dass wir sie begleiten? Die Mutter und der große Bruder von Anton und Maria sind dabei und die Eltern von Liese und Lotte. Wir begrüßen sie. Reden tun wir sonst nichts. Wir gehen gleich los. Den Weg kennen Jaro und ich ja schon im Schlaf. Trotzdem bin ich aufgeregt.

32

Ich freue mich auf das Reich der Fülle. Vielleicht haben wir Gelegenheit, mal wieder so richtig zu schlemmen. Unsere Beutel haben wir auch dabei. Um auch für die Tiere Früchte zu sammeln. Und ich freue mich, unseren neuen Freunden das Reich der Fülle zu zeigen. Bestimmt werden sie es auch genießen. Aber ja, zuerst wollen wir unsere Freunde finden. Ob Anton schon die Pferde heilen durfte? Ich bin ja so gespannt, was er zu erzählen hat!

„Jona, hoffentlich begegnet uns kein grauer Reiter!", sagt Jaro zu mir.

„Sind die auch bei Tag unterwegs?", fragt Tilo erschrocken.

„Zu jeder Zeit, Tilo. Es kann uns immer passieren, dass uns ein Grauer entgegenkommt oder von hinten verfolgt."

„Aber wir wissen das nicht vorher", sagt Jaro ganz eifrig, „wenn wir gut auf die Spuren achten, können wir einen Grauen vielleicht rechtzeitig bemerken."

„Schnell, die Böschung hinunter, links!", ruft da augenblicklich Antons Vater. Ich weiß nicht, was Antons Vater gesehen oder gehört hat. Aber wir hören alle auf ihn. Kaum liegen wir im Graben hinter der Böschung, hören wir ein Trampeln und Schleifen.

Oh, das haben wir jetzt schon so oft gehört, Jaro und ich. Und dieses Mal scheint es nicht aufzuhören. Ein Reiter nach dem anderen kommt an uns vorbei. Das waren mindestens zwanzig oder dreißig Pferde. Ich bin beim Zählen nicht mehr mitgekommen. Vielleicht waren es auch vierzig. Was wollen die alle? Suchen die alle uns?

„Was ist dieses seltsame Geräusch?", fragt der Vater von Liese und Lotte. „Es hört sich an wie ein Schlurfen und Schleifen."

Da zieht sich mein Magen wieder zusammen. Die unglücklichen Pferde, denke ich. Es tut mir unendlich leid!

Ich möchte es dem Vater erklären. Doch es geht nicht mehr. Mir stockt der Atem. Plötzlich ist alles still. Es ist kein Geräusch mehr zu hören. Wo sind die Grauen mit ihren Pferden?

„Da müssen die Kinder sein!", brüllt einer der Grauen. „Ich spüre es genau! Hier in der Nähe sind sie!"

„Ach, lass uns doch weiterziehen. Was sollen wir mit diesem Lumpenpack von Kindern! Uns erwartet jetzt doch viel Besseres!", dröhnt ein anderer Grauer. Er lacht dabei sehr laut.

„Oh ja, die große Verköstigung beginnt gleich! Und wir werden noch stärker! So stark wie noch nie! Auf, lasst uns zum Fest ziehen!"

Dann schreien und grölen alle durcheinander. Es ist ziemlich laut. Und manche schimpfen lauthals. Ich glaube, sie sind sich nicht einig, was sie jetzt tun sollen. Ich lege meinen Arm um Jaro. Er schaut mich wieder mit seinen großen Augen flehend an. Er hat Angst. Ich hoffe auch, dass die Grauen weiterziehen.

„Was soll's", brüllt der erste wieder, „ich kann mich auch getäuscht haben und die beiden Bengel sind gar nicht da."

„Was hältst du uns dann so lange hier auf, du Idiot!"

Das war das letzte von ihnen, was wir gehört haben. Jaro zittert am ganzen Leib. Er kann es nicht ertragen, wenn Menschen so miteinander umgehen. Aber es sind ja irgendwie keine Menschen. Menschen können ja nicht gerade so in Asche zerfallen. Sie sind eher wie irgendwelche Ungeheuer. Ungeheuer verhalten sich immer ungeheuerlich.

Tilo schaut vorsichtig über die Böschung auf die Straße. „Die Luft ist rein!", sagt er. „Wir können unseren Weg fortsetzen." Das tun wir dann auch. Wir laufen wieder alle ganz still vor uns hin. Keiner fragt etwas. Obwohl die anderen die grauen Reiter noch nie erlebt haben. Nur die Asche der Grauen haben sie gesehen, als sie uns am Abend zuvor gesucht haben. Sie wissen noch nicht einmal, wie das alles passiert ist, weil ihre Kinder ja im Stall übernachtet haben. Nur Josef könnte ihnen heute Morgen etwas davon erzählt haben.

Wir kommen an der Kreuzung an. Jetzt stehen wir wieder vor der Frage, welchen Weg wir nehmen sollen. Den weiteren und unwegsamen oder den direkten und einfach zu gehenden Weg?

„Gnädiger Herr", spreche ich den Vater von Liese und Lotte an, „beide Wege, sowohl der rechte als auch der linke, führen uns zum Ziel." Ich beschreibe allen die beiden Wege.

„Die grauen Reiter sind wohl auf der unwegsamen Strecke unterwegs. Das haben wir jedenfalls bis jetzt so erlebt."

„Deswegen sind sie uns auch nie begegnet", bemerkt die Mutter von Liese und Lotte. „Wir gehen alle immer den direkten, einfacheren Weg, wenn wir überhaupt mal diese Strecke zu laufen haben."

„Dann sollten wir den direkten Weg nehmen", meint der Vater.

„Wenn unsere Kinder aber schon unterwegs sind und den anderen Weg gehen? Dann verpassen wir sie", sagt Tilos Mutter.

„Tom, weißt du schon mehr als wir?", frage ich ihn. Das hören die anderen nicht. Ich frage ihn wieder im Stillen.

„Geht den rechten Weg, den direkten, Jona!" Ich warte, ob Tom noch eine Erklärung dazu gibt. Aber er bleibt still.

„Wir gehen den direkten Weg", sage ich den anderen. Keiner widerspricht. Sie vertrauen mir. Und ich vertraue Tom.

Tilos Mutter beginnt nun zu fragen. Wer die grauen Reiter eigentlich seien. Und was sie wollten. Und woher Jaro und ich eigentlich kämen. Und warum wir hier seien. Jaro und ich erzählen, was wir wissen und was wir erlebt haben. Mitten in der Erzählung hören wir ein Getrampel. Reiter kommen uns entgegen. Graue Reiter. Keiner von uns hat sie rechtzeitig gesehen. Wir können uns nicht mehr verstecken. Fliehen können wir auch nicht. Wohin denn auch?

Es sind so viele graue Reiter. Ein einziges graues Meer. Wir stehen alle ratlos da. Die Grauen umringen uns. Es sind vielleicht zwanzig, die um uns herumstehen. Sie haben grinsende Gesichter.

„Jetzt haben wir euch!", sagt einer von ihnen. Er sagt es höhnisch lachend. Jaro hält mich an der Hand. „Eure vier Freunde haben wir auch schon mitgebracht", verkündet er laut, „da, in den Säcken sind sie verstaut! Hahaha!" Der Graue lacht so scheußlich. Die Eltern von Liese und Lotte brechen zusammen. Sie liegen jetzt mitten auf der Straße. Tilo hebt seinen Arm und droht dem Grauen.

„Du Winzling", schreit ein anderer, „du willst mir drohen? Dass ich nicht lache! Komm her und gib mir deine Hand, dass ich dich auch in einen Sack stecke!"

Jetzt strecken sie alle ihren rechten Arm nach uns aus. Das haben sie bei dem Grauen, der uns auf Miro verfolgt hat, auch gemacht. Das ist unser Ende.

Ein Strahl kommt aus ihren Zeigefingern. Ich werde mehrfach getroffen. Jaro und ich gehen in die Knie. Ich sehe, dass auch Tilo und seine Mutter nach unten sinken.

Seltsamerweise hat es nicht weh getan. Ich dachte, es wird jetzt sehr weh tun.

Plötzlich fühle ich in mir eine große Kraft. Ich spüre alle weißen Pferde in mir, die uns umringen. Ich bin mit allen Tieren verbunden aus dem Reich der unglücklichen Tiere. Die Kraft wird stärker. Und ich stehe auf. Jaro steht mit mir auf. Wir schauen uns an, voller Zuversicht und Kraft. Jetzt schaue ich in die Runde der Grauen. Einem nach dem anderen schaue ich in die Augen. Mit Kraft und Sicherheit. Ich fühle alle Tiere in mir. Mein Mitgefühl mit den Tieren wird so stark, dass es in mir brennt. Dann hebe ich meine Hand und kreise mit ihr durch die Runde der Grauen. Einer nach dem anderen sackt in die Knie. Und zerfällt in Asche.

Ein Aufruhr der Grauen entsteht. Alle, die außerhalb des Kreises stehen, peitschen ihre Pferde an.

Schon bald ist nichts mehr von ihnen zu sehen.

„Wir haben es geschafft! Jaro, wir haben es geschafft!" Ich bin erschöpft und setze mich auf den Boden. Mein Gesicht verberge ich in meinen Händen. Ich weine.

„Jona, ich höre es leise schluchzen", flüstert mir Jaro zu, „ich glaube, das ist Liese oder Lotte."

Da bin ich wieder hell dabei. „Lass uns gleich schauen, Jaro, wo unsere vier Freunde sind. Damit wir sie schnell aus ihren Säcken befreien!"

„Ja, so ein Sack ist schrecklich, Jona! Das habe ich nicht vergessen, wie das war. Ich habe kaum Luft bekommen. Und ich hatte solche Angst!"

Ich werfe schnell einen Blick zu Tilo und sehe, dass er sich auch wieder aufrappelt. Wir verständigen uns kurz mit Blicken. Er geht zu seiner Mutter und zu den Eltern von Liese und Lotte und kümmert sich um sie.

Jaro und ich schauen nach unseren vier Freunden. Da liegen vier dicke Säcke. Immer jeweils einer neben einem Haufen Asche. Es sieht fast ein bisschen lustig aus. Aber ich weiß, für Liese und Lotte, für Anton und Maria ist es nicht lustig.

„Liese, Lotte! Maria und Anton! Wir sind alle in Sicherheit! Habt keine Angst mehr! Wir helfen euch jetzt aus den Säcken."

„Oh ja!", ruft es aus einem Sack. Das ist Maria.

Jaro und ich öffnen den Knoten des ersten Sackes. Er ist fest gebunden und nicht leicht zu entknoten. Lottes Kopf schaut jetzt heraus.

„Lotte, Lotte!", ruft Jaro. Er nimmt sie in seine Arme, obwohl sie noch halb im Sack steckt.

Ich gehe zum nächsten Sack. Den öffne ich alleine. Jetzt schaut Lieses Kopf heraus. Sie hat Tränen in den Augen.

„Oh, Jona, wie froh bin ich, dass ich dich sehe! Ich habe nicht mehr gehofft, dass wir gerettet werden!" Ich nehme Liese in meine Arme. Auch sie steckt jetzt noch halb im Sack. Aber ich möchte sie einfach sofort trösten.

„Liese, geh jetzt zu deiner Schwester. Schau, sie

sitzt hier hinten. Jaro und ich helfen noch Maria und Anton." Liese sieht ihre Schwester und läuft zu ihr. Richtig schnell laufen kann sie nicht, sehe ich, ihre Beine sind etwas zittrig. Jetzt umarmen sich die Zwillinge. Sie lassen sich gar nicht mehr los.

Jaro öffnet jetzt den Sack von Maria. Sie piepst ihm von innen entgegen.

Ich gehe zu meinem lieben Freund Anton. Ich bin jetzt ganz aufgeregt. Der Sack ist so fest verschnürt. Ich brauche eine Weile, bis ich den Knoten aufbekomme. Anton verhält sich ganz ruhig. Er bewegt sich nicht und sagt auch nichts. Jetzt schaut er aus dem Sack. Oh, wie ich da plötzlich lachen muss. Es sieht so lustig aus! Ich lasse ihn aus dem Sack erst einmal heraussteigen. Dann umschlinge ich Anton und drücke ihn ganz fest. Er drückt mich auch ganz fest. Mein bester Freund!

33

Wie wir alle froh sind, wieder beisammen zu sein! Alle sind wir unversehrt. Bis auf ein paar kleine Schrammen. Wir nehmen uns alle abwechselnd in die Arme und sagen einander, wie glücklich wir sind, den anderen wieder an unserer Seite zu haben. Ich glaube, jeder hat Tränen in den Augen. Jetzt hätten wir uns so viel zu erzählen. Es wäre aber zu gefährlich, uns hier länger aufzuhalten. Wir wissen nicht, ob noch mehr graue Reiter unterwegs sind. Also machen wir uns auf den Heimweg. Schade! Das Reich der Fülle kann ich unseren Freunden nun doch nicht zeigen.

Anton erzählt mir auf dem Nachhauseweg, wie er die vier Pferde heil machen durfte. Seine Augen leuchten dabei. Nachdem die Pferde wieder kräftig auf ihren Beinen hätten stehen können, seien sie davongelaufen. Anton erzählt mir dasselbe, was Jaro und ich auch erlebt haben. Wie die Pferde zuerst im Kreise liefen, diese immer größer wurden und wie sie zum Schluss mit einem Dank in ihrem Blick davongelaufen seien. Traurig seien sie zurückgeblieben, sagt Anton. Alle hätten sie geweint. Und sich an der Hand gehalten. Das hätte ihnen geholfen.

Ich bin etwas unruhig. Wir haben noch ein gutes Stück zu gehen. Hoffentlich begegnet uns kein Grauer mehr. Im selben Moment schrecke ich auf. Ich schaue zurück. Hinter uns kommt eine Schar Grauer angeritten. In rasendem Tempo, die Pferde antreibend, reiten sie auf uns zu. Sie scheinen nicht halten zu wollen.

„Auf die Seite! Schnell!", rufe ich. Gerade geschafft! Die Reiterschar galoppiert dicht an uns vorbei. Keiner von ihnen beachtet uns. Wir atmen auf. Ich ertrage das nicht mehr lange. Ich bin sehr angespannt. Ich möchte laufen. Nur schnell zu Josef und Mathilde nach Hause!

„Wer läuft mit?", frage ich die anderen. „Ich möchte schnell nach Hause zu Josef und Mathilde! Ich halte es nicht mehr aus!"

„Ich laufe mit!"

„Ich auch!"

„Ich auch!"

Tilo und Liese und Lotte gehen mit ihren Eltern weiter. Wir anderen beginnen nun zu laufen und wir werden immer schneller. Nur nach Hause, nur nach Hause, denke ich. Sonst gibt es in mir keinen Gedanken mehr. Mein Kopf ist mal wieder etwas durcheinander.

Angekommen! Ich bin erleichtert.

„Anton, Maria, kommt ihr mit uns mit, bis eure Mutter und Tilo zu Hause sind?", frage ich die beiden.

„Oh ja, gerne!", antworten beide. Und Jaro grinst über sein ganzes Gesicht. Ich glaube, er ist ein bisschen in Maria verliebt.

Mathilde öffnet uns die Tür und schließt uns in ihre Arme. Sie quetscht uns ganz schön zusammen.

„Oh, Mathilde, wie froh bin ich, wieder hier zu sein!"

„Dann kommt mal herein! Gegen etwas Leckeres zu essen habt ihr bestimmt nichts!"

Der Tisch ist schon wieder gedeckt. Ich glaube, Mathilde ist ständig damit beschäftigt, leckere Sachen zu kochen und zu backen. Da haben es Josef und Laura und Isolde gut. Und jetzt haben wir es auch gut!

„Ich hatte noch ein paar Äpfel von euch, Jaro und Jona. Die ihr vom Reich der Fülle mitgebracht habt. Davon habe ich einen großen, saftigen Apfelkuchen mit Streuseln gebacken." Mathilde lächelt.

„Mmh, lecker!", sagen wir alle vier Kinder gleichzeitig. Und es ist wirklich wahr. Er schmeckt so fein, dass ich gar nicht genug kriegen kann. Ich schiele zu Jaro. Mal sehen, ob er weiß, wann er genug gegessen hat. Er hält sich schon seinen Bauch.

„Ich habe genug", sagt er jetzt. „Vielen Dank, Mathilde! Der Kuchen hat mir ausgezeichnet geschmeckt. Kannst du den mal wieder backen?"

„Gerne, Jaro, aber solche prachtvollen Äpfel, wie die aus dem Reich der Fülle, haben wir hier nicht. Also, das heißt, wir werden erst einmal zusammen das Reich der Fülle besuchen."

„Oh, Mathilde, das ist viel zu gefährlich! Das können wir leider nicht!", sage ich.

„Lieber Jona, du wirst sehen, bald ist es soweit! Nicht mehr lange und wir werden alle das Reich der Fülle genießen können! Da bin ich sehr zuversichtlich!"

Ich weiß nicht, warum sich Mathilde da so sicher ist. Vielleicht spürt sie es einfach. Wie damals, als Josef Jaro und mich mit sich nach Hause nahm. Sie hätte uns schon erwartet, sagte Mathilde da.

In manchen Dingen war ich mir auch schon ganz sicher. Da hätte auch meine Mama sagen können, was sie gewollt hätte. Ich war dann einfach der festen Überzeugung, dass ich das Richtige tue. Das war ja auch so, als Tom zu uns kam und uns den Auftrag erteilte, die Tiere im Reich der unglücklichen Tiere zu retten. Jaro und ich wussten gar nicht, dass es dieses Reich gibt. Aber ich hatte keinen Zweifel daran, dass es unser Auftrag sein sollte. Ich wusste, dass es richtig war.

Josef kommt zur Tür herein.

„Oh, wie ich sehe, habt ihr den ganzen Apfelkuchen alleine aufgegessen! Und habt gar nicht an den hungrigen Josef gedacht!", sagt Josef. Aber er lächelt ein bisschen dazu. „Hoho, hoho, hoho!", lacht Josef dann los. Und wir alle stimmen in sein Lachen ein. Mathildes Körper lacht auch wieder mit. Hihi.

„Aber jetzt mal wieder ernst", unterbricht Josef unsere Heiterkeit. „Es ist elf Uhr. Das große Fest beginnt. Dorthin werden wir zusammen gehen. Das war abgemacht oder?"

Ich fasse mir an den Magen. Er zieht sich wieder zusammen. Es tut mir weh. Anton schaut mich erschrocken an.

„Ja, Josef, es ist abgemacht. Es ist unsere Aufgabe", antworte ich. Ich versuche dabei, mir nichts anmerken zu lassen. Denn ich habe Angst davor.

„Ich gehe mit", ruft Anton fröhlich. „Es ist ein tolles Fest, Jona! Du wirst schon sehen!"

Ich schaue Anton verwirrt an. Was sagt er da? Habe ich ihm nicht alles erzählt?

„Oh, entschuldige bitte, Jona! Es *war* immer ein schönes Fest für uns alle. Ich habe gerade in diesem Moment alles vergessen, was du mir erzählt hast. Bitte, entschuldige! Weißt du, wir sind es gewohnt, dieses Fest jedes Jahr zu feiern. Nein, Jona, es ist wahrlich kein schönes Fest! Kann ich euch irgendwie helfen?"

„Willst du uns begleiten, Anton? Ja, ich glaube, das wäre schön."

„Und ich will auch mit!", meldet sich Maria gleich.

„Ich denke auch, dass das gut wäre, wenn Anton und Maria mit euch gingen. So wirkt alles natürlicher. Ihr sollt ja nicht als Beobachter erkannt werden."

„Stimmt, Josef. Und du und Mathilde? Geht ihr auch mit?"

„Wir werden dann doch zu Hause bleiben, Jona. Eure Freunde begleiten euch ja. Es würde sich sicher jeder wundern, dass wir nichts essen. Kinder aber tollen gerne herum. Denen geht es nicht hauptsächlich ums Essen. Ihr fallt also weniger auf, wenn ihr nichts esst."

„Und wir hatten ja auch schon den allerbesten Apfelkuchen der Welt von Mathilde", antwortet Jaro.

„Stimmt, das können wir den Leuten sagen, wenn sie fragen", meint Maria.

„Dann wollen wir also gleich losgehen. – Josef, Mathilde, sagt ihr bitte meiner Mutter, wohin wir gegangen sind? Sagt ihr bitte auch, dass sie sich keine Sorgen zu machen braucht."

„Machen wir, Anton!", antwortet Josef. „Ich wünsche euch viel Erfolg auf eurer Erkundung!"

„Das ist aber sehr nett von dir, Josef!" Das meine ich ein bisschen ironisch. Ich finde es nämlich gar nicht nett, dass wir da jetzt hingehen sollen. Josef meint das schon ehrlich, dass wir Erfolg haben sollen. Aber ich bin nicht gerade gut gestimmt, wenn ich daran denke, dass wir bei diesem Fest auch noch genau hinschauen sollen, wo ich lieber wegschauen wollte.

„Anton, und was ist mit den grauen Reitern? Bist

du dir sicher, dass deine Mama sich nicht zu sorgen braucht?"

„Ja, Jaro, ich habe keine Angst mehr. Auf dem Weg hierher hat sich doch gezeigt, dass wir die Stärkeren sind und nicht die Grauen."

„Und das sagst du, obwohl sie dich in den Sack gesteckt haben, Anton?" Jaro schaut Anton fragend an.

„Oh, daran möchte ich jetzt nicht mehr denken, Jaro! Lass uns jetzt einfach losgehen."

Mathilde nimmt uns alle wieder in die Arme. „Passt gut auf euch auf", sagt sie noch. „Seid achtsam miteinander und kommt nicht so spät nach Hause."

Es ist nicht weit bis zum großen Dorfplatz, wo sich alle Leute des Dorfes – oder fast alle – versammelt haben. Dort stehen Holzbänke und Holztische. Der Boden ist hart und grau. Das fällt mir sofort wieder auf. Oh, wie schön! Auch hier ein Gänseblümchen!

„Jona, schau!", ruft Jaro plötzlich ganz entsetzt. „Siehst du es auch? In der Mitte des Platzes? Da ist ein kleines Ferkel aufgespießt! Und es brennt Feuer darunter!" Jaro beginnt zu weinen.

„Jaro, psst! Das geht jetzt nicht. Höre auf zu weinen! Wir dürfen nicht auffallen!" Anton spricht sehr ernst mit Jaro. Jaro beißt sich auf die Lippen und schluckt. Er verstummt. Aber seinen Blick kann er nicht verstellen. Er schaut mich hilfesuchend an. Ich nehme Jaro an der Hand. Seinem Blick aber versuche ich auszuweichen.

Die Leute sind lustig auf dem Fest. Sie lachen und tanzen. Und sie sitzen da und essen – Körperteile von Tieren. Tiere sind Lebewesen, denke ich, wie du und ich. Warum nur töten diese Menschen diese wunderbaren Tiere?

„Mmh, wie doch dieser Hühnerschenkel lecker schmeckt! Und so knusprig!" Es ist ein Mann, der da in der hinteren Reihe der Bänke sitzt und laut schwärmt.

Im selben Moment … Ich weiß nicht, ob ich richtig sehe! Im selben Moment … erwächst hinter dem Rücken des Mannes eine Gestalt. Ein Grauer! Wie unheimlich! Es ist ein grauer Reiter entstanden.

„Oh, wie fein! So etwas Gutes habe ich schon lange nicht mehr gegessen!", sagt der Mann mit den Hosenträgern, der neben ihm sitzt. Er schiebt sich ein großes Stück von einem Ferkelchen in den Mund. Ich habe gesehen, wie er es vom Spieß, da wo das Babyschwein gegrillt wird, abgeschnitten hat. Und dann schmatzt er. Ganz laut. Und er verdreht die Augen. Mich schüttelt es. Dann fällt mein Blick hinter ihn. Es entsteht dort eine graue Wolke. Eine Gestalt bildet sich heraus. Ein Grauer! Der zweite schon.

Ich sehe mich nach Jaro, Anton und Maria um. Maria steht mit offenem Mund da. Jaros Augen sind weit aufgerissen und Anton schaut mich erschrocken an.

Was geht hier vor?

Es geht ganz schnell. Eine Frau, die lachend ein

Stück Tier in den Mund nimmt, verschwindet im Schatten eines Grauen. Er wird hinter ihr immer größer und mächtiger.

Überall erwachsen jetzt die Grauen. Hinter allen Menschen, die da sitzen. Es gibt hier kaum einen Menschen mehr, dem nicht ein Grauer zugeordnet ist. Sehen die Menschen diese Grauen nicht? Sie reagieren nicht auf sie. Sie sind von ihnen eingelullt. Ja, die Grauen breiten ihre Arme aus. Von hinten umschlingen sie ihren Menschen. Und die Menschen stecken sich ein Stück Fleisch nach dem anderen in den Mund. Und schwärmen.

„Sieg! Sieg!", schreit ein Grauer. „Weiter so, ihr Menschen! Sieg! Sieg!", ruft er noch einmal. Aber kein Mensch reagiert. Die Menschen hören das nicht. Jaro hält sich die Ohren zu. Und Anton schaut unter sich. Maria weint.

Was sollen wir nur tun? Ich habe ein schlechtes Gewissen. Weil wir nichts tun. Nichts für die Tiere! Und nichts für die Menschen. Sie sind wie verzaubert. Wie im Rausch.

Und die Grauen werden größer und mächtiger und immer größer und mächtiger.

„Da!", ruft Maria plötzlich. Sie zeigt in die Ferne. „Schaut, Jona, Jaro, was hier geschieht!"

Weit hinter dem Dorfplatz bewegt sich eine graue Masse. Langsam wird sie größer. Grau auf weiß, sehe ich. Die grauen Reiter kommen. Jetzt wird mir klar, warum auf unserem Weg heute Morgen so viele

Graue an uns vorbeigeritten sind. Da sind sie nun. Sie wollen zum Fest. Zu *ihrem* Fest!

Oh, es sind nicht die Tiere, die hier im Mittelpunkt stehen! Es sind die Reiter. Die Grauen!

„Anton, wir gehen!", sage ich zu ihm. Ich bin jetzt ganz bestimmt. Wir haben genug gesehen, finde ich. Mehr möchte ich nicht sehen.

Keiner widerspricht mir. Wir nehmen uns alle vier bei der Hand und kehren dem Dorfplatz den Rücken. Wir drehen uns nicht mehr um. Wir gehen fest und langsam. Zuerst. Und dann rennen wir los. Bis wir zu Hause angekommen sind.

34

Ich schüttle mich. Mir läuft es kalt den Rücken hinunter, wenn ich daran denke, was wir eben erlebt haben.

„Jona, was mir gerade einfällt, wir haben dir deine Stiefel mitgebracht."

„Da freue ich mich aber! Wo habt ihr denn meinen zweiten Stiefel gefunden?"

„Ja, das war ganz zufällig. Wir sind aus der Höhle geschlüpft, mit deinem rechten Stiefel in meinem Beutel. Wir wollten uns zurück auf den Heimweg machen. Die Pferde waren schon weg. Da habe ich mir nochmals die Hufspuren unserer Pferde angeschaut. Weißt du, ich habe getrauert. Und ich dachte, die Spuren geben mir ein bisschen Trost. Ich habe mich gebückt und dann sah ich deinen verlorenen Stiefel. Er lag da, von einem Grasbüschel bedeckt."

„Lag er weit von der Höhle entfernt?" Das frage ich, weil mir plötzlich einfällt, dass der Stein, den ich aus der Höhle geworfen habe, jedes Mal „klack" gemacht hat, obwohl er ins Gras gefallen war.

„Nein, nicht weit von der Höhle entfernt. Ich würde sagen, in Wurfweite." Da freue ich mich. Ein Rätsel hat sich gelöst. Na ja, ich weiß, die Lösung ist nicht so bedeutend. Aber ich freue mich daran. Den Stiefel habe ich wohl übersehen, als ich den Stein wieder aufgehoben habe.

„Herzlichen Dank, Anton, für die Stiefel. Ich bin ja so froh, dass ich sie wieder habe!"

„Und jetzt kommt vielleicht noch die größere Überraschung. Wir haben auch an euer Zauberpapier gedacht. An das Papier von eurer Großmutter."

„Wirklich?", ruft Jaro da. Er ist ganz aus dem Häuschen. „Unser Zauberpapier! Jona, unser Zauberpapier! Wie schön, dass wir es wieder haben! Danke! Danke, Anton und Maria!"

Anton überreicht uns das Papier. Jaro übernimmt es sehr achtsam. Ich umarme Maria und dann Anton.

Jetzt stehen wir schon eine Weile vor der Tür und haben gar nicht daran gedacht, hineinzugehen. Mathilde schaut plötzlich heraus.

„Na, wo bleibt ihr? Wollt ihr heute draußen übernachten?"

„Oh, sicher nicht, Mathilde! Wenn du das gesehen hättest, was auf dem Dorfplatz geschieht, dann würdest du auch nicht mehr draußen übernachten wollen!", antworte ich ihr.

„Dann kommt mal herein und erzählt!"

„Jona und Jaro, wir werden jetzt heim zu unserer Mutter und zu Tilo gehen. Vielleicht machen sie sich doch Sorgen um uns. Treffen wir uns später?"

„Ja, wann meinst du, dass ihr von zu Hause weg könnt?"

„Ich denke, in zwei Stunden könnten wir wieder da sein. Die Zeit sollte reichen, um alles, was wir erlebt haben, zu erzählen. Ade! Bis gleich!" Maria und Anton gehen Hand in Hand zum Nachbarhaus. Wir bleiben noch einen Moment stehen, bis sich die Tür bei ihnen öffnet. Ihre Mutter empfängt die beiden.

„Oh, meine Maria und mein Anton!", ruft sie. „Wie froh ich bin, dass ihr wieder da seid!" Und schon sind sie hinter der Tür verschwunden.

Wir folgen jetzt Mathilde. Glücklich, weil wir neu beschenkt wurden: mit meinen Stiefeln und mit dem Papier unserer Großmutter.

Josef sitzt schon am Tisch. Und Isolde und Laura.

„Josef", beginnt Jaro gleich zu sprechen, „tötet jeder sein Tier selbst, das er essen mochte? Und wie macht er das?"

„Nein, Jaro, es tötet nicht jeder sein Tier selbst."

„Woher kriegen die Menschen es dann?"

„Jaro, setze dich doch erst einmal hin", meint Mathilde zu ihm. Sie streicht Jaro dabei über den Kopf. Und schaut ihn lieb an. „Dann könnt ihr doch besser miteinander sprechen."

„Die Menschen kaufen das Fleisch."

„Du meinst, die Körperteile der Tiere, Josef?", frage ich ihn. Ich stehe auch noch. Vielleicht streicht mir Mathilde jetzt auch über meinen Kopf. Sicherheitshalber schaue ich sie an. Damit sie es merkt.

„Mein lieber Jona", sagt sie zu mir und streicht mir über meinen Kopf. „Schau mal, neben Isolde ist noch ein schöner Platz frei." Mathilde schaut mich lieb an und streicht mir noch einmal übers Haar. Oh, es ist schön!

„Fleisch, sagen die Menschen dazu, und Wurst."

„Und wer tötet dann die Tiere?", fragt Jaro noch einmal.

„Das machen Menschen. Es ist ihre Arbeit. Das Töten der Tiere wird Schlachten genannt. Es gibt Schlachthäuser. Dort arbeiten Menschen. Und diese töten die Tiere."

„Wie machen sie das?", fragt Jaro weiter. Er möchte immer alles ganz genau wissen. Aber ich möchte es auch wissen. Aber eigentlich möchte ich es auch wieder nicht wissen, weil ich Angst davor habe. Es ist bestimmt schrecklich.

„Jaro, es ist schrecklich!", sagt da Josef. „Das kann ich dir nicht erzählen."

„Ich muss es doch wissen! Sag es mir!", bittet Jaro Josef weiter.

„Es ist zu schlimm, Jaro. Nein, das erzähle ich euch nicht. Ich selbst kann es nicht mehr ertragen. Und ich habe schon viel gesehen. Nein, das erzähle ich euch nicht", wiederholt Josef.

„Vielleicht zeigst du Jona und Jaro mal ein Bild von einem Schlachthaus, Großvater", sagt jetzt Isolde. „Da können sie dann schnell wieder wegschauen, wenn sie es nicht ertragen."

Josef geht hinaus und die Treppen hoch. Wir sitzen gespannt am Tisch. Keiner macht einen Mucks. Ich höre meinen Atem. Er geht schnell. Ich möchte das Bild eigentlich gar nicht sehen. Und dann will ich es doch wieder sehen.

Josef kommt mit einem Bild in der Hand zurück. Mein Atem stockt vor Spannung. Er legt es auf den Tisch. Kaum liegt es da, drehe ich mich um. Jaro auch.

„Bitte, Josef, nimm das Bild weg!", flehe ich ihn an. Nein, diese Sekunde war schon zu viel. Das Bild prägt sich ein in meinen Kopf. Ich weiß nicht, ob ich das hängende Schwein jemals vergessen werde.

Und Josef sagt, dass es noch viel schlimmere Bilder gäbe. Die Tiere würden beim Schlachten fürchterlich leiden. Mehr will er nicht sagen. Das sei genug, meint er.

„Themawechsel", sagt jetzt Laura. „Jetzt seid ihr an der Reihe. Wie war es beim Dorffest?"

Alle hören uns ganz ruhig zu. Manchmal stellt uns Mathilde oder Isolde eine Frage, wenn sie nicht richtig verstanden haben, was wir meinen. Als wir dann mit unserer Erzählung zu Ende gekommen sind, schauen sie ziemlich erschrocken und ratlos.

„Das war's!", sagt Jaro.

„Das war's!", wiederholen alle zusammen.

Bestimmt sind es zehn oder sogar fünfzehn Minuten, in denen wir dasitzen und nichts sagen. Mir fällt auch nichts ein, was ich sagen könnte.

„Ich beginne wieder mit meinem Gesang vor den Türen der Menschen." Josef ist der erste, der wieder etwas sagt.

„Ich mache mit!", ruft Jaro.

„Und ich mache auch mit!", rufe ich.

Laura und Isolde nicken mit ihrem Kopf. Soll das heißen, dass sie auch mitmachen?

„Wir unterstützen euch", sagt da Isolde, „gell, Laura, das machen wir?"

„Selbstverständlich!", antwortet Laura.

„Und ich sorge für eure Körper", sagt da Mathilde und alle lachen.

„Ich habe noch eine Idee", sagt da Jaro. „Was sagt ihr dazu, wenn wir mit den Menschen von hier ins Reich der Fülle gingen? Zum Hügel der Früchte? Und zum Hügel des Wassers und der Quellen?"

„Ja, Jaro, das ist eine prima Idee", antworte ich. „Zuerst aber gehen wir mit den Kindern. Und dann nehmen wir auch nach und nach große Leute mit. Was meint ihr dazu?"

„Ich bewundere euch!", antwortet da Mathilde. „Was für Ideen ihr habt! Da käme ich nie darauf. Was das Fleisch essen mit dem Reich der Fülle zu tun haben sollte, ist mir auch jetzt noch schleierhaft."

„Aber, Mathilde! Die Menschen können das Reich der Fülle genießen! Das herrliche Licht! Die leuchtenden Farben! Die bunten Blumen! Die kraftvollen Bäume! Die großen, süßen, saftigen Früchte! Das herrlich sprudelnde Wasser!"

„Stimmt!", sagt da Mathilde nur.

„Ich werde mich jetzt zurückziehen und an meinem Gesang feilen", sagt Josef. „Wenn ich so weit bin, dann trage ich euch die Strophen vor. Anschließend üben wir sie zusammen."

„Ja, das machen wir!". Jaro und ich sind begeistert. Endlich können wir mit unserer eigentlichen Arbeit beginnen. Wir retten die Tiere! Und wir schaffen es!

35

„Anton, Maria!", begrüßen wir die beiden ganz stürmisch. „Wir gehen zusammen ins Reich der Fülle! Und zwar noch heute!"

„Noch heute?", fragt Anton ganz erstaunt.

„Ja, Anton, denn heute können wir noch unbehelligt dorthin kommen. Die Grauen sind sehr beschäftigt, wie du weißt."

„Und ob ich das weiß!"

„Liese und Lotte nehmen wir auch mit, wenn sie wollen. Und am besten noch Tilo. Dann haben die Eltern weniger Sorgen. Denn die großen Leute wollen wir heute noch nicht mitnehmen."

„Ja, heute genießen wir das Reich der Fülle alleine", schwärmt Jaro. Und Maria gibt ihm einen Kuss auf die Wange. Jaro reibt sich die Wange und schaut ein bisschen verlegen. Maria strahlt.

„Und Josef schreibt derweil die Strophen für seinen Gesang. Er möchte wieder vor den Türen der Menschen auftreten und ihnen vom Leid der Tiere singen. Und wir helfen ihm!", erzähle ich Anton und Maria. Ich bin so begeistert!

„Da helfen wir auch!" Das ruft Maria. Sie ist auch begeistert.

„Und jetzt auf, zum Reich der Fülle! Wie ich mich

freue! Kommt, wir holen Liese und Lotte ab. Und Tilo!" Ich nehme Anton bei der Hand und wir hüpfen die Treppen hinunter. Maria und Jaro machen es uns gleich. Wir dürfen die Welt wieder einmal in vollen Zügen genießen! Und unsere besten Freunde sind dabei!

Die Eltern von Liese und Lotte sind nicht so begeistert. Jetzt hätten sie ihre Kinder erst zurückbekommen und schon wollten wir sie wieder mitnehmen, meinen sie. Aber Liese und Lotte lassen ihren Eltern keine Ruhe. Bis sie es ihnen schließlich erlauben mitzugehen. Ein bisschen beruhigt sind sie aber, als ich ihnen sage, dass Tilo auch mitkommen wird. Zum Glück ist dann Tilo wirklich mitgekommen. Er sei auch sehr gespannt auf das Reich der Fülle, meint er.

Fröhlich laufen wir los. Wir haben unsere Beutel dabei, weil wir auch an die Tiere gedacht haben.

Oh, das war ein wunderbarer Nachmittag! Wir waren auf dem Hügel der Früchte. Liese und Lotte, Maria und Anton und auch Tilo haben nur so gestaunt. Sie haben die Früchte in vollen Zügen genossen. Und unsere Beutel haben wir ganz vollgestopft. Auch Äpfel haben wir mitgenommen. Damit uns Mathilde wieder so einen feinen Apfelkuchen backen kann. Anschließend hatten wir zu schleppen. Und wir wollten ja auch noch zum Hügel des Wassers und der Quellen. Das war eine Gaudi. Wir haben dort so miteinander getobt, dass wir anschließend völlig erschöpft waren. Eigentlich wollte ich dann ein bisschen ausruhen. Aber Maria und Jaro haben uns alle wach gehalten. So sind wir bald wieder weiter gewandert. Und welch eine Überraschung! Wir kamen zu einer Blumeninsel. Da haben sich unsere Augen und Nasen gefreut. Ja, das war wirklich so. Die Farben waren so schön, so wunderschön, dass meine Augen sich gar nicht satt sehen konnten. Und meine Nase hat immerzu geschnuppert. Es hat so herrlich geduftet. Wir haben uns mitten in die Blumenwiese gesetzt und saßen dann da wie schnuppernde Kaninchen. Das hat mich zum Lachen gebracht. Denn es hat wirklich lustig ausgesehen, wie die anderen dauernd ihre Nüstern aufgebläht haben. Die anderen haben es auch lustig gefunden. Und so saßen wir da und haben gekichert.

Dann haben wir den Mond gesehen und wir wussten, dass wir schnell nach Hause laufen sollten. Das große Fest würde seinem Ende zugehen und die grauen Reiter würden wieder unterwegs sein.

Alles ist gut gegangen. Jetzt sind wir wieder zu Hause und schwärmen vom Reich der Fülle. Mathilde freut sich über die Äpfel. Josef schenken wir ein paar Feigen.

„Aber vom Apfelkuchen bekomme ich beim nächsten Mal auch etwas ab!", meldet er sich und zwinkert mir zu. Mathilde tätschelt ihm die Schulter.

„Selbstverständlich, mein Lieber!", sagt sie zu Josef und lächelt ihn an.

Die anderen Kinder gehen zu ihren Familien nach Hause. Sie nehmen ein paar Früchte für ihre Eltern mit. Wir haben uns für morgen früh verabredet. Morgen wollen wir vor den Häusern das Leid der Tiere besingen. Ich bin schon aufgeregt, wenn ich daran denke.

„So, Kinder, darf ich euch jetzt meine Strophen vorsingen? Das Lied über das leidvolle Leben der Kühe und ihrer Kälber hatte ich ja schon fertig. Heute habe ich ein weiteres über das Leben der Schweine geschrieben. Mit diesen beiden Liedern wollen wir morgen auf die Straße gehen. Das Lied über die armen Hühner und ihren Nachwuchs folgt bald.

„Ja, lass hören!", antwortet Mathilde.

„Du bist doch kein Kind, Mathilde!", entrüstet sich da Jaro.

„Kein Kind? Jaro, wenn du wüsstest! Selbstverständlich bin ich ein Kind. Nur ein großes eben!" Ja, das stimmt, denke ich. Wenn mich Mathilde so anschaut mit ihren lieben Äuglein, dann sehe ich da wirklich ein Kind. Und wie sie ja immer lacht! Ich glaube, so lacht nur ein Kind. Und Josef ist auch ein Kind, denke ich weiter. Aber er ist ein ganz anderes Kind. Ja, aber Jaro und ich sind ja auch ganz verschiedene Kinder. Also ist es doch auch ganz normal, dass Mathilde und Josef verschiedene Kinder sind. Es sind nur halt große Kinder. Das ist ja nicht schlechter, als ein kleines Kind zu sein.

Mathilde lacht wieder.

„Ja, Mathilde, das stimmt! Du bist ein Kind!", sage ich zu ihr. Sie schaut mich dabei an und lacht weiter. Ich glaube, sie freut sich, dass ich es erkannt habe.

„Ich beginne jetzt", unterbricht Josef ihr Lachen. „Pst! Ich fange jetzt an!", sagt er noch einmal. Er meint es jetzt ernst.

Wie Josef schön singen kann! Und was er von den Kühen singt, stimmt alles. Es berührt mich.

„Josef, dürfen wir gleich mitsingen?", frage ich ihn. Dann würde es mir besser gehen, wenn ich gleich was tun dürfte. „Ich kann die Melodie schon, Josef."

„Ja dann, dann lasst uns gleich gemeinsam singen."

Alle stimmen wir mit ein. Es ist ein trauriges Lied. Wir singen voller Inbrunst. Ob die Kühe das spüren, dass wir für sie singen? Da fällt mir ein, dass wir den Tieren ja Früchte aus dem Reich der Fülle mitgebracht haben. Aber ich möchte Josef jetzt nicht unterbrechen und ich schiebe diesen Gedanken erst mal wieder beiseite. Ich denke an die Kühe und an ihre Kälbchen und ich wünsche mir dabei von Herzen, dass die Mütter und ihre Kinder wieder zusammenfinden. Dass sie nicht mehr traurig sein müssen. Und dass die Kühe nicht immer geschwängert werden, Jahr für Jahr, nur damit die Menschen Milch trinken und Käse essen können und Sahne auf den Kuchen kriegen, hat Mathilde mir erzählt. Alles ungesundes Zeug, hat sie noch dazugesagt. Ich kenne mich da nicht aus. Ich möchte nur, dass es den Kühen gut geht und auch ihren Kindern. Sind das nicht Kinder wie wir? Da bin ich mir schon sicher, dass wir den Kälbchen ziemlich ähnlich sind und sie uns. Zumindest in vielen Bereichen. Sie wollen springen und hüpfen und die Sonne genießen. Mit anderen Kälbchen, ihren Freunden, spielen und wenn sie genug haben, wollen sie nach Hause zu ihrer Mama. Und jetzt fällt mir unsere Mama wieder ein. Ich sehne mich auch nach meiner Mama. Mathilde ist für mich ein bisschen wie eine Mama. Aber halt doch nicht meine wirkliche Mama. Oh, ich vermisse sie so. Das Lied singt ein bisschen auch von meiner Traurigkeit, die ich habe, weil wir unsere Mama jetzt auch nicht haben. Aber ich weiß wenigstens, dass wir bald wieder bei ihr sein können.

Das Lied ist zu Ende. Jetzt möchte Josef noch das Lied über die Schweine singen. Damit wir das auch kennenlernen. Eigentlich würde es mir jetzt reichen. Weil das Lied so traurig war und ich jetzt auch traurig bin.

„Jona, du schaust so traurig!" Jaro schaut mich an und kneift mich mal wieder in den Arm.

„Au, Jaro, warum kneifst du mich, wenn ich traurig bin?"

„Damit du wieder ins Leben zurückkommst, Jona."

Manchmal sagt Jaro schlaue Sachen, finde ich.

„Lass uns an die Rettung der Tiere denken, Jona! Und dann können wir voller Freude sein. Es ist bald so weit!" Jaro sagt das ganz begeistert. Und er steckt mich dabei ein bisschen an. Jetzt bin ich schon wieder etwas fröhlicher. Ich finde es schon sehr schön, einen Bruder zu haben.

„Josef, gehen wir morgen zu den Tieren und bringen ihnen von unseren Früchten?"

„Ja, sicher, Jona! Bevor wir morgen vor die Häuser gehen, gehen wir bei den Tieren vorbei. Wir wollen ja auch ein paar Tiere mitnehmen."

„Oh ja, dann erzählen wir allen, dass die Rettung nahe ist." Jaro freut sich so darüber. Da kann ich gar nicht mehr traurig sein. Ich freue mich mit ihm.

„Oh ja, Jaro, das erzählen wir den Tieren! Und die Früchte sind schon ein Vorbote für das, was sie in Freiheit erwarten wird. Da werden sich die Tiere aber sehr freuen!"

Josef beginnt mit dem Lied. Es ist ebenso traurig wie das Lied von der Kuh. Aber ich stimme mich jetzt auf die Rettung ein. Ich sehe sie genau vor mir. Sie ist sozusagen am Ende des Liedes, am Ende des dunklen Tunnels. Aber ich sehe das Licht dahinter sehr, sehr gut!

Wie schön es doch ist, wenn wir alle zusammen singen!

36

In dieser Nacht habe ich ziemlich unruhig geschlafen. „Es geht los. Es geht los", habe ich ständig gedacht. Jaro hat im Schlaf gesprochen. „Ich helfe euch. Ich verspreche es", hat er immer wieder gesagt. Davon bin ich aufgewacht. Ich habe ihm dann einen Kuss auf die Wange gegeben und ihn im Gesicht gestreichelt. Ganz zart. Jaro hat es nicht gemerkt. Dann habe ich mich auf die Seite gedreht und war zufrieden. Von da an weiß ich nichts mehr. Ich bin dann wohl doch noch fest eingeschlafen.

Jetzt bin ich hellwach. Ich schaue mich nach Jaro um. Er ist nicht mehr im Bett. Das kommt vielleicht einmal im Jahr vor, dass Jaro vor mir aufsteht. Wenn er nämlich mal vor mir wach ist, hat er keine Ruhe, bis ich mit ihm aufstehe. Jetzt höre ich ihn im Bad pfeifen. Es hört sich fröhlich an. Ich werde auch fröhlich und freue mich jetzt richtig auf unseren Auftritt vor den Häusern. Schnell springe ich aus dem Bett. Jetzt halte ich es auch nicht mehr aus. Ich laufe im Schlafhemd die Treppen hinunter.

„Guten Morgen, Josef! Du bist schon wach?"

„Guten Morgen, Jona! Ihr habt lange geschlafen. Es ist schon elf Uhr."

„So spät schon? Wo ist Mathilde?"

„Sie ist zum Einkaufen gegangen. Sie möchte uns gerne verwöhnen, hat sie gemeint."

„Wann beginnen wir mit unserer Mission, Josef?"

„Sobald ihr beiden Schlafmützen fertig seid."

Das bringt mich zum Gähnen. „Ich werde gerade wieder müde, Josef."

„Jona! Jona!", ruft Jaro von oben herunter. „Ich bin fertig. Wir können gehen."

„Wir wollen doch noch frühstücken, Jaro, oder?"

„Das hätte ich beinahe vergessen", antwortet Jaro beim Herunterlaufen.

„Aber nur beinahe, Jaro!", sagt da Josef und fängt an zu lachen. Sein tiefes Hoho, hoho, hoho.

„Lässt du dein Schlafhemd an, Jona, wenn wir gehen?", fragt mich Jaro und grinst.

„Gefällt es dir nicht? Ich hatte vor, es anzulassen. Ist das für euch in Ordnung?" Ich versuche dabei, ganz ernst zu gucken.

„Das kannst du doch nicht machen, Jona! Die Leute lachen dann über uns und nehmen uns nicht mehr ernst!" Jaro ist entrüstet. Jetzt kann ich mir mein Lachen nicht mehr verkneifen. Und Jaro beginnt mit mir zu rangeln. Ich springe schnell davon. Husch, bin ich oben im Badezimmer verschwunden.

Als ich wieder nach unten komme, ist Mathilde wieder da und Jaro sitzt da mit vollgestopften Backen.

„Jaro, isst du wie ein Hamster auf Vorrat? Beim Singen musst du aber aufpassen, dass dir der ganze Vorrat nicht aus den Backen fällt!" Ich pruste vor Lachen. Jaro streckt mir die Zunge heraus. Ich meine, er versucht es. Es fallen ihm stattdessen ein paar Brocken seines zu Brei gekauten Essens aus dem Mund. Hihi. Das ist nicht gerade so appetitlich.

„Seid ihr so weit?", fragt uns Josef. „Es geht los! Unser Abenteuer beginnt!"

Ich bekomme ganz feuchte Hände, wenn ich daran denke. Ich bin schon ganz aufgeregt.

„Jaro, bist du auch fertig?", frage ich ihn. Eigentlich sehe ich ja, dass er fertig ist. Aber irgendwas wollte ich halt sagen. Weil ich so aufgeregt bin.

„Hier, Kinder, die Früchte für die Tiere! Und wo sind eigentlich Isolde und Laura? Die beiden hatten doch vor, euch zu begleiten, oder?" Im selben Moment stehen Laura und Isolde unter der Küchentür.

„Hier sind wir doch!", sagen sie. „Wir sind bereit!"

Ich freue mich so, dass auch Isolde und Laura mit uns gehen.

„Wie machen wir das, Josef? Gehen wir immer alle zusammen?", frage ich Josef.

„Das wollte ich euch gerade auch fragen. Wie habt ihr es euch gedacht?", fragt Josef uns zurück.

„Hm, Josef, ich denke, dass es für uns gut wäre, wenn wir zuerst alle zusammen losgingen und auch alle zusammen vor einem Haus auftreten würden: Weißt du, damit wir wissen, wie das geht."

„Ja, Josef, das finde ich auch", sagt Jaro, „und dann, wenn wir es wissen, wie es geht, dann können wir ja zu zweit weitergehen. Jede Zweiergruppe mit einem Tier."

„Ja, so wollen wir das machen. Oh, es fehlen ja noch unsere Nachbarskinder", fällt mir gerade ein. „Kommt, wir wollen sie abholen und sie fragen, ob sie mit unserem Plan einverstanden sind."

Mathilde gibt uns allen einen dicken Kuss. Ich sage dick, weil sie dabei ein bisschen schmatzt und ihre Lippen fest an jede Wange drückt. Ich finde, es sieht lustig aus. Ich gebe ihr dann auf ihre Wange auch einen dicken Kuss.

„Du schmatzt aber ganz schön beim Küsse geben", sagt Mathilde zu mir und fängt an zu lachen. Wahrscheinlich hat Mathilde gar nicht gemerkt, dass sie auch so dicke Küsse gibt.

„Oh, da kommen ja schon alle unsere Freunde!" Ich freue mich sehr, dass ich alle wieder sehe. Über Anton freue ich mich am meisten. Er ist mein bester Freund.

Jaro rennt zu Maria. Und Maria rennt Jaro entgegen. Die zwei Verliebten! Hihi!

„Guten Morgen, liebe Margarete!", sagt Josef zu Antons und Marias Mutter. „Hast du auch vor, mit uns zu kommen?"

„Ja, lieber Josef, Tilo und ich haben auch beschlossen, bei euch mitzumachen. Die Geschichte, die uns die Kinder erzählt haben, ihr Einsatz und ihr Wagnis haben uns tief beeindruckt. Aber vor allem das Leid der Tiere macht uns sehr traurig. Es brennt in mir, alles zu tun, um dies zu beenden."

Josef lächelt. Er schaut jetzt Antons Mutter richtig liebevoll an. Ich glaube, er ist berührt.

„Wunderbar!", sagt er. „Dann lasst uns erst mal zu dem Stall mit den Tieren gehen, die Jaro und Jona schon kennen. Ihnen wollen wir die aus dem Reich der Fülle gesammelten Früchte bringen."

„Ja, erst zu den Schweinen", ruft Jaro, „dort kenne ich *alle*! Und ich freue mich besonders auf Rudolph!"

„Rudolph?", fragt Antons Mutter erstaunt. „Dort sind doch nur Sauen, keine männlichen Schweine!"

„Haha", lacht Jaro, „eigentlich schon. Aber Rudolph hat sich da mal eingeschlichen. Keiner hat es gemerkt. Denn er war nämlich verliebt. In Henriette. Er wollte seine große Liebe nicht alleine lassen!" Dabei schaut Jaro Maria an. Hihi.

„Heidadaus!", ist da Margaretes Antwort. Dieses Wort habe ich noch nie gehört. Das Wort hört sich lustig an und Margarete lacht auch dazu. „Wie das passieren konnte! Dass das keiner gemerkt hat! Das kann ich gar nicht glauben!", wundert sie sich.

Fröhlich laufen wir zu dem großen Gebäude mit den Schweinen. Es ist ein freudiges Wiedersehen. Die Schweine kennen Jaro noch und mich auch. Schmatzend und mit fröhlichen Äuglein verspeisen sie unsere Früchte. Jedes wird von uns gekrault. Und wir verkünden ihnen die frohe Botschaft der baldigen Rettung. Rudolph ist krank. Aber er stupst Jaro mit seinem Schweinerüssel an seiner Wange an. Jaro laufen die Tränen über die Wangen. Er krault seinen

Freund. Er merkt nicht, dass wir ihn rufen, weil wir gehen wollen. Wir nehmen Henriette mit für unsere Hausbesuche.

„Jaro, komm mit uns. Du darfst deinen Freund mit dir nehmen. Er darf seine Henriette begleiten", sagt da Josef zu dem traurigen Jaro. Jaro schaut auf. Seine Augen, die vom Weinen ganz feucht sind, strahlen. „Aber wie soll das gehen, Josef?", fragt er dann. „Rudolph kann doch gar nicht mehr laufen."

„Jaro, wir haben hier einen Leiterwagen. Da darf Rudolph Platz nehmen."

„Ja, wie ein König!" Jaro freut sich und lacht.

Mit den anderen haben wir dann noch besprochen, was wir jetzt genau vorhaben. Zuerst werden wir vor den Türen das Lied über die Schweine singen, alle zusammen. Dann wollen wir uns aufteilen. Das Lied haben wir dann alle oft genug gehört, so dass wir es auch alleine singen können.

Zumindest Laura, Isolde, Jaro und ich. Wir haben es ja schon mit Josef zu Hause geübt. Wir haben uns dann entschlossen, dass bei jeder Zweiergruppe mindestens ein Kind dabei ist. Wir haben es auch gut gefunden, wenn Mädchen und Jungen gemischt sind.

„Also, ich möchte auf jeden Fall mit Jaro zusammen gehen", protestiert Maria, als wir sie Josef zuteilen wollen.

„Gut! Jona, könntet ihr mal bitte noch einen Zuteilungsplan machen, während ich Rudolph auf den Leiterwagen helfe", meint Josef, „und dann wollen wir schauen, ob jeder damit einverstanden ist. Ihr sollt euch ja alle wohlfühlen bei unserer Mission."

„Ich helfe dir, Josef", sagt Tilo.

„Ich bleibe auch bei Rudolph", sagt Jaro.

Alle reden jetzt durcheinander, weil jeder sagt, mit wem er unterwegs sein möchte.

„Was haltet ihr davon, wenn ich den Plan jetzt alleine mache", sage ich, „danach besprechen wir ihn, ob er auch für euch in Ordnung ist. Ansonsten werden wir noch morgen da stehen." Damit sind die anderen einverstanden und ich setze mich draußen auf die Bank, die vor dem großen Gebäude steht. Anton setzt sich neben mich.

„So, fertig! Ich habe geschaut, dass immer jemand von uns dabei ist, der das Lied über die Schweine schon kennt. Es gehen zusammen: Margarete mit Jaro und Maria …"

„Juhuu!", ruft Maria. Dann spreche ich weiter: „Josef und Liese, Isolde und Anton. Dann Laura und Lotte, Tilo und ich. Weil Tilo kein so richtiges Kind mehr ist, kann er nicht mit Laura gehen und Tilo und Lotte können nicht zusammengehen, weil beide das Lied noch nicht kennen."

„Ja, meint Josef", der wieder dazu gekommen ist, „ist prima!" Und alle nicken jetzt mit ihren Köpfen. Ich freue mich, dass mir das so gut eingefallen ist und alle einverstanden sind.

37

Wir gehen los. Meine Hände sind feucht. Dabei sind jetzt nur Henriette und Rudolph. Keine anderen Schweine. Wir gehen langsam, denn auch Henriette fällt es schwer, sich auf ihren Beinen zu halten. Aber sie schaut sich um, rechts und links. Sie schnüffelt. Sie macht einen kleinen Hüpfer. Jedenfalls hat sie es versucht. Er ist ihr nicht so ganz gelungen. Aber ich sehe, wie sie sich hier draußen wohl fühlt.

„Henriette, komm, wir wollen weiter", sagt Josef zu ihr. Denn sie ist stehengeblieben und hat sich einfach hingelegt. Mitten auf die Straße. Jetzt wälzt sie sich hin und her. Schlamm ist leider keiner da. Aber ein paar Pfützen, weil es heute Nacht geregnet hat. Das gefällt Henriette. Sie grunzt. Ich freue mich. Die anderen freuen sich auch. Wir lachen mit Henriette und dann kommen mir die Tränen. Den anderen auch. Wir weinen und lachen gleichzeitig.

Ich flüstere Henriette ins Ohr, dass sie doch bitte mitkommen solle. Weil wir doch vor den Häusern mit ihr singen wollten, um alle Schweine zu retten. Über die Kühe und Hühner habe ich jetzt nicht gesprochen. Das hätte sie sicher nicht verstanden. Henriette ist dann tatsächlich aufgestanden und mit uns weitergelaufen.

Wir stehen vor dem ersten Haus. Wie ich aufgeregt bin! Jaro springt mal wieder vor und klingelt an der Haustür. Ein Mann öffnet die Tür. Oh, ich erkenne ihn. Es ist der mit den Hosenträgern, der beim Dorffest ein Stück von dem kleinen Ferkel gegessen hat. Er lacht. Er scheint sich zu freuen.

„Hola, hola, was bringt ihr mir denn da? Ein Schwein? Nein, ich sehe sogar zwei! Das ist aber nett von euch! Aber leider kann ich nicht direkt reinbeißen. Habt ihr euch auch überlegt, wer sie für mich schlachtet?"

In diesem Augenblick zieht Henriette kräftig an der Leine. Sie hat Angst. Ich sehe es an ihren Äuglein. Ich tätschle sie und versuche, sie zu beruhigen.

„Er kann dir nichts tun, Henriette. Du bist sicher bei uns!", flüstere ich ihr ins Ohr. „Behalte deinen Mut, Henriette, für die anderen Schweine!". Ich streiche Henriette über ihr borstiges Fell. Das mag sie. Ihre Äuglein schauen mich lieb an. Ich sehe eine Träne aus ihrem Äuglein fließen.

Josef nickt uns zu. Er beginnt zu singen. Wir stimmen alle mit ein.

„Hola, hola, singen könnt ihr auch noch", sagt der Mann und lacht. Dann wird er immer stiller. Seine Miene verzieht sich. Er schaut jetzt ganz seltsam aus. Wir singen einfach weiter und weiter.

„Was ist da los, Papa? Wer singt da?", ruft jemand und es kommt ein kleiner Junge herausgesprungen.

„Bleib drin, Max! Das ist nichts für dich! – Und ihr

haut ab! Habt ihr das gehört? Was fällt euch ein, so ein dummes Zeug vor meiner Haustüre zu singen!"

Wir singen einfach weiter. Und der Junge drängt sich nach vorne. Er lässt sich von seinem Vater nicht zurückschieben.

„Papa, lass mich! Ich will zuhören! Ich verstehe, was die singen!"

„Verschwindet! Ich sag's kein zweites Mal! Ich lass mir von keinem sagen, was ich essen darf und was nicht. Verschwindet! Den Schweinebraten könnt ihr mir hierlassen!"

„Papa, ich gehe mit!" Max rennt die Treppen hinunter.

„Wohin gehst du mit? Du bleibst da, Max! Komm sofort zurück!"

„Ich gehe mit, Papa!" Der Mann läuft seinem Sohn hinterher und will ihn fassen. „Papa, lass mich! Ich gehe mit!"

„Wir bringen Max heute Abend wieder zurück, Gerald. Ich glaube, es hat keinen Wert, ihn zurückzuhalten. Er wird die nächste Gelegenheit nutzen, um uns zu folgen. Lass ihn, Gerald!" Das sagt Josef zum Vater von Max. Er lässt ihn dann tatsächlich mit uns gehen. Wir haben einen neuen Freund – Max! Ich umarme Max. Weil ich so glücklich bin. Die anderen umarmen ihn auch. Dann ziehen wir vor das nächste Haus. Ich schaue nochmals zurück und sehe, wie der Vater von Max noch an der Haustür steht.

Jetzt ist es Maria, die an der Tür klingelt. Keiner

macht auf. Sie klingelt noch einmal. Dann klopft sie an die Tür.

„Wer ist denn da so stürmisch?", fragt die Frau, die die Tür öffnet. Hinter ihr stehen zwei Mädchen. Ich glaube, das eine ist vielleicht so alt wie Jaro und das andere ist schon ein großes Mädchen. Größer als Anton und ich.

Wir warten nicht ab. Wir beginnen gleich zu singen. Die drei stehen stumm da. Sie bewegen sich überhaupt nicht. Auch ihre Gesichter verändern sich nicht. Als ob sie zu Salzsäulen erstarrt seien. Ich finde es fast ein bisschen gruselig. Dann sind wir fertig mit unserem Lied. Und die drei stehen immer noch so da. Wir bleiben noch einen kleinen Moment stehen. Dann drehen wir uns um und gehen.

„Hallo! Hallo!", ruft es dann plötzlich hinter uns her. Ich schaue mich um. Es sind die beiden Mädchen, die rufen. Sie sind wieder aus ihrer Starre erwacht. Auch ihre Mama bewegt sich wieder.

„Hallo! Hallo!", rufen sie noch einmal. „Wir wollen euch begleiten. Lasst uns bitte mit euch ziehen!"

Wir schauen uns alle an. Über jedes Gesicht huscht ein Leuchten. „Kommt, ja, kommt mit uns!", rufen wir durcheinander. Und die beiden Mädchen kommen angerannt. Die Mutter bleibt an der Tür stehen.

„Ich komme auch mit!", ruft sie plötzlich, als wir uns schon auf den Weg gemacht haben. Wir bleiben kurz stehen, bis auch die Mutter bei uns angekommen ist. Jetzt sind wir schon 15 Leute.

Wir stehen vor der nächsten Tür. Maria klingelt. Ich finde es spannend. Mal sehen, was uns jetzt erwartet. Die Tür öffnet sich. Ein älterer Junge steht da und wundert sich:

„Oh, da bin ich aber überrascht!", sagt er. „Warum seid ihr hier? Ich kenne euch ja gar nicht alle."

Wir fangen einfach wieder an zu singen. Der Junge steht da und schaut uns und abwechselnd die beiden Schweine an. Ich kann nicht sagen, was er denkt oder fühlt. Sein Gesicht sagt es mir nicht.

„Mama, komm mal bitte heraus", ruft er, „da stehen Kinder und Erwachsene mit zwei Schweinen und singen ein Lied über die Schweine. Komm mal bitte. Das musst du auch hören!" Jetzt steht auch seine Mutter an der Tür. Sie macht große Augen. Ich glaube, sie ist sehr erstaunt. Als wir mit unserem Lied fertig sind, spricht sie uns an.

„Das ist ja furchtbar!", sagt sie. „Ich habe es wirklich nicht gewusst. Oder vielleicht doch ein bisschen", sagt sie dann. Sie hat jetzt Tränen in den Augen. „Ja, ich habe es verdrängt. Das stimmt. Ich habe es verdrängt. Ich wollte es nicht wissen. Dann hätte ich ja kein Fleisch mehr essen und keine Milch mehr trinken können." Jetzt steht sie nur noch da und weint. Margarete läuft schnell die Treppen hoch und nimmt sie in ihren Arm. Die Frau weint und weint und ist gar nicht mehr zu beruhigen.

„Möchtest du mit uns kommen?", fragt Margarete sie jetzt.

„Ja, das will ich!", antwortet die Frau. Sie weint nicht mehr. Ihre Stimme ist jetzt fest.

„Ich komme auch mit!", sagt ihr Sohn.

Und wir sind 17 Leute!

„Jetzt gehen wir noch an eine Haustür alle zusammen. Dann teilen wir uns auf", sagt Josef und dreht sich nach uns um. „Könnt ihr euch das vorstellen?"

Wir rufen alle durcheinander „Ja!" Aber ich bin mir nicht ganz sicher, ob ich es schon schaffen werde. Ich finde es nicht so leicht. Auch wenn ich mit Tilo zusammengehe. Ob er das Lied schon auswendig kann? Oder ob ich es fast alleine singen muss? Ich *will* es singen, fällt mir dann ein.

Aus dem nächsten Haus kommen gerade drei Kinder herausgesprungen. Ihre Mutter läuft ihnen hinterher: „Nicht so schnell, ihr drei! Wartet auf mich!"

Als wir dem Haus und den Kindern näher kommen, bleiben sie stehen.

„Oh, was für süße Schweine!", sagt das kleinste der Kinder. Es ist ein Mädchen. Sie hat schöne, lange Haare. Braune Haare. Sie bückt sich zu Rudolph und streichelt ihn. Rudolph stupst sie mit seinem Schweinerüssel an. Wie er es auch bei Jaro gemacht hat. Das Mädchen lacht.

„Mama, Mama, schau, was das Schwein mit mir macht. Es ist so lustig. Es kitzelt."

Die Mutter lacht nicht. Sie schaut erschrocken aus.

„Geh weg von diesem schmutzigen Tier, Mara. Es ist krank. Es hat Geschwüre. Das ist gefährlich!

Komm her. Gib mir deine Hand!"

Das Mädchen hört auf seine Mutter und gibt ihr die Hand. „Aber ich habe keine Angst, Mama! Lass mich das liebe Schwein streicheln. Ich glaube, es mag mich, Mama."

Und wir fangen einfach wieder an zu singen. Und jetzt erfährt die Mutter auch, warum Rudolph und Henriette Geschwüre haben.

„Wir gehen!", sagt sie da plötzlich und zerrt Mara mit sich. „Kommt, Gregor und Moritz, wir gehen weiter. Wir müssen einkaufen. Papa möchte heute Abend sein Schweineschnitzel. Da freut er sich schon darauf. Ich möchte ihn nicht verärgern." Ich finde es komisch, was die Mutter von Mara sagt. Hat sie uns nicht zugehört?

„Mama, ich gehe nicht mit dir!", sagt Mara jetzt und bleibt stehen. Ihre Mama schimpft mit ihr. Und als das nichts nützt, packt sie Mara wieder an der Hand und möchte sie mit sich ziehen. Mara bleibt aber ganz fest stehen.

„Mama, ich möchte das nicht tun, aber wenn du mich jetzt nicht loslässt, beiße ich dir in die Hand. Mama, ich will es wirklich nicht tun!" Da kommen ihr Moritz und Gregor zu Hilfe.

„Mama, ich gehe auch nicht mit dir. Ich gehe jetzt mit diesen Kindern mit und diesen großen Leuten und den beiden Schweinen. Ich will den Schweinen helfen. Ich habe nämlich gemerkt, dass diese Leute den Schweinen helfen wollen. Ich will ihnen auch helfen!"

„Und ich auch!", sagt der andere Junge. Ich weiß jetzt nicht, wer Gregor und wer Moritz ist. Aber beide stellen sich nun zu Mara.

„Mara, gib uns deine Hand!", sagt der kleinere der beiden Jungen. Mara steht jetzt da und lächelt.

„Wir passen auf Mara auf, Mama!", sagt dann der größere.

„Wir bringen Ihre Kinder heute Abend wieder zurück, gnädige Frau!", sagt da Jaro.

Die Mutter schaut ganz verdutzt, nachdem Jaro das gesagt hat und fängt plötzlich an zu lachen.

„Du kleiner Bengel, hast ja keine Ahnung!", sagt sie dann zu Jaro.

„Doch, gell, Josef? Wir bringen sie heute Abend wieder nach Hause!" Josef nickt.

Und die Mutter dreht sich plötzlich ganz schnell um und rennt weg, die Straße entlang, bis sie an ihrem Haus angekommen ist. Dort rennt sie zur Tür hinein und wirft sie hinter sich zu. Es knallt. Hm, das war seltsam.

„Kinder, wir gehen zurück zum Schweinestall und holen für jede Gruppe von uns ein Schwein. Dann strömen wir sternförmig aus. Fünf Gruppen! Ein Fünfstern! Wie schön!", sagt Josef.

„Josef, jetzt sind wir 20 Leute!"

38

Wer geht mit wem mit, ist nun die Frage. Das ist schnell geklärt. Die kleine Mara und Gregor, der jüngere der beiden Brüder, gehen noch mit Josef. Moritz geht mit Laura und Lotte. Die zwei Mädchen, sie heißen Bettina und Vera, und ihre Mutter Ursula teilen sich auch auf zwei verschiedene Gruppen auf. Bettina und Ursula begleiten Tilo und mich. Vera geht noch mit Isolde und Anton. Dazu kommen die Mutter Isidora, die von Margarete getröstet wurde, als sie weinte, und ihr Sohn Hannibal. Max schließt sich Margarete mit Jaro und Maria an. Jede Gruppe geht mit einem Schwein an der Leine. Die Leine halten wir ganz locker. Das haben wir abgesprochen. Aber das hätte jeder von uns auch so gewusst. Das habe ich gleich gemerkt, als wir darüber gesprochen haben. Wir erklären unseren Schweinen, was wir jetzt vorhaben. Jaro hat das gemacht. Er kann das am besten, finde ich. Denn er hat darin schon viel Erfahrung. So lange, wie er mit den Schweinen alleine war, sie getröstet und mit ihnen gesprochen hat, hat das von uns niemand getan. Die sechs Schweine, Rudolph im Leiterwagen ist nämlich auch wieder dabei, hören Jaro gut zu. Das sehe ich. Sie schauen ihn aufmerksam an. Ich glaube, sie haben alles verstanden, was er gesagt hat. Die Leine hätten wir eigentlich gar nicht gebraucht. Wir sind losgegangen, zuerst alle gemeinsam, und alle fünf Schweine sind ganz selbstverständlich mit uns mitgegangen. Sie wissen ganz genau, was wir jetzt vorhaben. Sicher hat es sich im Schweinestall schon herumgesprochen. Schweine sind ja sehr gesellige Tiere. Ich nehme an, dass Rudolph und Henriette den anderen erzählt haben, was sie erlebt haben. Denn es haben sich bestimmt dreißig oder mehr Schweine mit einem ziemlich lauten Grunzen gemeldet, dass sie doch mit uns gehen wollten. Leider konnten wir nicht alle mitnehmen.

Wir gehen zum Dorfplatz. Das ist die Mitte des Ortes. Von da an verteilen wir uns sternförmig, wie Josef es gesagt hat. Ich bin wieder sehr aufgeregt. Denn ich bin in unserer Gruppe der einzige, der unser Lied perfekt kann. Die anderen verlassen sich noch auf mich und singen mit, so gut es geht. Wir wünschen uns gegenseitig alles Gute und viel Erfolg. Was wir unter Erfolg verstehen, haben wir gar nicht besprochen. Aber ich sehe das so, dass wir in der ersten Runde schon viel Erfolg hatten. Also, wenn es so weitergeht, dann wird es ein Erfolg für uns sein oder, besser gesagt, für die Tiere. Ich bin sehr gespannt. Und ich freue mich darauf. Ich sehe auch nur lächelnde Gesichter. Wir haben alle viel Mut. Und wir wissen, es wird alles gut. Und ich denke, wie unsere Mama immer sagt: Es *ist* schon alles gut!

Und so war es auch. Meine Gruppe ist mit zehn

weiteren Kindern, einem Vater und zwei Müttern zum Dorfplatz zurückgekommen. Einmal wurden wir verjagt, von einem Vater. Ein anderes Mal wurden wir ausgelacht. Die anderen Gruppen haben Ähnliches erlebt. Ein bisschen was haben wir uns auf dem Dorfplatz erzählt. Aber nur ein bisschen etwas. Denn wir wollten ja weitermachen. Ich habe sehr gestaunt. Denn wir waren nach dieser zweiten Runde 95 Menschen. Ja, wirklich, 95 Menschen, die sich für die Tiere einsetzen wollen. 75 Menschen sind zu uns dazugekommen, 68 Kinder und sieben Erwachsene.

Josef meint, wir könnten heute noch zwei weitere Runden gehen. Wir teilen uns jetzt in zwölf Gruppen auf. Es sind immer zwischen sechs und zehn Leute. Jeweils zwei sind dabei, die das Lied gut singen können. Wir holen sieben weitere Schweine ab. Wie die sich freuen! Eine halbe Stunde machen wir Pause. Für die Schweine. Damit sie die frische Luft und die paar Pfützen, die auf der Straße sind, genießen können. Dann geht es weiter.

Rudolph grunzt vergnügt. Ich bin glücklich, dass es ihm so gut geht. Jaro spricht mit Rudolph und tätschelt ihn. Maria tätschelt Henriette. Die beiden Liebespaare! Die bleiben zusammen! Bei ihrer Mission. Das verstehe ich. Ich glaube, die anderen verstehen es auch. Ich sehe es an ihren Augen. Wie sie Rudolph und Henriette und Maria und Jaro anschauen!

Ich finde es schön, wie wir zusammen singen. Obwohl ich die anderen Menschen erst kennengelernt habe, ist es mir so, als ob ich sie schon lange kennen würde. Wir singen sehr kräftig. Anton ist dieses Mal in meiner Gruppe. Er kann das Lied schon genauso gut wie ich. Wir halten uns an der Hand. Unser Schwein haben wir in der Mitte unserer Gruppe. Die Leute an der Haustür können es gut sehen. Unser Schwein, es heißt Miranda, kann nicht mehr gut stehen. Es bricht zusammen, als wir vor dem zweiten Haus stehen. Die Tür geht auf. Ein Junge steht da, ein kleiner. Die Mutter kommt hinterher. Wir beginnen zu singen. Der Junge springt die Treppen herunter. Zu Miranda.

„Du armes Schwein!", sagt er. Er hört sich sehr traurig an. Er streichelt Miranda. Sie grunzt. Es tut ihr gut.

„Kannst du nicht aufstehen, du?", fragt der Junge Miranda. Seine Mutter steht da und hat Tränen in den Augen.

„Sebastian, komm, wir wollen wieder ins Haus zurückgehen. Du kannst dem Schwein nicht helfen!"

„Oh, doch, Mama, das kann ich! Das weiß ich genau!"

„Es kann nicht aufstehen, Sebastian, das siehst du doch! Nun komm!"

„Nein, Mama, ich kann nicht kommen. Ich möchte nicht kommen. Ich möchte dem Schwein helfen!"

„Sebastian, das geht nicht!"

„Und es geht doch, Mama! Ich werde es dir zeigen!"

„Wie heißt du, liebes Schwein?" Sebastian hält sein Ohr an das Schweineschnäuzchen. Er wartet.

„Mama, es heißt Miranda! Das ist aber ein schöner Name, Miranda!" Sebastian lacht und freut sich.

„Mama, ich begleite jetzt Miranda. Miranda braucht mich! Du hast mich ja jetzt schon lange Zeit gehabt, Mama. Du kannst bestimmt auch mal ein paar Stunden ohne mich auskommen!"

„Ich glaube, mir bleibt nichts anderes übrig, als auch mit euch zu kommen", sagt da die Mutter von Sebastian.

„Oh ja, Mama! Willst du auch den Schweinen helfen? Oh ja, Mama! Komm mit!"

Anton ist zum Schweinestall zurückgerannt. Miranda hat es nämlich nicht mehr auf die Beine geschafft. Wir konnten ihr auch nicht helfen aufzustehen. Er hat einen Leiterwagen für Miranda geholt. Zusammen haben wir sie darauf gehievt. Es war schwer, aber wir haben es geschafft. Jetzt sitzt sie im Leiterwagen. Wie eine Königin!

Noch vor sieben weiteren Häusern haben wir gesungen. Dann war ich ganz schön müde. Wir gingen zum Dorfplatz zurück. Die anderen waren schon da. Ich habe meinen Augen nicht getraut. Der ganze Dorfplatz war zu. Alles voller Kinder! Und ein paar große Leute.

„Die kann ich nicht mehr zählen!", sage ich zu Anton. „Was meinst du, wie viele Menschen das sein könnten?"

„Ich kann sie auch nicht mehr zählen, Jona! Aber wenn ich so die erste Reihe anschaue, dann stehen und sitzen da ... – ich zähle die mal: eins, zwei, drei, ... – ja, so etwa dreißig Kinder. Zwei Erwachsene sehe ich noch. Vielleicht sind es so dreihundert Menschen? Was meinst du, Jona?"

„Was ist hier los? Wo ist mein Sohn? Peter, sofort kommst du her!" Ein Mann steht plötzlich da und brüllt in die Menschenmenge. Ich sehe einen Jungen, der sich schnell hinter einem größeren Jungen versteckt. Er duckt sich. Alles ist still. Keinen Mucks höre ich mehr.

„Peter! Hörst du nicht? Daheim wartet das Essen auf dich. Es wird kalt! Du ungezogener Bengel! Komm sofort nach Hause."

Es bleibt still.

Der Mann schaut sehr irritiert.

„Was gafft ihr alle so? Geht es euch nicht gut? Ich glaube, ihr seid alle verrückt!"

Keiner sagt etwas.

„Wisst ihr nicht mehr, wie gut ein saftiger Schweinebraten schmeckt? Tut doch nicht so, ihr Scheinheiligen!" Der Mann leckt sich die Lippen. „Ha, ihr habt gleich mehrere Schweinebraten dabei! Also, auf geht's! Bringt sie zum Schlachter! Ha, sehe ich nicht da den Josef, den Metzger? Er kann uns die Schweine schlachten! Das hat er doch schon immer getan!"

Stille. Keiner rührt sich. Noch immer nicht.

Aber alle starren sie auf den Mann. Jetzt schaue ich auch genauer hin. Ich erschrecke. Hinter ihm ein Grauer. Ein Grauer, der immer größer wird.

„Haha, haha!", grölt der Graue. „Wie gut, dass es noch Menschen gibt wie diesen hier! Hoch lebe er und seine Genossen! Nur weiter so! Du machst es gut! Ja, sehr gut!"

Erschrocken dreht sich der Vater von Peter um. Hat er den Grauen auch gehört? Es sieht aber so aus, als ob er ins Leere schaue. Ohne zu reagieren, wendet er sich wieder dem Dorfplatz zu.

Der Graue wird übermenschlich groß. Er übersteigt den Mann, hinter dem er steht. Die Augen von Peters Vater werden ganz groß und glänzend.

„Gebt mir ein Schwein heraus!", brüllt er jetzt. „Und Josef, den Schlachter, dazu!"

Ich schaue nach Josef. Er senkt seinen Kopf. Ich glaube, er schämt sich. Weil er lange Zeit Metzger war. Er hat uns erzählt, wie das war. Dass er immer mehr darunter gelitten habe, Tiere zu töten. Aber er habe nicht aufhören können damit. Es sei doch seine

Arbeit gewesen, mit der er Geld verdient habe. Die Belastung sei aber immer größer für ihn geworden. Und dann habe er eines Tages Jona getroffen. So hat es Josef erzählt. Ich habe gelacht. Denn Jona bin ja ich.

Jetzt schämt sich Josef. Und Peters Vater brüllt weiter. Und der Graue hinter ihm lacht höhnisch. Mir brennt mein Herz. Ich fühle mit den Schweinen mit. Die Schweine haben Angst. Sie starren Peters Vater an. Und abwechselnd schauen sie über ihn hinweg. Ich glaube, dass sie den Grauen auch sehen.

Die Kinder und auch die großen Leute auf dem Dorfplatz sind noch immer wie erstarrt.

Ich trete jetzt vor. Vor Peters Vater. Und vor den Grauen. Ich spüre mein Herz und die Kraft in mir. Jaro ist plötzlich an meiner Seite. Auch er steht sehr aufrecht.

„Ich verstehe Sie, gnädiger Herr!", sage ich zu Peters Vater. Augenblicklich verstummt er.

Jetzt schaue ich den Grauen an. Ich lasse nur mein Herz fühlen – für die Tiere. Von hinten, vom Dorfplatz aus, wo die vielen Kinder stehen, erreicht mich eine große Kraft.

Der Graue schwindet. Er zerfällt. Ein letzter Schrei: „Habt Erbarmen mit mir!" Es bleibt ein Häufchen Asche.

Peters Vater bricht zusammen. Er weint.

„Papa, Papa!", ruft Peter und läuft zu seinem Vater.

„Mein Peter!", antwortet sein Papa und schließt ihn in seine Arme.

Jaro und ich gehen zu Josef. Wir umfassen ihn ganz fest.

39

Auf 40 Gruppen sind wir angewachsen. Ich kann es kaum glauben. Alle Kinder sind fröhlich. Und alle lieben sie die Tiere, von ganzem Herzen. Gesprochen hat jetzt Josef. Zu allen Kindern und zu den Erwachsenen. Die meisten Kinder hatten danach Tränen in ihren Augen und auch die großen Leute. Ich habe es gesehen. Josef hat auch über die Kühe und ihre Kälbchen und über die Hühner und die Küken gesprochen. Er hat es nur kurz erzählt. Aber es war sehr gut zu verstehen, finde ich.

Wir machen uns auf für die letzte Runde des heutigen Tages. 40 Gruppen und fast dreihundert Kinder. Und ein paar Mütter und Väter. Und 41 Schweine. Es ist ein großes Erlebnis. Von überallher höre ich das Lied über die Schweine singen. Keine Gruppe singt mehr für sich allein. Es ist wie ein riesengroßer Chor im ganzen Reich.

Und immer mehr und immer mehr Kinder kommen dazu. Sie wollen alle helfen. Sie wollen alle, dass die Schweine ein glückliches Leben haben. Sie würden kein Tier mehr essen wollen, sagen sie.

Meine Gruppe und ich stehen vor dem letzten Haus an diesem Tag. Ein Junge, er heißt Friedrich, und seine Eltern stehen an der Tür und lauschen. Wir haben das Lied zu Ende gesungen. Ich höre auch die letzten Töne der anderen Gruppen.

„Papa, ich habe ja gar nicht gewusst, dass das, was wir essen, ein Tier ist! Ich kann doch sagen, das ist wie ein Mensch, Papa! Weil das Tier *lebt*! Wie ein Mensch! Papa, du hast mir nicht gesagt, dass wir Tiere essen. Und dass die für uns getötet werden! Die haben Angst, die Tiere, Papa! Hättest du da nicht auch Angst?" Friedrich ist sehr empört. Sein Papa sagt nichts dazu.

„Papa, warum sagst du nichts? Mama, dann sag du etwas!"

„Ja, Friedrich, es ist alles wahr. Wir wollten dich nicht damit belasten. Du solltest in Ruhe das Fleisch und die Wurst genießen können! Milch hast du auch immer gerne getrunken."

„Mama, ihr habt mir nicht die Wahrheit gesagt! Und ich habe jetzt traurige Tiere gegessen! Und den Kälbchen die Milch weggetrunken" Friedrich weint.

„Friedrich, es tut mir so leid!" Die Mama nimmt Friedrich in den Arm und tröstet ihn. Sie streichelt ihm immer wieder über sein Gesicht. Plötzlich wischt sich Friedrich die Tränen aus den Augen.

„Papa! Mama! Ab heute esse und trinke ich nichts mehr von einem Tier! Jedes Tier will leben und glücklich sein wie wir auch! Ich habe jetzt eine neue Aufgabe. Ich helfe den Kindern, die hier vor unserem Hause stehen, die Tiere zu retten!"

Friedrich geht mit uns. Seine Eltern stehen noch da. Sie sehen so aus, als ob sie nicht wüssten, was sie jetzt tun sollten. „Friedrich, in einer Stunde bist du wieder zu Hause! Ja?" Das rufen sie Friedrich noch nach. Friedrich dreht sich um und winkt seinen Eltern.

Wir laufen zurück zum Dorfplatz. Dort gibt es kein freies Fleckchen mehr. Der ganze Platz voller Kinder! Alle stehen sie ganz dicht. Hunderte von Kindern! Keinen Laut höre ich, nicht den geringsten. Es ist wie ein großes Lauschen. Wem lauschen die Kinder? Jetzt höre ich es. Die Schweine grunzen. Sie singen uns Kindern ein Lied. Ein Dankeslied.

Es folgt ein lautes Klatschen. Und die Kinder jubeln. Ich juble mit. Dann umarme ich unser Schwein Miranda. Friedrich umarmt es auch. Und Tilo und Bettina und ihre Mutter Ursula und alle anderen unserer Gruppe. Alle Kinder umarmen das Schwein ihrer Gruppe, zu viert und zu fünft. Ich höre die Schweine wohlig grunzen. Und noch einmal wird es ganz still. Die Schweine singen ein zweites Mal – ihr Dankeslied.

Es bleibt still. Jetzt bin ich dran, denke ich plötzlich. Ich merke, die Kinder warten. Warten sie auf mich? Ich stelle mich vor die riesengroße Menge von Kindern. Ich kann sie gar nicht überschauen. Das sind alles unsere Freunde geworden!

„Liebe Kinder", beginne ich mit meiner Rede, „ihr seid unsere Freunde geworden! Unsere Freunde – für die Tiere! Ich danke euch!" Alle klatschen, auch die großen Leute. „Ich möchte euch nun erzählen, wie mein Bruder Jaro und ich von eurem Reich und dem Leid der Tiere erfahren haben. Und was wir bis heute erlebt haben."

Ich erzähle und erzähle. Manchmal fügt Jaro etwas hinzu. Er steht neben mir. Alle hören sie gespannt auf das, was wir sagen. Ich glaube, auch die Schweine hören uns zu. Ihre Blicke sind auf uns gerichtet und ich höre kein einziges Mal ein Grunzen. Als ich vom Reich der Fülle erzähle, meldet sich ein Junge. Ich bin still, um seine Frage zu hören.

„Jona, nimmst du uns mit ins Reich der Fülle? Da nach sehne ich mich so sehr. Ich kenne keine Fülle. Ich kenne hier nur das verdorrte Gras und die trockenen, verschrumpelten Früchte." Alle Kinder jubeln. Ich glaube, sie wollen alle mitkommen.

„Und jetzt weiß ich auch noch vom Elend der Tiere", redet der Junge weiter. „Das macht mich unendlich traurig!"

„Siehst du das Gänseblümchen hier vorne, Mustafa?", frage ich ihn. „Es ist das Licht in eurem Reich. Und es sagt mir, es ist alles gut! Ich freue mich, mit euch allen ins Reich der Fülle zu gehen! Bald."

Ich schaue Josef an. Denn ich glaube, jetzt ist er an der Reihe. Unser bester *großer* Freund!

„Alle von euch, die wollen, sind morgen wieder dabei. Wir singen das Lied von den Kühen. Und jede Gruppe wird von zwei Müttern begleitet, einer Kuh

mutter und einer Menschenmutter. So denke ich mir das. Sagt mir, wenn ihr etwas anderes denken solltet."
Die Kinder nicken mit ihren Köpfen. Es sieht lustig aus. Wie lauter Hühner, die nach ihrem Essen picken.

Jetzt schauen alle zu Josef. Josef spricht weiter: „Lasst uns das Lied von den Kühen gemeinsam singen und üben. Damit wir uns morgen in möglichst viele Gruppen aufteilen können."

Josef stimmt das Lied an. Jaro, Laura, Isolde und ich stimmen mit ein. Wir haben das Lied ja schon zu Hause kräftig geübt. Ich sehe, dass die Kinder weinen. Das Lied ist traurig. Die Mutter schreit nach ihrem Kind. Und das Kälbchen ist allein. Das ist der traurigste Teil der Geschichte. Jedenfalls für mich. Und für die anderen Kinder auch. Denn jetzt weinen sie.

„Haben wir euch!", dröhnt es auf einmal von hinten. „Euer Geplärre hat euch verraten!"

Alle verstummen. Unsere Geschichte mit den grauen Reitern wird für alle Kinder wahr.

„Ihr seid *unsere* Kinder!", schreit der Graue weiter. Ein Meer von Grauen hat uns, Hunderte von Kindern, eingekreist. Sie sitzen auf weißen Pferden.

„Es ist, wie Jona es uns erzählt hat", höre ich ein Mädchen flüstern. „Ich habe Angst!"

„Und ihr werdet weiterhin Fleisch essen! Das sage ich euch! Wir sind *eure* Grauen! *Ihr* habt uns zum Leben erweckt! Jetzt sorgt auch dafür, dass wir weiterleben! Esst Fleisch!"

Die Grauen werfen große Stücke von Tieren in die Menschenmenge – Fleischstücke nennen es die Menschen in diesem Reich. Die Kinder versuchen nach rechts und links auszuweichen. Aber es geht nicht. Sie stehen alle dicht an dicht. Sie nehmen die Stücke, legen sie vorsichtig auf den Boden und weinen.

Die Grauen hinter ihnen schrumpfen. Ja, sie schrumpfen!

„Esst! Esst! Nun macht schon, ihr unerzogenen Biester!", grölt einer der Grauen. „Hilfe! Hilfe!", schreit ein anderer. „Ich zerfalle! Es ist aus mit mir!" „Wehe euch!", dröhnt ein weiterer und treibt sein weißes Pferd an. Direkt in die Kindermenge hinein. Aber das weiße Pferd lässt sich nicht vorwärtstreiben. Ganz langsam nur bahnt es sich einen Weg durch die Gruppe. Der Graue obenauf rutscht vom Pferd. Er fällt zwischen die Kinder. Ein Aufschrei. Ich kann nicht sehen, wie es ausgegangen ist. Aber ich kann es mir denken.

Ich spüre die Herzen der Kinder. Sie fühlen alle mit. Und die Grauen schrumpfen. Und dann zerfallen sie. Einer nach dem anderen. Ich sehe nur noch Asche. Lauter kleine Häufchen.

40

Ich bin erschöpft. Wir sind alle erschöpft. Mathilde erzählen wir heute nichts mehr. Das ist uns für heute zu viel. Aber wir genießen ihr Essen. Wie gut sie für uns sorgt!

„Danke, Mathilde!", sage ich zu ihr.

„Danke, Mathilde!", sagt auch Jaro. Und dann sagen es auch Josef und Laura und Isolde.

„Wer soll denn sonst für eure Körper sorgen! Ihr würdet sie bei eurem Eifer sicher vergessen. Das wäre nicht gut! Ihr wisst ja, …"

„Ja, Ja!", antworten wir und lachen.

„Nur wenn es auch unserem Körper gut geht, halten wir durch! Ja, Ja, meine liebe Mathilde!", sagt da Josef und legt seinen Arm um ihre Schultern. Er schaut Mathilde lieb an. Und dann zwinkert Josef ihr mit dem rechten Auge zu. Mathilde zwinkert zurück, mit dem linken Auge.

„Na, dann mal gute Nacht, ihr Abenteurer!", sagt Mathilde zu Jaro und mir. Ich finde aber nicht, dass wir Abenteurer sind. Es geht nämlich um eine ernste Sache. Und ich finde, das hat nichts mit Abenteuer zu tun. Aber ich sage jetzt nichts zu Mathilde. Ich glaube, Mathilde schätzt schon sehr, was wir tun. Da kommt es, denke ich, nicht auf das Wort an.

Ich strecke und räkle mich. Wie gut ich geschlafen habe! Und jetzt fällt mir mein Traum ein. Es war ein wunderschöner Traum. Von den Tieren aus diesem Reich. Sie haben sich bewegen können. Ganz viel Platz hatten sie. Es waren Schweine und ihre Ferkelchen, die ich gesehen habe und Kühe mit ihren Kälbchen und Hühner und der stolze Hahn war auch dabei. Sie sprangen und stolzierten draußen auf einer Wiese. Die Sonne schien golden vom Himmel. Nicht alle sprangen. Die Kuh machte es sich im Gras gemütlich und kaute und kaute. Ich habe sehen können, wie gut es ihr schmeckt. Und wie sie ihr Leben genießt. Es war alles so hell. So leuchtend! Und bunt. Ein buntes Meer von Blumen! Ich habe mich mitten ins Gras gesetzt. Und nur geschaut. Wie die Kuh ihr Kälbchen leckt. Wie die Küken ihrer Mutter nachlaufen. Wie das Mutterschwein und die Ferkelchen sich

im Schlamm suhlen. Ich habe mich gar nicht satt sehen können. Ja, mein Magen war ja satt. Von dem guten Essen von Mathilde. Aber meine Augen sind von dem vielen Grau in diesem Reich sehr hungrig gewesen. Hungrig nach Licht und Farben. In meinem Traum sind meine Augen richtig gut satt geworden.

Ich fühle mich kraftvoll. Ich bin wieder bereit. Bereit für neue Abenteuer. Oh – das Wort mochte ich gestern nicht. Jetzt habe ich es selber gedacht.

Wie süß mein Bruder schläft! Ich lasse ihn noch schlafen und gehe derweil ins Bad.

Wasser! Wasser! Wie ich das Wasser liebe! Ich lasse es über meinen Kopf laufen und schließe meine Augen. Dann öffne ich meinen Mund und lasse es hineinregnen. Ich schrubbe mein Gesicht und dann singe ich. Dieses Mal ein anderes Lied. *Wir sind lustige Gesellen*, heißt es. Ja, wir sind oft lustig, mein Bruder und ich. Und unsere Mama ist auch oft lustig. Und ich glaube, von unserer Großmutter habe ich auch schon erzählt, wie lustig sie ist. Wenn wir lustig sind und das sind wir, wie ich schon gesagt habe, oft, dann denken wir uns zusammen Lieder aus. *Wir sind lustige Gesellen*, ist eines unserer ausgedachten Lieder. Das Lied selber ist auch lustig. Denn wenn wir lustig sind, können wir uns auch nur lustige Sachen ausdenken. So ist bei uns daheim schon viel Blödsinn entstanden. So sagt es manchmal unsere Mama. Manchmal sagt sie auch: Macht keinen solchen Blödsinn! Aber ich glaube, damit meint sie wieder etwas anderes.

Ich schaue jetzt nochmals bei Jaro ins Schlafzimmer. Ist der kleine Kerl wach? Ich merke, ich bin lustig aufgelegt. Jaro liegt noch im Bett. Wie ein Prinz. Oh ja, den Prinzen küsse ich wach! Ich gebe ihm einen ganz großen Schmatzer. Mitten auf den Mund. Hihi.

„Maria?", fragt Jaro. Er spricht ganz sanft. Ich glaube, Jaro hat von Dornröschen geträumt. Dort hat aber der Prinz das Dornröschen wachgeküsst und nicht umgekehrt. Und ob das so ein dicker Schmatzer war? Hihi. Jaro schlägt die Augen auf.

„Oh, Jona, das bist nur du!" Mein kleiner Bruder ist ein bisschen enttäuscht.

„Oh nein, lieber Jaro", säusle ich, „ich bin Maria. Deine Allerliebste!"

Jetzt saust Jaro aus dem Bett. Ich habe nicht damit gerechnet. Er hüpft mir um den Hals und lässt mich nicht mehr los. Dann küsst er mir mein ganzes Gesicht ab.

„Jaro, Jaro, igittigitt! Deine Schmatzer sind ja ganz nass!"

„Die sind gut, gell? Meine Allerliebste! Und noch einmal einen Schmatzer. Das gefällt dir, gell, meine Allerliebste!"

Ich versuche, ihn zurückzuküssen. Aber es gelingt mir nicht. Denn Jaro überdeckt mich ohne Unterlass mit seinen Schmatzern.

„Hilfe! Hilfe!", rufe ich jetzt. „Josef! Mathilde! Kommt mir zu Hilfe! Hier ist ein Ungeheuer! Es hört nicht auf, mich zu küssen!"

Mathilde und Josef kommen die Tür hereingestürmt.

„Jetzt haben wir es aber ganz schön mit der Angst zu tun gekriegt. Wir haben mit Schrecken an die Grauen gedacht."

„Und dabei küssen sich die beiden Buben nur", sagt Josef.

„Das nennt sich wahre Bruderliebe", sagt Mathilde und fängt an zu lachen. Das steckt an. Jaro lacht mit. Und ich kann mich befreien. Puh!

Jaro sitzt jetzt am Bettrand. „Jona, weißt du, wovon ich geträumt habe?"

„Ja, von Dornröschen", sage ich.

„Nein, mal ernst, Jona. Ich habe von 100 weißen Pferden geträumt. Das waren die Pferde, die die Grauen gestern zurückgelassen haben."

„Das war aber ein schöner Traum!", sage ich zu Jaro. „Aber was haben die Pferde gemacht, Jaro?"

„Sie haben die Asche der Grauen aufgegessen!"

„Die Asche der Grauen aufgegessen, sagst du? Das ist ja fürchterlich!"

„Sie haben es mit Liebe getan. Das habe ich gesehen."

„Aber warum haben sie das getan?"

„Weil sie für Frieden in der Welt sorgen wollten, haben sie gemeint. Ich habe es nicht verstanden. Warum essen sie dafür die Asche der Grauen auf?"

„Hm. Das ist für mich auch ein Rätsel. Also war

der Traum doch nicht so schön."

„Doch, Jona, er war irgendwie schön. Es hat sich für mich gut angefühlt. Es war nur einfach rätselhaft für mich, was da passiert."

„Da fällt mir ein, Jaro, das wäre eine Frage für unser besonderes Papier. Ich hole es mal gleich."

Warum essen die weißen Pferde die Asche ihrer grauen Reiter auf? Das schreibe ich sorgfältig auf unser Papier. Wie immer lege ich das neu beschriebene Blatt zwischen die anderen Blätter. Dann lege ich das Ganze unter meine Bettdecke. Hier ist es gut aufgehoben, denke ich.

Jaro geht ins Bad und ich gehe mit Mathilde und Josef nach unten. Laura und Isolde sitzen schon am Frühstückstisch.

„Guten Morgen, Isolde und Laura!. Ich freue mich, euch zu sehen!"

„Guten Morgen, lieber Jona!", sagen die beiden. Sie sagen es fast gleichzeitig. „Wir sind froh, dass es dich gibt, Jona!"

Da freue ich mich. Ich finde es schön, was Laura und Isolde zu mir gesagt haben.

„Und ich bin auch froh, dass es mich gibt", antworte ich. Laura und Isolde lächeln. Das stimmt, ich bin sogar *sehr* froh, dass es mich gibt. Und ich bin froh, dass es Jaro gibt und unsere Mama und unsere Großmutter und Josef und Mathilde und Anton und ich kann gar nicht mehr alle aufzählen. Tilo und Gregor und Maria und Lotte und auch Liese und noch so viele mehr. Wie froh bin ich, dass es sie alle gibt!

Jetzt frühstücke ich aber erst einmal. Ich habe einen Riesenhunger. Jaro stampft die Treppen herunter. Wie ein schweres Nilpferd. Dabei ist er so leicht wie eine Elfe. Wie er da nur so stampfen kann!

„Ich habe einen Riesenhunger!", sagt er. Dann legt er mit dem Essen los und ist nicht mehr zu bremsen. Mir wird es ein bisschen mulmig im Magen, wenn ich ihn so beobachte. Er wird doch hoffentlich rechtzeitig mit dem Essen aufhören!

„Jona, ich glaube, ich lege mich wieder ins Bett. Ich bin ein Plumpsack. Als Plumpsack kann ich mich nicht mehr bewegen. Schon gar nicht gehen oder gar noch singen. Also, bis dann. Du kannst mir ja dann bei Gelegenheit berichten, was los war!"

„Meinst du das ernst, Jaro? So einfach kannst du dich nicht drücken, mein lieber Bruder! Nur weil du dich wieder vollgefuttert hast!"

„Jaro, denkst du, eine halbe Stunde könnte dir reichen, um wieder zu dir selbst zu kommen?", fragt jetzt Isolde meinen vollgestopften Bruder.

„Ein bisschen knapp", meint er, „aber es wird schon gehen. Also, bis in einer halben Stunde!"

Das war's. Aber wir haben auch noch etwas Zeit. So machen wir es uns ein bisschen gemütlich zusammen. Wir plaudern und lachen und sind ganz unbeschwert. Isolde und Laura erzählen von ihrem Studentinnenleben. Wie viel Freude sie beim Lernen haben und wie sie mit ihren Freunden feiern. Das hört sich richtig gut an. Ich glaube, ich werde auch mal Student. Aber Koch könnte ich auch werden. Mir gefällt es, wie Mathilde kocht und sie ist immer froh dabei. Das erzählt sie uns jetzt. Das hört sich auch gut an, finde ich. Nur Josef möchte nichts erzählen.

Die halbe Stunde ist um. Jaro ist noch nicht da. Wir warten noch fünf Minuten. Dann wird Isolde nach ihm schauen. Aber da kommt er schon die Treppen heruntergehüpft. Da bin ich erleichtert. Ich wäre traurig gewesen, wenn mein Bruder heute nicht mit uns gegangen wäre.

41

Wir sind 181 Gruppen. Jede Gruppe führt eine Kuh mit sich. Das hat mal lange gedauert, bis wir so weit waren. Aber die Kühe haben gleich verstanden, was wir vorhaben. Jaro hat es auch den Kühen erklärt. Ihre Augen haben geleuchtet. Sie hoffen darauf, bald ihre Kinder wiederzusehen.

„Muh! Muh!", haben wir es von allen Seiten gehört. So haben die Kühe danke gesagt.

Wir haben uns im ganzen Reich verteilt. Bevor wir losgingen, haben wir zusammen das Lied von der Kuh gesungen. Und jetzt beim Gehen singen wir immer weiter. Das ganze Reich singt das Lied von der Kuh.

Immer noch werden wir mehr und mehr Kinder.

„Ich komme mit!"

„Ich komme auch mit!"

„Wartet auf mich!"

„Ich helfe auch!"

So viele Kinder, die mit den Kühen und den Kälbchen mitfühlen!

Die Zahl der Kinder wurde so schnell größer. Am Abend waren wir unzählbar.

Und trotzdem haben wir uns noch einmal getroffen. Am nächsten Tag. Da waren die Hühner dran.

Jedes Kind und jeder Erwachsene hat sich ein Huhn oder ein Küken genommen. Und es im Arm getragen. Ganz liebevoll. So sind wir durch das ganze Reich gelaufen. Mit dem Huhn im Arm. Mein Huhn, Babetta heißt es, war ganz zerfleddert. Es war an vielen Stellen kahl. Und ein bisschen blutig. Ich habe es mit meinen Armen und Händen gewärmt. Das hat ihm gut getan. Es hat leise gegackert.

Es war ein großes Gegackere durch das ganze Reich. Die Hühner haben zufrieden gegackert. Und die Küken haben gepiept. Jaro hatte ein Küken in seinen Händen. Die beiden haben miteinander geschmust. Das war für beide schön.

In den Straßen und vor den Häusern haben wir das Lied vom Huhn und von den Küken gesungen. Ich habe nicht gewusst, dass die Jungenküken gar nichts wert sind für die Menschen. Die werden nämlich einfach totgemacht. Die legen nämlich keine Eier. Damit können die Menschen sie nicht brauchen.

Aber alle diese Kinder, die jetzt bei uns sind, wollen keine Eier mehr essen. Auch kein Huhn wollen sie mehr essen. Die Menschen dort sagen Hähnchen dazu. Aber die Kinder wissen jetzt, dass das Stücke von Tieren sind, was sie zum Essen bekommen haben. Das möchten sie nicht mehr. Denn das sind ja Lebewesen, sagen sie. Das finde ich auch.

Ich bin froh, dass auch ein paar große Leute mit uns gekommen sind. Sie wollen auch kein Tier mehr essen. Und sie wollen auch, dass es den Tieren gut geht. Dass sie springen können. Dass sie spielen können. Und dass die Mamas mit ihren Kindern zusammenbleiben dürfen, so lange sie es wollen. Die großen Leute helfen uns nämlich sehr gut. Es ist schon einfacher, wenn ein paar große Leute dabei sind. Und wie die sich auf das Reich der Fülle freuen! Fast noch mehr als wir Kinder.

Und jetzt ist die Zeit gekommen. Wir gehen ins Reich der Fülle. Mit allen Kindern. Und die Kinder hatten die beste Idee. Sie nehmen ihre Eltern an der Hand und führen sie mit ins Reich der Fülle.

„Kommt mit, ich zeig euch was! Etwas Wunderschönes!" Wer gut hören kann, hört das im ganzen Reich die Kinder sagen. Und ein großer Zug zieht sich durch das ganze Reich. Jedes Kind hat einen Erwachsenen an der Hand. Oder an beiden Händen. Viele Kinder halten auch ihre Onkel und Tanten. Oder ihre Großmütter und Großväter.

Wir kommen an die Grenze zum Reich der Fülle. Hier, wo Josef nicht weitergekommen ist. Ich erschrecke. Alle erschrecken. Die Kinder hüpfen noch. Die großen Leute sind starr. Unbeweglich. Nur ein paar wenige sind so frei wie die Kinder. Die kenne ich gut. Das sind die, die mit uns vor die Häuser gegangen sind. Was können wir tun?

„Tom!", rufe ich laut. Alle schauen auf mich. „Tom!", rufe ich noch einmal. Es kommt keine Antwort in meinem Inneren.

„Tom!", rufe ich voller Freude. „Du bist es!" Tom

steht vor mir. Jaro springt ihm gleich in die Arme. Er ist mal wieder schneller. Aber gleich bin auch ich in seinen Armen. Tom ist hier!

Tom hat Kraft. Viel Kraft. Die brauchen wir jetzt. Tom und Jaro und ich und auch Josef, Mathilde, Anton, Maria, Liese, Lotte, Isolde und Laura und auch Tilo, wir nehmen alle großen Leute, die da mit uns ins Reich der Fülle wollen, in unser Herz auf. Wir spüren alle und schenken ihnen unsere ganze Liebe, die wir haben.

Der Bann ist gebrochen. Ein paar Menschen sinken auf den Boden. Sie weinen. Ich glaube, sie spüren ihr Herz. Das kenne ich. Da weine ich manchmal auch, wenn ich mein Herz so stark spüre. Es gibt keine Schranke mehr. Der Weg ist frei.

Fröhlich marschieren alle weiter. Was das für ein Staunen und Wundern ist! Die Menschen sind glücklich – die großen und die kleinen. Von dem Strahlen und Leuchten, den Farben, den Gerüchen und den großen, saftigen Früchten! Auch am Hügel des Wassers und der Quellen erquicken sich alle. Und auf der Insel der Blumen wird es ganz still um uns. Jeder von uns schaut nur und fühlt und riecht. Das denke ich mir jedenfalls so. Denn mir geht es so. Und es ist so still, dass ich glaube, dass es den anderen auch so geht. Jetzt sehe ich den Mond. Und ich sehe ganz genau, dass er mich anlächelt. Jaro stupst mich und deutet zum Mond hinauf. Auch er sieht sein Lächeln.

Es ist warm. Ein paar Kinder haben sich einfach

hingelegt. Sie sind eingeschlafen. Ein paar der großen Leute tun es ihnen gleich. Jetzt ist es nicht mehr ruhig. Hihi. Denn neben mir schnarcht es. Es ist der Papa von Liese und Lotte. Der scheint ganz gut zu schlafen.

Ich finde die Idee gut, dass wir hier auf der Blumeninsel übernachten. Der Duft der Blumen und der sanfte, warme Wind wiegen uns in den Schlaf. Meine Augen fallen zu.

Heute Nacht habe ich mal gut geschlafen, denke ich, als ich aufwache. Ich staune. Wo bin ich denn? Jetzt fällt es mir wieder ein. Wir sind auf der Blumeninsel im Reich der Fülle. Mit allen Menschen aus dem Reich der unglücklichen Tiere! Bald heißt das Reich nicht mehr Reich der unglücklichen Tiere. Bald ist es vorbei. Nein, ich nenne das Reich schon jetzt anders: Es ist das Reich der besonders glücklichen Tiere! Ich wiederhole: das Reich der besonders glücklichen Tiere! Da fällt mir was ein! Wir gehen zu uns nach Hause! Mit allen Kindern und allen großen Leuten! Zu den glücklichen Tieren zu uns nach Hause! Oh, wie werden die Kinder staunen! Und auch die großen Leute! Und was für eine Freude werden sie haben! Und wie wird sich unsere Mama freuen! Oh, und wie freue ich mich auf meine Mama!

Jaro ist glücklich. „Meine Mama! Meine Mama!", sagt er immer wieder.

Und die anderen sind begeistert und jubeln. Wie aber so ein großer Zug von Tausenden von Kindern und großen Leuten bei uns Platz haben sollten, das weiß ich nicht. Das geht eigentlich nicht. Aber irgendwie wird es schon gehen, denke ich.

Seltsamerweise ist der Weg zu uns nach Hause nur kurz. Ich dachte, das Reich der unglücklichen Tiere, oh, ich meine, das Reich der besonders glücklichen Tiere, sei so weit von uns zu Hause entfernt. Das hat uns Tom gesagt, als er uns den Auftrag gegeben hat, die Tiere zu retten. Ah, ich verstehe. Es *ist* nicht mehr das Reich der unglücklichen Tiere.

Wie gut, dass wir einen so riesigen Wald haben in Sangura. Er ist unendlich weit, merke ich. Er kann alle Menschen aufnehmen. Ich glaube, der Wald wird immer größer, je mehr Menschen in ihn eintreten. Und die Menschen nehmen kein Ende.

„Mama, Mama!", rufen Jaro und ich nach unserer Mutter. Sie kommt uns schon entgegengelaufen.

„Meine Buben! Seid ihr wieder da!" Wir drücken uns so fest, dass uns fast die Luft wegbleibt. Jetzt weint mein Herz. Aber vor Freude. Mama streicht mir über die Wange. Dann gibt sie Jaro einen Kuss. Ich möchte mich jetzt am liebsten nur noch bei Mama einkuscheln. Das tun Jaro und ich auch. Mama umfasst uns beide. Ganz fest.

„Mama, siehst du die vielen Leute? Die vielen Kinder? Und auch die großen Leute? Ich glaube, wir haben es bald geschafft. Die Rettung der Tiere, Mama!"

„Was, die Rettung der Tiere, Jona? Sind das die Tiere, von denen du sprichst?" Mama zeigt auf die

Menschen und lacht und hört nicht mehr auf. Jaro und ich lachen mit.

„Mama, natürlich sind das nicht die Tiere! Aber die Menschen aus dem Reich dieser Tiere", kläre ich Mama auf. Mama hört aber nicht auf zu lachen. Warum findet sie es noch immer lustig?

Ich sehe Maria, wie sie auf der Wiese Purzelbäume schlägt. Mit den Ferkelchen zusammen, die neu geboren sind, als Jaro und ich weg waren. Sie springen um Maria herum. Das sieht aus, als ob Maria zu den Ferkelchen dazugehöre.

„Mama!", sagt da Jaro, „ich springe dann auch mal auf die Wiese." Er läuft zu Maria. Jetzt sind es neun Ferkelchen mit Maria und Jaro. Alle neun tollen sie gemeinsam im Gras.

„Mama, ich gehe dann auch mal. Ich komme gleich wieder." Mama nickt.

Ich suche Anton. Und ich brauche auch nicht lange, bis ich ihn entdeckt habe. Er sitzt unter dem Apfelbaum, meinem Lieblingsbaum. Unter dem Baum, über dem wir den ersten grauen Reiter mit dem weißen Pferd entdeckt haben. Mit Miro. In den Wolken.

Ich setze mich neben ihn. Und schließe die Augen. Ich träume: vom Sand und dem Meer. Ich liebe das Meer. Ich liebe den Wind. Und den weichen, weißen Sand.

Ich öffne meine Augen und schaue in den Himmel. Ein weißes Pferd! Miro! Ich weiß es ganz genau! Es ist Miro!

„Anton, schnell, schau mal, dort oben!" Zu spät. Die Wolken sind weitergezogen.

Anton schaut mich fragend an. „Anton, das war Miro! Im Himmel. In den Wolken! Er kommt wieder! Ohne den Grauen."

Ich schließe nochmals meine Augen und träume von Miro.

42

Anton und ich beobachten jetzt die Kinder. Sie spielen vergnügt mit den Tieren. Die großen Leute sehen wir auch. Manche tollen so wild herum wie die Kinder. Manche sind ganz bedächtig. Es sieht so aus, als ob sie mit den Tieren sprächen. Die Tiere scheinen ihnen gut zuzuhören. Denn sie bleiben dicht bei den Menschen stehen.

Isidora, die Mutter von Hannibal, hält gerade ihr Ohr an das große Maul meiner Lieblingskuh Esmeralda. Wahrscheinlich sagt sie ihr etwas Wichtiges. Vielleicht hatte Isidora eine Frage und Esmeralda gibt ihr jetzt die Antwort. Isidora lächelt. Es gefällt ihr wohl, was Esmeralda gesagt hat.

Immer wieder kommen Kinder und große Leute aus dem Wald und ziehen sich auch dorthin wieder zurück. Unsere Mama ist jetzt mitten unter uns. Sie spricht mit einigen Kindern. Aber am längsten spricht sie mit Erwachsenen. Sie steht gerade bei Josef. Und dann sehe ich sie mit vielen Vätern und Müttern sprechen. Die kenne ich alle nicht. Wir sind ja so viele geworden. Aber ich weiß, es ist gut, dass unsere Mutter mit den Leuten spricht. Sie hilft ihnen, stark zu bleiben. Das ist nämlich ihre Art.

Ich schaue in die Weite. Und sehe etwas Graues.

Kann das sein? „Anton! Anton! Schau! Siehst du auch diese graue Masse in der Ferne?"

„Jona, das sind graue Reiter! Schnell, Jona! Nichts wie weg!"

„Wo willst du denn hin, Anton? Wir können doch die großen Leute nicht alleine lassen! Uns Kindern werden die nichts mehr anhaben können!"

Die Grauen rücken näher und näher. Ich höre schon ihr Gegröle.

„Gut, Jona! Was ist zu tun?"

„Jetzt wird es sich zeigen, wie viel Gutes und Stärkendes wir aus dem Reich der Fülle aufgenommen haben, um zu widerstehen!"

Ich klettere schnell auf den Apfelbaum. Durch ein Feigenblatt, das ich vom Boden aufgelesen und zu einem Sprechrohr zusammengerollt habe, spreche ich zu den Menschen.

„Kinder! Helft euren Eltern und Großeltern und Tanten und Onkeln! Die Grauen kommen. Die Grauen eurer Eltern, eurer Großeltern, eurer Tanten und Onkel! Bleibt stark! Seid in der Kraft der Liebe."

Dann richte ich mich an die großen Leute: „Bleibt auch ihr stark, gnädige Damen und Herren! Nehmt das in euch auf, was ihr im Reich der Fülle und auch hier erlebt habt. Fühlt es. Genießt es! Und liebt es von Herzen. Das genügt."

Es bleibt sonst keine Zeit der Vorbereitung mehr. Die Grauen sind da. Auf den schönen, weißen Pferden.

Die großen Leute haben die grauen Reiter noch nie gesehen. Außer Josef und Mathilde, die Eltern von Liese und Lotte und die Mutter von Anton, Maria und Tilo.

Die großen Leute sind starr vor Schreck. Ihre Augen sind groß und voller Angst. Die Grauen grölen und lachen höhnisch. Die Kinder halten die großen Leute an der Hand. Wie beim langen Zug ins Reich der Fülle. Die Grauen werfen wieder große Fleischstücke in die Menschenmenge. Können die großen Leute dem widerstehen? Ein Vater kriegt große, glänzende Augen. Er leckt sich seine Lippen. Es sieht so aus, als ob er große Lust auf das Fleisch hätte. Ich sehe, wie ihn seine kleine Tochter anschaut. Mit ganzer Liebe und Hingabe. Und so sicher sieht das Mädchen aus, als ob es wüsste, dass ihr Vater es schafft zu widerstehen. Seine Augen folgen dem Fleischstück, das auf dem frischen, grünen Gras vor ihm liegt. Die Tiere weichen nach allen Seiten zurück. Der Vater folgt dem Geschehen. Dann bricht er zusammen.

„Nein, die armen Tiere!", ruft er klagend. Seine kleine Tochter hilft ihm, wieder aufzustehen. Aufrecht steht er nun da. „Seht, wie es ihnen hier gut geht. Wie die Tiere hier glücklich leben! Ich möchte keine Schuld mehr mittragen für das Elend der Tiere, für ihre Trübsal und ihre Angst!" Er hat es geschafft!

Die Kinder jubeln und klatschen.

„Haltet euer Maul, ihr dummen Kinder!", schreien die Grauen. Aber wir Kinder wissen, dass wir nicht dumm sind. Stark und kraftvoll stehen wir da. Wir schaffen es. Das wissen wir.

Die Grauen sind Tausende! So viele eben, wie Erwachsene da sind, die ihren Grauen noch füttern und stärken. Zumindest haben sie das bis vor unserem Zug ins Reich der Fülle noch getan. Es ist nicht einfach. Ich spüre, wie Wellen der Stärke und Wellen der Schwäche durch unsere Gruppe wogen. Es ist ein Auf und Ab. Ein Grauer zergeht und zerfällt in Asche. Ein anderer wird größer und größer und übersteigt den Menschen, zu dem er gehört.

„Wir haben euch gleich wieder!", schreit das Heer der Grauen. „Bildet euch nichts auf eure Stärke ein! Ihr seid einfach nur Schwächlinge! Und Schwächlinge brauchen Herren. Das sind wir!" Ich finde es ganz schön wirr, was die Grauen da schreien. Aber ich weiß, dass es jetzt auf uns alle ankommt.

„Isidora!", fällt mir plötzlich ein. Ich kenne Isidora kaum. Aber sie ist mir jetzt trotzdem eingefallen. Sie kann uns helfen. Isidora ist sofort hier. Sie fragt mich nichts. Sie stellt sich einfach hin und spricht, laut und kräftig. Es ist kein Laut mehr zu hören. Den Grauen hat es wohl die Sprache verschlagen. Auch sie sind still.

„Kennt ihr Esmeralda, die älteste Kuh hier in diesem Reich, dem Reich der Achtung und des Respekts? Mit ihr habe ich heute gesprochen. Sie wisse vom großen Leid der Tiere in unserem Reich. Ihr Herz sei schwer gewesen. Bis heute. Heute habe sie, so hat sie mir gesagt, erlebt, wie gut unsere Herzen seien. Sie möchte sich bedanken. Dafür, dass wir von nun an auch das Leben der Tiere achten und respektieren wollten. Danke!"

Eine große Welle der Kraft und des Mitgefühls geht durch unsere Reihen. Ich bin dankbar, so dankbar. Das war es, was Esmeralda, meine Lieblingskuh, Isidora ins Ohr geflüstert hat.

Die Grauen werden kleiner, immer kleiner. Sie schwinden. Bis sie zergehen und zerfallen.

Nur noch die unzähligen Aschehäufchen erinnern uns daran, dass es Graue gegeben hat, die die Herren vieler tausender Menschen waren.

Und die wunderschönen, weißen Pferde, die von den grauen Herren geritten wurden. Sie stehen da und wir bestaunen sie.

Doch was geschieht eben? Die Pferde nähern sich der Asche ihrer grauen Reiter. Sie neigen ihre Köpfe. Und was tun sie? Ich kann es nicht glauben. Es ist wie in Jaros Traum. Sie essen die Asche. Sie essen wirklich die Asche ihrer grauen Reiter auf. Ich bin verwirrt. Wofür sollte dies gut sein? Für den Frieden, hat Jaro gesagt. Für den Frieden, höre ich jetzt auch in mir. Ich verstehe es nicht. Mal sehen, was unser Papier sagt, denke ich jetzt.

Im selben Moment springt Paul, der Vater von Petra, hinzu. Ich habe ihn und Petra auf dem Weg zum Reich der Stille kennengelernt. Er hat ein kleines Schälchen in der Hand. Ich sehe, was er tun möchte.

Ein Häufchen graue Asche einsammeln. Das interessiert ihn. Er sei Wissenschaftler, hat er mir erzählt. Wissenschaftler interessieren sich für viele Sachen. Sie wollen alles untersuchen. Vielleicht möchte ich auch mal Wissenschaftler werden. Es hat mir gefallen, was Paul erzählt hat. Oh, Pech! Paul hat Pech! Ihm gelingt es nicht, die Asche in sein Schälchen zu sammeln. Ein weißes Pferd kommt ihm zuvor. Ist das nicht Ella?

„Ella!", rufe ich. Das weiße Pferd hebt seinen Kopf. Es schaut in meine Richtung. Ich glaube, Ella hat mich erkannt. Dann nimmt sie die Asche in sich auf.

Die Pferde wiehern leise. Dann drehen sie sich um und galoppieren davon. Wie eine lange, weiße Straße sieht es aus. Und was mir auffällt, die Pferde laufen gleichmäßig und harmonisch. Kein Hinken mehr! Sie sind gesund!

Der Spuk ist zu Ende. Wir sind alle erleichtert und lassen uns ins Gras fallen. Das Gras und der Wald scheinen unendlich weit zu sein. Alle haben wir Platz. Ich bin mit Tilo und Anton zusammen. Jaro und Maria sitzen mit Liese und Lotte neben uns. Wir sprechen nichts. Ich denke auch nichts. Ich bin einfach nur dankbar. Wie wunderbar es hier ist! Die frohen Tiere und Menschen, die um uns herum sind. Ich höre keinen Laut.

Doch – ein zartes Piepen. Wer piept denn da? Ich ahne es und stehe auf. Ich folge dem Laut. Jaro geht mit leisen Schritten hinter mir her. Und auch Anton folgt uns. Wir sind angekommen. Bei Magdalene. Um sie herum sind acht Küken, piepend. Jetzt läuft Magdalene davon und ihre acht Küken hinterher. Sie führt sie und zeigt ihnen die Welt. Die Küken laufen ihr neugierig hinterher und picken und piepen.

„Wie flauschig die sind!" Maria ist auch da. Sie ist begeistert. „Ich habe noch nie so kleine, süße Tiere gesehen!"

„Das sind Küken", sagt Jaro zu Maria, „die Kinder von diesem Huhn." Er zeigt auf Magdalene. „Dieses Huhn heißt Magdalene, Maria."

„Und wie heißen die Küken, Jaro?", fragt Maria.

„Die haben noch keinen Namen."

„Darf ich ihnen einen Namen geben, Jaro?"

„Das darfst du", antwortet Jaro und schaut mich an. Ich bin auch einverstanden.

„Also, dieses hier heißt Jaro."

„Aha", sagen Anton und ich und lächeln uns an.

„Ich bin noch nicht fertig, Anton und Jona! Das zweite Küken, das seiner Mutter hinterherläuft, heißt Maria."

„Aha", sagen Anton und ich wieder und lachen jetzt.

„Anton! Jona! Ich bin noch nicht fertig! Das dritte Küken heißt Anton und dann kommen Jona, Liese und Lotte und Tilo und das hinterste ist Tom."

Oh, Tom, wo ist er? Ich schaue mich um. Er steht hinter uns.

„Tom, Tom, du bist auch da!" Ich stelle mich zu ihm und schlüpfe mit meiner Hand in seine. Jaro nimmt seine andere Hand. So stehen wir da und schauen, wie Magdalene mit ihren Küken davonmarschiert.

„Meine Zeit mit euch ist nun zu Ende, Jona und Jaro. Ich danke euch! Jetzt braucht ihr mich nicht mehr." Tom streicht über meinen Kopf und über Jaros Kopf. Ich schaue zu ihm auf. Tom ist verschwunden. Ich halte *Jaro* an der Hand.

Jaro und ich bleiben noch eine Weile so zusammen stehen.

Plötzlich ist ein großes Gewimmel um uns herum. So viele Kinder! Und alle bestaunen sie die Küken Jaro, Maria, Anton, Jona, Liese, Lotte, Tilo und Tom.

Tom, der Landstreicher, ist gegangen. Werden wir ihn eines Tages wiedersehen?

Jetzt haben wir noch viel zu tun. Ich denke, dass es richtig ist, dass Jaro und ich noch einmal mit zurückgehen ins Reich der besonders glücklichen Tiere. Ob die Tiere ihre bevorstehende Freiheit schon erahnen?

43

„Mama, unser Auftrag ist noch nicht ganz zu Ende ausgeführt."

„Du möchtest damit sagen, dass ihr nochmals mit den Menschen in ihr Reich zurückgehen wollt? Ist das richtig, Jona?"

„Ja, das stimmt, Mama."

„Gut, ich warte auf euch und freue mich, wenn ihr wieder da seid! Ich bin stolz auf euch!"

Das macht mich ein bisschen verlegen, wenn Mama das sagt. Aber ich weiß, was sie damit meint. Sie freut sich sehr darüber, dass wir durchgehalten und den Auftrag erfüllt haben. Aber unser Auftrag ist, wie ich zu Mama gesagt habe, noch nicht ganz erfüllt.

Wir gehen wieder in einem riesenlangen Menschenzug den Weg zurück ins Reich der besonders glücklichen Tiere. Die Kinder und die großen Leute haben sich bei unserer Mama sehr bedankt, dass sie hier die Tiere erleben durften. Sie hatten viel Freude mit ihnen. Die Tiere haben den Kindern und den großen Leuten viel Liebe gegeben. Das haben sie gespürt. Und sie waren glücklich.

„So glücklich bin ich noch nie gewesen! Und das haben die Tiere gemacht. Die Kuh Esmeralda hat mir immer wieder über mein Gesicht geleckt. Das hat gekitzelt. Es war so lustig! Wie rau ihre Zunge ist!" Das hat Gabriel gesagt, ein Bauarbeiter. Er baut Häuser. Und da habe er immer gemeint, er müsse Fleisch essen, weil er doch viel Kraft brauche. Jetzt habe er aber gemerkt, dass die Kraft nicht vom Fleisch komme, sondern von der Liebe der Menschen und der Liebe der Tiere. „Ja, und von meiner eigenen Freude und Begeisterung! Daher kommt die Kraft!" Das sei ihm so eingefallen, hat Gabriel gemeint, als Esmeralda ihn leckte. Esmeralda ist sehr weise. Sie hat uns heute allen geholfen. Sie hat sehr mitgeholfen, die Tiere zu retten.

Jetzt sind wir auf dem Heimweg. Also, ich meine, auf dem Heimweg von Josef und Mathilde, Anton und allen anderen Menschen, mit denen wir hierhergekommen sind. Die Kinder und großen Leute hätten auf dem Hügel der Früchte gerne eine Pause gemacht. Weil sie die Früchte auf dem Hinweg so genossen haben. Das haben sie sich noch einmal gewünscht. Aber ich habe gesagt, dass das jetzt nicht gehe. Denn die Tiere würden auf uns warten. Wir wollen ihnen schnellstmöglich helfen. Das haben alle eingesehen. Aber ein bisschen traurig waren sie schon.

Wir haben die Grenze zum Reich der besonders glücklichen Tiere erreicht. Wir halten unseren Zug an. Und staunen. Wir kommen aus dem Staunen nicht heraus. Die Sonne leuchtet uns entgegen. Der Himmel ist hell erleuchtet. Das Gras unter unseren Füßen ist frisch und grün. Saftig grün! Und überall sprießen

Blumen aus der Erde. Rote, gelbe, grüne, blaue. Welch ein Farbenmeer! Und in der Luft – dort summen Bienen und flattern Schmetterlinge! Die Nachricht geht wie ein Lauffeuer durch den ganzen langen Menschenzug. Wir gehen weiter, damit auch die Letzten des Zuges ihr hell erleuchtetes, erlöstes Reich bald erleben dürfen.

Bäume und Sträucher mit großen, saftigen Früchten säumen den Weg. Beim Vorbeiziehen holen sich die Kinder und die großen Leute die reifen Früchte, die sich unter den Bäumen angesammelt haben. Ich sehe, wie genüsslich sie die Früchte in ihren Mund stecken.

Im Dorf angekommen, strömen die Menschen in ihre Häuser zurück. Wie staunen sie noch einmal, als sie in ihre Vorgärten sehen! Die haben sich verwandelt. In Obst- und Gemüsehaine. Welch reicher Segen!

Ein lebendiges Reich, zu dem bald auch die Tiere dazugehören.

Jaro und ich gehen mit Josef und Mathilde und Laura und Isolde auch erst einmal nach Hause. Das Papier, fällt mir ein. Schnell springe ich nach oben und hole es unter meiner Bettdecke heraus. Was steht wohl darauf? Gibt es überhaupt eine Antwort auf unsere Frage?

So schnell, wie ich hochgesprungen bin, laufe ich jetzt auch die Treppen wieder hinunter. Vielleicht noch ein bisschen schneller.

„Jaro, Jaro! Josef, Mathilde! Laura und Isolde! Hört! Ich lese euch die Antwort des Papiers vor."

„Des Zauberpapiers eurer Großmutter?", fragt Mathilde.

„Ja, Mathilde."

„Aber ich wusste ja gar nicht, dass ihr ihm eine Frage gestellt habt!"

„Ich lese sie vor, Mathilde. Hört!"

„*Warum essen die weißen Pferde die Asche ihrer grauen Reiter auf?* Das war unsere Frage. Nun die Antwort: *Für den Frieden!*"

„Das wissen wir schon", wirft Jaro entrüstet ein.

„Ja. Aber es geht noch weiter, Jaro: *Die Menschen sollen diese Ereignisse wieder vergessen. Sie sollen nicht aus Angst vor den Grauen die Tiere achten, sondern aus Liebe zu ihnen.*"

Wir schauen uns an. Keiner sagt etwas.

„Das ist ja logisch!", meint dann Mathilde. „Das hätte ich euch auch sagen können." Und dann lacht Mathilde ihr lustiges Lachen und hört nicht mehr auf. Ich glaube, sie hätte es uns *auch* nicht sagen können. Und ich glaube, dass sie jetzt deswegen lacht. Aber logisch hört sich das schon an. Das finde ich auch.

Plötzlich hört Mathilde auf zu lachen. „Aber ihr konntet doch gar nicht wissen, dass die weißen Pferde die Asche ihrer grauen Reiter aufessen! Das ist doch gerade erst passiert!" Mathilde macht ein sehr erstauntes Gesicht. Jaro und ich schauen uns an und lachen.

„Mathilde, hast du nicht auch gesagt, du hättest gewusst, dass wir eines Tages zu euch kommen würden? Ich glaube, wir haben dasselbe Geheimnis."
Jetzt lächelt Mathilde.

Unsere Zeit ist jetzt um. Eine halbe Stunde Ruhezeit haben wir mit den anderen Gruppen vereinbart. Dann wollten wir uns auf dem Dorfplatz treffen. Um den Tieren ihre Freiheit zu geben. 40 Gruppen, die wir am ersten Tag unserer Mission waren. Wir wollen die Ställe öffnen und mit den Tieren sprechen.

Wir gehen hinaus. Mathilde begleitet uns. Sie möchte dieses Mal auch dabei sein. Sie freut sich auf die glücklichen Gesichter der Tiere, hat sie gemeint.

Ja, die Gesichter der Tiere haben alle glücklich ausgesehen. Aber trotzdem sind wir erschrocken und waren auch traurig. Sehr traurig.

Wir sind zusammengeblieben: Jaro und ich und Josef mit Mathilde. Wir sind zuerst in den Stall von Rudolph und Henriette. Jaro ist sofort zu Rudolph gelaufen.

Jaro streichelt Rudolph.

„Jona, ich glaube, Rudolph schläft. Schau, seine Augen sind fest zu."

„Ja, wahrscheinlich schläft er, Jaro." Aber mir kommt es doch etwas seltsam vor. Rudolph macht gar keine Bewegung. Ich beobachte Rudolph. Und dann sehe ich es. Er atmet nicht.

„Meinst du wirklich, er schläft?", fragt mich Jaro nochmals.

„Was meinst *du*, Jaro?"

„Er atmet ja gar nicht mehr, Jona! Er ist tot! Rudolph ist tot!" Jaro beginnt zu schluchzen. Ich setze mich zu ihm.

„Schau, sein Gesicht ist so friedlich. Ich glaube, er ist glücklich eingeschlafen!" Ich weiß nicht, ob mich Jaro gehört hat. Er sitzt da und weint. Ich weine auch.

Der Stall ist fast leer, als ich wieder hochschaue. Wo haben Josef und Mathilde all die Tiere hingebracht? Aber eigentlich ist mir das im Moment egal. Weil ich so traurig bin wegen Rudolph.

Doch dann fällt mir ein: Rudolph geht es gut. Sogar sehr gut. Und wir wollen hier noch vielen Tieren helfen. Also, auf geht's, denke ich.

Jaro hat wohl das Gleiche gedacht wie ich, denn er sagt jetzt: „Also, auf geht's, Jona. Wir wollen hier noch vielen Tieren helfen. Und Rudolph geht es gut, ja sogar sehr gut!"

Wir sehen noch viele, viele Schweine und Kühe, die noch vor der Rettung von hier weggegangen sind. So sagt es unsere Mama immer. Sie meint damit, dass die Kuh oder das Schwein oder die Ziege oder der Mensch gestorben ist. Aber ich finde auch, dass man eigentlich nicht richtig sterben kann. Das gilt eben nur für diese Welt. Aber wir leben ja weiter. Nur halt in einer anderen Welt. Und da ist es wunderschön. Das weiß ich einfach. Das ist wieder so etwas, was mir niemand ausreden könnte. Nicht einmal mein bester Freund Anton.

Aber alle Tiere, die schon in die andere Welt hinübergegangen sind, sehen glücklich aus. Sie haben von der Rettung gewusst. Denn die Schweine und Kühe und Hühner, die bei unserer Mission vor den Häusern und in den Straßen mit dabei waren, haben es ihnen weitererzählt. Deshalb wollten sie auch in ihren Stall zurück. Um es ihren Brüdern und Schwestern zu erzählen. Auch wenn es da gar nicht schön war. So waren alle schon vorher glücklich. Und haben sich gerettet gefühlt. Henriette erzählt uns davon. Sie lebt noch. Sie hat uns die besten Grüße von Rudolph ausgerichtet. Und danke sollte sie uns sagen. Einfach nur danke.

Wir bringen alle Tiere auf die saftigen Wiesen. Einige Tiere sind weitergewandert. Sie wollten das Reich der Fülle kennenlernen. Und einige hätten vor, noch weiter zu wandern, haben sie zu uns gesagt. Sie wollten das Reich der Achtung und des Respekts kennenlernen. Sie seien sehr gespannt auf die älteste Kuh der Welt, auf Esmeralda. Auch das hat sich schon herumgesprochen. Wie sie an der Rettung der Tiere mitbeteiligt war. Und dass sie so weise sei.

Ich freue mich sehr, diesen Tieren in unserem Reich wieder zu begegnen.

Mathilde meint, wir sollten noch eine Nacht bleiben, bevor wir wieder nach Hause gingen. Das machen wir. Ich freue mich auf zu Hause. Aber ich möchte auch gar nicht von hier weg.

„Josef, wollt ihr nicht mit uns kommen, in *unser*

Reich?", frage ich ihn.

„Oh, ja!", ruft Jaro gleich. „Und Laura und Isolde auch. Und dann frage ich noch Maria! Und du kannst Anton fragen, Jona."

Josef schüttelt den Kopf. „Weißt du, Jona, das hier ist unser Zuhause. Da wollen wir gerne bleiben. Und jetzt, wo wir auch noch das Reich der besonders glücklichen Tiere sind, geht es uns ja auch besonders gut", lacht Josef.

„Ja, Josef, ich verstehe."

„Wir freuen uns, wenn ihr uns wieder besuchen kommt. Bitte, vergesst uns nicht. Und kommt bald wieder!"

„Das wollen wir machen!", antworte ich Josef.

„Ja", sagt Jaro, „wir kommen übermorgen schon wieder!" Da lachen alle.

Am nächsten Morgen ist es so weit. Wir nehmen Abschied voneinander. Jaro und ich gehen zuerst einmal zu den Nachbarskindern.

„Anton, vergiss nicht, du bist mein bester Freund! Ich danke dir!" Das sage ich zu Anton.

„Ich vergesse dich nicht, Jona! Mein bester Freund!"

Wir umarmen uns ganz fest.

„Maria, Maria!", höre ich Jaro rufen. „Wann kommst du mich in unserem Reich besuchen?"

„Übermorgen!", antwortet Maria. Anton und ich lachen.

Dann gehen wir zu Josef und Mathilde hinüber.

Ich drehe mich noch einmal nach Anton um.

Josef und Mathilde, Laura und Isolde begleiten uns noch ein Stück weit. Dann verabschieden wir uns auch von ihnen.

„Danke, Josef!", sage ich. „Danke, Mathilde!" Mehr bekomme ich nicht mehr heraus. Laura und Isolde kann ich nur noch anschauen, ohne ein Danke. Sie umarmen uns.

Auch Jaro sagt allen danke.

„Wie froh ich bin, dass es dich gibt, Jona!", sagt Josef zu mir. Und dann schaut er Jaro an und sagt: „Wie froh ich bin, dass es dich gibt, Jaro!" Er nimmt rechts und links eine unserer Hände und sagt: „Danke!"

Dann gehen wir los, mein Bruder und ich.

Wir schauen noch einmal zurück. Auf die große Wiese hinter uns. Dort stehen Josef und Mathilde, Laura und Isolde. Bei den Tieren.

Die Tiere spielen miteinander in der Sonne. Die Schweine suhlen sich im Schlamm und grunzen genüsslich. Die Ziegenmama stupst ihr Zicklein an, um es zum Spielen zu locken. Das Kälbchen trinkt Milch bei seiner Mama. Und die Hühner laufen aufgeregt auf der Wiese durcheinander und gackern um die Wette. Die Tiere sind so frei und glücklich wie bei uns. Oder sie sind noch glücklicher – wenn das geht! Ich sehe es genau. Ihre Augen leuchten.

Ich winke noch einmal allen zu. Auch Jaro winkt.

Wir gehen weiter. Da sehe ich weiße Pferde, die auf uns zukommen. Jaro und ich rennen ihnen entgegen. Miro und Ella sind wieder da. Und Petra, Paulina, Gregor und Melchior. Plötzlich stupst Ella Jaros Popo an. Das kennen wir schon. Jaro lacht und steigt auf. Ich erschrecke ein bisschen. Hinter mir steht Miro. Er stupst gerade *meinen* Popo an. Auch ich lache und steige auf Miro. Von Petra, Paulina, Gregor und Melchior verabschieden wir uns. Wie werden sich Liese und Lotte, Anton und Maria freuen!

Jaro und ich reiten nach Hause.